"道路交通安全智能化管控关键技术与集成示范"项目技术丛书
课题二　高速公路网运行状态智能监测与安全服务保障
关键技术研发及系统集成

高速公路桥梁安全状态监管技术

吴明先　宋　宁　孙　磊　杨晓东　李得俊　编著

人民交通出版社

北京

内 容 提 要

本书对高速公路桥梁的安全评价及应用作了系统的介绍,旨在形成一套具有综合功能的桥梁安全状态传感网络系统,进而对桥梁的安全运营状况作出综合性评价,为桥梁的养护和管理提供科学的依据。本书主要内容包括桥梁危险性分析、桥梁安全状态监测技术研究、桥梁安全状态传感网络构建、桥梁安全畅通管理信息系统设计等。

本书可供交通运输工程领域特别是从事交通安全教学、科研、管理工作的人员及交通工程、交通运输工程、土木工程、市政工程专业高年级本科生、研究生参考。

图书在版编目(CIP)数据

高速公路桥梁安全状态监管技术 / 吴明先等编著
. —北京:人民交通出版社股份有限公司,2024.12
ISBN 978-7-114-13923-9

Ⅰ.①高… Ⅱ.①吴… Ⅲ.①高速公路—公路桥—安全性—监督管理—研究 Ⅳ.①U448.147

中国版本图书馆 CIP 数据核字(2017)第 133962 号

Gaosu Gonglu Qiaoliang Anquan Zhuangtai Jianguan Jishu

书　　名:	高速公路桥梁安全状态监管技术
著 作 者:	吴明先　宋　宁　孙　磊　杨晓东　李得俊
责任编辑:	姚　旭　钟　伟
责任校对:	赵媛媛　魏佳宁
责任印制:	刘高彤
出版发行:	人民交通出版社
地　　址:	(100011)北京市朝阳区安定门外外馆斜街3号
网　　址:	http://www.ccpcl.com.cn
销售电话:	(010)85285857
总 经 销:	人民交通出版社发行部
经　　销:	各地新华书店
印　　刷:	北京科印技术咨询服务有限公司数码印刷分部
开　　本:	787×1092　1/16
印　　张:	12.875
字　　数:	297 千
版　　次:	2024 年 12 月　第 1 版
印　　次:	2024 年 12 月　第 1 次印刷
书　　号:	ISBN 978-7-114-13923-9
定　　价:	80.00 元

(有印刷、装订质量问题的图书,由本社负责调换)

丛书编委会名单

主 任 委 员 吴德金
副主任委员 张劲泉　周荣峰　李作敏　胡　滨
主　　　编 李爱民　李　斌
编　　　委（按姓氏笔画排序）

王　琰　牛树云　江运志　孙晓亮
李　丁　李　健　李　琳　杨　轸
吴明先　汪　林　沈湘萍　宋国杰
张　凡　张　利　张纪升　陈　洁
陈亚莉　陈宇峰　陈祥辉　周　宏
孟春雷　赵　丽　郝　盛　胡　钢
贾利民　龚　民　常云涛　董亚波
董宏辉　路　芳　蔡　蕾　燕　科

丛书前言

自人类进入汽车社会以来,道路交通安全问题已经成为当今世界一个严重的社会问题。为了遏制道路交通事故的发生,降低道路交通事故的危害,人类做出了不懈的努力。进入21世纪,国际社会对道路交通安全问题愈发重视,在全球范围内掀起了提高道路交通安全性的新高潮。但是,遏制道路交通事故发生、缓解道路交通安全压力仍是一项长期和艰巨的任务。

高速公路是公路交通运输系统的"大动脉",承担了我国70%以上的公路运输交通量,已成为我国综合交通运输系统的重要组成部分。然而,随着高速公路的快速发展,高速公路交通安全状况不容乐观。特别是随着我国机动化进程的不断加快,机动车数量和居民人均出行量进一步快速增长,改善道路交通安全的压力和难度仍在增大。

交通安全是道路交通研究永恒的主题,科技进步和新技术应用则是解决道路交通安全问题的重要手段。由科技部、公安部、交通运输部三个部委联合组织实施的"国家道路交通安全科技行动计划"一期项目"重特大道路交通事故综合预防与处置集成技术开发与示范应用"已于2012年正式通过验收。项目形成了大量具有先进性和实用性的研究成果,示范效果明显,示范路网内事故数平均下降了20.1%,重特大事故数降幅为21.4%,死亡人数平均降幅为27%。正是基于此,2014年国家又启动了"国家道路交通安全科技行动计划"二期项目"道路交通安全智能化管控关键技术与集成示范",其目标是在一期项目的基础上,利用传感网、大数据研判等先进信息技术,围绕道路交通安全的主要矛盾和突出问题,打造安全、有序的高速公路交通行车环境,实现交通行为全方位有效监管,促进重点驾驶人安全驾驶行为和习惯养成、交通秩序根本性好转,全面提升重特大交通事故的主动防控能力。

课题二"高速公路网运行状态智能监测与安全服务保障关键技术研发及系统集成"是"道路交通安全智能化管控关键技术与集成示范"项目的重要组成部分,面向国家公路网可视、可测、可控、可服务的战略需求,重点攻克并集成应用高速公路网运行状态感知与态势分析、路网运行预警与交通流组织、信息推送服务等关键技术，研发高速公路运行状态综合感知、路网运行态势分析、路网监测与安全服务保障平台等系统，研制公路传感网自组织节点设备、定向交通信息推送设备、异构系统间专用安全互操作设备等，建成协同高效的部省两级路网监测与安全服务保障平台，实现高速公路网运行状态的全时空监测，多尺度态势分析、研判、预警，跨区域协同管理和跨部门联动预警及安全信息主动推送服务。依托交通运输部公路网运行监测与服务系统工程和典型省(自治区、直辖市)公路网运行监测与服务系统工程开展示范应用，形成公路网运行监测与服务相关标准规范。

在科技部、公安部和交通运输部三个部委的高度重视和组织下，在各相关方向有专长的科研单位、大学、企业及行业管理单位等20余家单位的300余位研究人员，共同参加课题研究、示范工程建设及标准规范编制修订工作，取得了丰硕的研究成果，并通过"产、学、研、用"相结合的方式，保证研究成果达到"实际、实用、实效"的要求。本丛书是对"高速公路网运行状态智能监测与安全服务保障关键技术研发及系统集成"课题部分成果的总结，是"国家道路交通安全科技行动计划"项目的重要成果之一，涉及公路桥梁安全状态监管、路网结构分析评估、路网运行状态分析与态势推演、高速公路网交通流调度、跨区域大范围路网协同运行控制、高速公路信息服务、跨部门跨区域路网监测与服务保障平台等方面内容。本丛书可为公路行业的运营管理及交通安全改善工作提供指导，有助于进一步提升高速公路网的监测与安全服务保障能力，具有重要的指导意义和实用价值。

本丛书在编写过程中得到了交通运输部总工程师周伟，交通运输部公路局李华，交通运输部科教司庞松，交通运输部公路科学研究院王笑京、何勇、牛开民、傅宇方等领导的鼎力支持，得到了陈国靖、马林、关积珍、张明月、王辉、左海波等专家的悉心指导，交通运输部路网监测与应急处置中心、交通运输部公路科学研究院等20余家课题参加单位领导、同人给予了大力配合，在此表示衷心感谢！书中参阅大量国内外文献，引述文献的已尽量予以标注，但难免存在疏漏，在此对各文献作者一并致谢！

交通运输部公路科学研究院
交通运输部路网监测与应急处置中心
2023年1月

前　言

互通式立交是高速公路的重要组成部分，是实现路网车辆转向的重要设施，对高速公路路网的通行能力和交通运行质量起关键作用。在互通式立交区域内，由于车辆间的分流、合流、交织运行频繁，往往会引起主线交通流紊乱，行车速度剧烈变化，交通冲突发生概率增加，运行质量下降，互通式立交区域往往成为高速公路的"瓶颈"路段和事故多发路段。以往关于互通式立交的研究主要集中在互通式立交的通行能力方面，对于互通式立交区域的交通安全研究则相对不足。

桥梁是高速公路的重要组成部分。桥梁在建造和运营过程中，受到外界环境的侵蚀、交通荷载的长期反复作用以及地震、大风等自然灾害的影响，将不可避免地导致结构材料不断老化、疲劳效应增加，甚至产生突发破坏等，使桥梁结构的抗力不断衰减，威胁到结构的安全性、适用性和耐久性。面对日益复杂的桥梁结构、日益庞大的桥梁规模，传统的养护管理方法很难满足需求，如果不能及早发现问题并及时进行处理，在极端情况下将会产生灾难性的突发事故。

虽然人们很早就意识到桥梁安全监测的重要性，但是由于早期结构监测方法和技术落后，不能对桥梁运营状态进行长期、系统、完整的监测。随着科学技术的不断发展，人类检测技术的不断革新以及人们对桥梁安全性、耐久性与正常使用功能的日渐关注，现代传感技术、网络通信技术以及信号处理和人工智能的不断成熟，为确保桥梁运营安全并有效延长桥梁使用寿命，从根本上杜绝桥梁垮塌事故对人民生命财产造成的巨大危害，针对桥梁结构的实时安全状态监管逐渐受到研究者和桥梁管理者的青睐。欧进萍院士指出："结构智能监测集智能传感元件、数据有线或无线采集和实时处理、结构损伤识别、健康诊断与可靠性预测以及远程通信与数据管理等硬软件系统于一体，是工程理论发展与综合的象征、高新技术开发与集成的标志，同时也是现代结构实验技术的集中体现。"

桥梁安全状态监管主要具有三方面意义：结构状态监测与评估、验证设计理论和改进设计规范。有效的桥梁结构安全状态监管系统利用收集到的特定信息对桥梁结构健康安全状态进行评估,从而对潜在损伤发出早期预警,科学地指导工程决策,实施有效的保养、维修与加固工作,实现按需维护、及时维护。桥梁安全状态监管系统为桥梁足尺实验提供了崭新的平台,监测系统所捕捉的实际结构的动静力行为成为验证桥梁理论模型、计算假定的重要支撑,进而提高了人们对于大型复杂结构的认识。另外,桥梁安全状态监管系统记录的交通和自然环境信息可作为荷载合理建模的基础,将荷载与结构响应反馈于结构设计,促进结构设计方法与相应的规范标准的更新。

本书依托"十二五"国家科技支撑计划课题"高速公路网运行状态智能监测与安全服务保障关键技术研发及系统集成"(课题编号:2014BAG01B02)中的主要研究成果,系统阐述了高速公路桥梁结构监测以及管理维护的基本原理和关键技术。全书包括绪论(第1章)、基础理论部分(第2章:桥梁危险性分析;第3章:桥梁安全状态监测技术研究;第4章:桥梁安全状态传感网络构建)和工程应用部分(第5章:桥梁安全畅通管理信息系统设计;第6章:研究成果)。

本书除署名作者外,唐治金、葛文渊、李英举参与撰写了第1章、第4章部分、第5章,王维娜、冯刚参与撰写了第2章、第3章、第4章部分、第6章。

鉴于交通冲突技术仍处在不断探索和发展之中,加上编著者水平有限,错误和不妥之处在所难免,敬请广大读者批评指正。

编著者
2023 年 5 月

目 录

第 1 章　绪论 / 1
　1.1　国内外结构安全监测研究现状、水平及发展趋势 ………………………… 1
　1.2　桥梁安全状态监测研究方法和技术路线 ……………………………………… 4
　1.3　主要研究成果 …………………………………………………………………… 5

第 2 章　桥梁危险性分析 / 6
　2.1　桥梁结构参数危险性分析理论 ………………………………………………… 6
　2.2　梁桥危险性分析 ………………………………………………………………… 8
　2.3　拱桥危险性分析 ………………………………………………………………… 56
　2.4　悬索桥危险性分析 ……………………………………………………………… 79
　2.5　斜拉桥危险性分析 ……………………………………………………………… 104
　2.6　本章小结 ………………………………………………………………………… 113

第 3 章　桥梁安全状态监测技术研究 / 114
　3.1　定义、范畴、难点 ……………………………………………………………… 114
　3.2　桥梁结构安全监测分析 ………………………………………………………… 115
　3.3　桥梁监测参数及关联性分析 …………………………………………………… 119
　3.4　传感器阵列优化技术 …………………………………………………………… 133
　3.5　桥梁关键监测点辨识技术 ……………………………………………………… 155
　3.6　本章小结 ………………………………………………………………………… 165

第 4 章　桥梁安全状态传感网络构建 / 166
　4.1　总体架构 ………………………………………………………………………… 166
　4.2　传感器 …………………………………………………………………………… 168
　4.3　数据采集 ………………………………………………………………………… 174

第 5 章　桥梁安全畅通管理信息系统设计 / 179
　5.1　概述 ……………………………………………………………………………… 179
　5.2　系统需求分析 …………………………………………………………………… 179
　5.3　系统功能设计 …………………………………………………………………… 180

第 6 章　研究成果 / 192

参考文献 / 193

第1章 绪 论

随着我国交通事业的高速发展,作为交通网络关键节点的桥梁及隧道被大量兴建,桥梁、隧道在建造和运营过程中,受到外界环境的侵蚀、交通荷载的长期反复作用以及地震、大风等自然灾害的影响,将不可避免地导致结构材料不断老化、疲劳效应增加,甚至产生突发破坏等,使桥梁、隧道结构的抗力不断衰减,威胁到结构的安全性、适用性和耐久性。

结构安全状态监管是指利用现场无损传感技术,通过包括结构响应在内的结构系统特性分析,达到监测结构状态,检测结构损伤或退化的目的。桥梁安全状态监管不是对传统桥梁检测技术的简单改进,而是运用现代传感和通信技术,实时监测桥梁运营阶段在各种环境条件下的结构响应与行为,获取反映结构状况和环境因素的各种信息,由此分析结构特性,并评估结构安全的可靠性,为桥梁管理与维护决策提供科学依据。同时,由于桥梁监测获得的海量数据可以为验证结构分析模型、计算假定和设计方法等提供反馈信息,并可用于深入研究大跨径桥梁结构及环境中的未知或不确定性因素,因此,桥梁安全状态监管能对桥梁设计理论进行验证,并指导桥梁设计;通过桥梁安全状态监管也能对桥梁结构及环境中的许多未知问题进行更深入的调查和研究。桥梁安全状态监管系统可以实时监控结构的整体行为,对结构的损伤位置和程度进行诊断,对结构的服役情况、可靠性、耐久性和承载能力进行智能评估,为结构在突发事件如强震、台风或其他严重事故等情况下或结构使用状况严重异常时触发预警信号,为结构的维修、养护与管理决策提供依据和指导。本书主要针对桥梁安全状态监管技术及系统研发进行讲解。

桥梁安全状态监管主要具有三方面意义:结构状态监测与评估、验证设计理论及改进设计规范。有效的桥梁结构安全状态监管系统利用收集到的特定信息对大桥结构健康安全状态进行评估,从而对潜在损伤发出早期预警,科学地指导工程决策,实施有效的保养、维修与加固工作,实现按需维护、及时维护。桥梁安全状态监管系统为桥梁足尺试验提供了崭新的平台,监测系统所捕捉的实际结构的动静力行为成为验证桥梁理论模型、计算假定的重要支撑,进而提高人们对于大型复杂结构的认识。另外,桥梁安全状态监管系统记录的交通和自然环境信息可作为荷载合理建模的基础,将荷载与结构响应反馈于结构设计,促进结构设计方法与相应的规范标准的更新。

1.1 国内外结构安全监测研究现状、水平及发展趋势

国内外多次桥梁垮塌惨痛事故的发生,某种程度上提高了人们的认识水平,也推动了桥梁结构安全状态监管的发展,桥梁安全状态监管系统的研究、发展和应用已成为当前比较活

跃的桥梁研究领域。近年来,随着现代传感技术、计算机与通信技术、信号分析与处理技术及结构振动分析理论的迅速发展,大型桥梁结构安全状态监管与状态评估已成为国内外工程界和学术界关注的热点,国内外许多大型桥梁都安装了结构安全状态监管系统而且数量还在不断增加。

  运营期桥梁监测理念起源于20世纪80年代初的美国。该理念与现代桥梁养护技术发展的需求相匹配,随后在欧洲、美国、日本等国家和地区的桥梁运营养护管理系统中得到了迅速的发展和推广,并于20世纪90年代中期进入我国香港的桥梁建设和养护管理领域。其实早在1995年,美国便在威斯康星州安装了第一套桥梁远程安全状态监管系统,其后,桥梁安全状态监管系统在世界范围内迅速兴起,英国北爱尔兰新Foyle桥为校验大桥的设计、测量、研究车辆、风和温度对其动力响应的影响,安装了监测仪器以及数据采集系统;加拿大实施了监测计划,对冰荷载下的性能、变形、温度应力、车辆荷载和风、地震荷载下的动力响应进行研究;日本明石海峡桥安装了监测系统,以此来验证桥梁在强风和地震时的设计假定和相关参数取值,同时确定桥梁在外界条件影响下的变形情况;2000年,韩国Seohae双塔斜拉桥和悬索桥建成后,研究人员分别对它们安装了桥梁结构安全状态监管系统,来检测结构的静动态性能和环境荷载;香港路政署率全国之先,依托欧洲、美国、日本等国家和地区的桥梁结构设计、监测技术以及高等院校的科研实力,在香港特别行政区的青马、江九、汲水门大桥上首先构建了风与结构安全状态监管系统。由于该系统的构建,国际结构安全状态监管学会规范与标准委员会、国际结构控制与监测学会、美国土木工程师学会结构控制与监测分委员会联合香港路政署依托此工程首次在中国召开了桥梁结构安全状态监管技术国际研讨会,并对其有效的成果进行了全球范围的推广和应用。香港的安全状态监管研究发展最为良好,1997年在青马大桥、汲水桥和汀九桥上分别安装了监测系统,2009年建成的昂船洲大桥安全状态监管系统是目前世界上投资最大、规模最大、最先进的桥梁安全状态监管系统。进入20世纪90年代以来,桥梁安全状态监管研究也在国内蓬勃发展起来,江阴靖江长江大桥、滨州黄河公路大桥、东营黄河公路大桥、苏通长江公路大桥等均集成了实时监测系统。虽然我国从20世纪90年代起就在各类桥上安装了不同规模的安全状态监管系统,但是这些桥梁监测系统中并不包含结构模型,因而无自动损伤识别能力,直到2006年的滨州黄河公路大桥安全状态监管系统中才包含了识别桥梁损伤的功能,但其损伤识别的效果还有待时间的检验。

  在桥梁结构的健康状况评估方面,国外起步得也比较早。在20世纪后期,《既有结构的评估》在英国发表。而20世纪80~90年代,关于桥梁管理的国际会议也多次召开,其中比较重要的是"关于道路桥梁维修管理国际会议"。

  与此同时,欧美许多国家也根据桥梁评估的需要,颁布了一些规范或者是文件。而这些规范或者文件主要依据的是结构可靠性原理,或者主要是基于设计规范。我国对于桥梁评估方面的工作起步较晚,近年来,才逐步开展这方面的研究。目前,国内也已颁布了一些规范或者相关文件,其中包括《公路桥梁承载能力检测评定规程》(JTG/T J21—2011)和《公路桥涵养护规范》(JTG H11—2004)等。

  随着现代通信技术和监测技术的研究成果不断更新,桥梁结构的安全状态监管系统正更加自动化、实时化以及网络化。决策者要能够及时地掌握桥梁结构的健康状况,能够针对突发事件进行及时的预警和处理,桥梁安全状态监管系统的实时化是非常重要的。这样能够排除传统检测技术的滞后性,提升监测效率。而现代技术的不断革新,包括一些监测设备等硬件的研发以及监测软件的开发,为实现桥梁安全状态监管的自动化提供了条件。现场监测设备对桥梁结构数据进行自动采集,再通过监测软件将获取的大量数据进行记录、整理、分析和存储,以及最终对于分析结果进行判别。网络化对于安全状态监管系统来说,能够使得远程数据的共享变得十分容易,从而更加迅速有效地对桥梁状态进行评估。

桥梁结构安全状态监管是运用现代传感与通信技术,实时监测桥梁运营阶段在各种环境条件下的结构响应与行为,获取反映结构状态和环境因素的各种信息,由此分析结构的健康状态、评估结构的可靠性,为桥梁的管理与维护提供科学依据。对于一座具体的桥梁,由于其监测的侧重点不同,因此监测内容、监测规模、监测方式和手段以及监测效果也各不相同。

从已建的国内外多座桥梁的安全状态监管系统的监测目标、功能及系统运行等方面来看,取得了许多可喜的成果和经验:

(1)多类桥梁都安装了安全状态监管系统,并且有新建桥梁进行了施工和运营期监测系统的一体化研究和实施,从施工监控开始,力求连续、完整地记录结构信息。

(2)系统除了监测结构本身的状态和行为应力、位移、倾角、加速度、动力特性等以外,还强调对环境条件风、地震、温度、车辆荷载等的监测和记录分析。随着技术的发展,供监测的仪器也更加多样、先进;很多监测系统都采用当时较先进的传感器,如光纤传感器等。监测系统功能在不断完善,并且具有快速大容量的信息采集与通信能力。

(3)在车重、车速、路面及支承对桥梁模态参数的影响方面有深入的认识及理论上的依据,证明了用环境振动法进行桥梁自动检测的可行性。对使用桥梁监测的结构状态敏感参数积累了理论认识和试验基础,并且在一定程度上能够利用测试数据进行计算模型的修正。

(4)开发了各种基于频率、振型、振型曲率、应变、等参数的损伤检测和定位技术,在处理方法上探寻了模态保证标准法、坐标模态保证标准法、柔度矩阵法、矩阵振动修正法、非线性迭代法以及神经网络法等。

由于桥梁安全状态监管系统本身的多学科性和复杂性,以及桥梁的结构和环境的复杂性和不确定性,目前桥梁安全状态监管系统还存在诸多不足,有很多困扰学术界和工程界的难题还有待进一步解决:

(1)大型桥梁结构的复杂性和环境噪声影响,给桥梁监测带来较大的困难,桥梁安全状态监管中还缺乏有效的传感器优化布置算法。

(2)实时监测带来的问题是如何实时、有效处理大量原始数据,提取有用参数和及时报警。目前大多系统都未很好地解决这一问题,导致大量数据的积压、数据处理滞后以及延迟报警等;而且数据采集的远距离传输问题、自动损伤识别和报警等问题未得到很好的解决。

(3)系统本身的稳定性、可靠性和抗干扰性。由于桥梁安全状态监管系统硬件多是电子产品,加之测试环境恶劣,如何保证监测系统长期、稳定、可靠地工作,是难度很大的课题。目前已有的监测系统已出现传感器破坏或系统疾病等严重问题。

(4)桥梁结构性能的变化对结构指纹的改变不敏感,如何评估结构损伤的方法和指标也有待进一步的研究。桥梁结构荷载中,恒载占相当大的比例,若仅着眼整个结构的动力监测,而缺乏对恒载量值、分布及变化的了解,势必使反映结构状态的指纹变化淹没于恒载应力变化之中而失去意义。

(5)复杂环境的因素导致监测困难。复杂的环境因素如基础沉降、支座失效、预应力损失等引起的应力重分布都不可避免地对振动模态产生消极影响,从而降低识别精度。

(6)桥梁安全状态监管起步较晚,由于涉及多个行业及问题本身的复杂性,有关桥梁安全状态监管系统建设的问题目前尚无统一的规范和标准。

1.2 桥梁安全状态监测研究方法和技术路线

桥梁安全状态监测属于结构安全监测范畴,在对桥梁进行安全状态监测时,首先应对桥梁的危险性进行结构分析。本书采用响应面法对梁桥、拱桥、悬索桥、斜拉桥进行危险性分析。针对不同的桥型,首先进行结构分析,分析不同桥型的受力特点,并以某工程实例为工程依托,应用有限元分析软件 Midas/Civil 进行结构模拟与计算,计算结构在不同工况、不同荷载组合下的受力状况。最后应用响应面法对各桥型进行危险性分析,并得到对响应值影响显著的响应面模型。

响应面法实际是利用一个超曲面模型函数(如多项式)来近似表达输入与输出之间的隐式关系,即建立修正参数与实测相应(可以是动态响应,也可以是静力响应)之间的显性关系,从而确定对结构响应值影响较显著的参数,继而可方便地通过各种优化方法,完成参数修正。对参数进行显著性分析以后,选取显著性较高的参数进行响应面拟合,并得到响应面模型。具体流程图如图 1.2.1 所示。

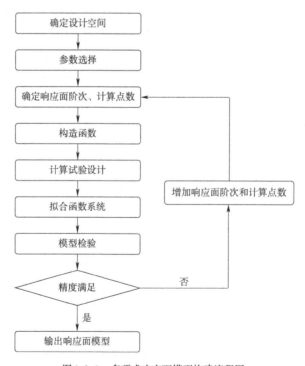

图 1.2.1 多项式响应面模型构建流程图

在桥梁安全状态监测技术研究中,以强度监测、表面形貌监测为主要目标,选取结构的变形(挠度)和应力为监测参数,对梁桥、拱桥、悬索桥以及斜拉桥进行结构的关联性分析,研究各控制截面之间的关联性。

对于传感器的阵列优化技术,本书主要是通过分析各种基于动力性能的传感器优化配置方法,寻找一种兼顾模态的可观测性和损伤的可识别性的传感器优化方法,使优化后的结果既满足上述两种要求,又减少迭代次数,提高监测水平和质量。

每一种传感器优化方法都有其优点和缺点。任何单一方法或单一的目标函数是很难很好地对传感器的位置进行优化的。因此,需要在优化时综合考虑多种参数信息,将不同的信息综合起来作为优化的目标函数,这是未来传感器优化布置的发展趋势。对比各种方法的优缺点,本书提出一种综合传感器优化布置方法,即基于模态可观测性和损伤可识别性的综合方法,在有效独立法分析的基础上,考虑损伤引起的结构振型的变化,将振型变化值等价为损伤灵敏度,以此作为优化的 Fisher 信息矩阵,然后参照有效独立法的有效独立矩阵进行传感器位置的优化。该方法由于考虑了损伤的影响,从而可以避免有效独立法和灵敏度系数法的局限性。

在进行了桥梁的关联性分析、传感器的优化布置后,便可以采用桥梁关键监测点的辨识技术了,即确定某种具体桥型的关键点类别、数量以及安装位置。本书对梁桥、拱桥、悬索桥、斜拉桥分别进行了关键点的研究,确定了各桥型传感器的类别、数量以及安装位置。

1.3 主要研究成果

本书基于"道路交通安全智能化管控技术与集成示范"项目课题二"高速公路网运行状态智能监测与安全服务保障关键技术研发及系统集成",面向国家公路网可视、可测、可控、可服务的战略需求,研究桥梁安全状态监管技术及系统研发,旨在形成一套具有综合功能的高速公路桥梁安全状态传感网络系统,进而对高速公路桥梁的安全运营状况作出综合性评价,为高速公路桥梁的养护和管理提供科学的依据。其研究过程中主要有以下研究成果:

(1)采用响应面法对梁桥、拱桥、悬索桥、斜拉桥进行危险性分析,分别得到了对各种桥型的结构损伤影响较大的影响参数,并形成了各影响参数对响应值的响应面模型。

(2)针对某一影响显著的参数,在一定的取值区间内取不同值,绘制出了参数取不同值时对响应值的影响曲线。

(3)通过分析各种基于动力性能的传感器优化配置方法,本书提出了一种综合传感器优化布置方法,即基于模态可观测性和损伤可识别性的综合方法,在有效独立法分析的基础上,考虑损伤引起的结构振型的变化,将振型变化值等价为损伤灵敏度,以此作为优化的 Fisher 信息矩阵,然后参照有效独立法的有效独立矩阵进行传感器位置的优化。该方法由于考虑了损伤的影响,从而可以避免有效独立法和灵敏度系数法的局限性。

(4)本书在已有的安全监测系统基础之上,对比分析现有的总体架构后对其进行优化,结合几种数据传输方式,构建了高速公路桥梁安全状态传感网络。

(5)为了更好地解决高速公路桥梁安全监测过程中面临的各种问题,如如何实时、有效地处理大量原始数据,提取有用的参数和及时报警等,本书设计出了高速公路桥梁安全畅通管理系统。

第2章 桥梁危险性分析

2.1 桥梁结构参数危险性分析理论

2.1.1 桥梁结构参数选取

对于桥梁结构参数的选取,一般可以选取如结构的弹性模量、密度等结构的材料特性和截面惯性矩等几何特征作为输入参数的特征。对于输出响应而言,可以选择时域特征(例如峰值加速度等),可以选择频域特征(例如频响函数、模态振型、传递函数、模态频率等),也可以选择在桥梁监测过程中所测得的实测挠度值、应变值等。

2.1.2 试验设计

试验设计方法是在系统变量空间中,选择合适的试验点的方法。试验设计中,大量的样本可以保证设计的安全性,但是却会使试验的费用提高。样本数量减少可以使费用降低,但其质量问题不容忽略。因此,如何用最少的试验样本来获得理想的结果成为研究的热点问题。

本书采用中心复合设计的方法进行试验设计。中心复合设计是一种针对二次多项式响应面模型进行分批次试验的试验设计方法。它是由 2^k 析因设计或分式析因设计(规范为通常的 ±1 记号)添加 2^k 个坐标轴点($\pm\alpha,0,0,\cdots,0$),($0,\pm\alpha,0,\cdots,0$),…,($0,0,0,\cdots,\pm\alpha$) 和 n_c 个中心点 $(0,0,\cdots,0)$ 所组成。其中 α 是可调整的参数,恰当地选择 α 可以使中心复合试验设计具有可选择性或正交性等。二因素中心复合试验设计的试验点分布如图2.1.1所示。目前该试验设计在有限元模型修正中应用最广泛。

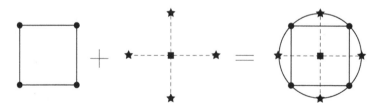

图 2.1.1 二因素中心复合试验设计的试验点分布

2.1.3 F 检验法

对于桥梁结构参数危险性分析的原理,本书采用方差分析的方法进行分析。选取合适的结构参数和结构响应,在参数设计空间内,计算样本点的响应,在此基础上,采用 F 检验法对样本参数进行显著性分析(即参数危险性分析)。F 检验法的基本原理如下:假设 $X_1, X_2, \cdots, X_n$ 是来自总体 $N(\mu_1, \sigma_1^2)$ 的样本,且二者相互独立,设两样本的方差分别是 S_1^2、S_2^2。且假定 μ_1、μ_2、σ_1^2、σ_2^2 都是未知,现需要在显著性水平为 α 下,检验假设:

$$H_0: \sigma_1^2 \leq \sigma_2^2, H_1: \sigma_1^2 > \sigma_2^2 \tag{2.1.1}$$

如果 H_0 为真,则 $E(S_1^2) = \sigma_1^2 \leq \sigma_2^2 = E(S_2^2)$;如果 H_1 为真,则 $E(S_1^2) = \sigma_1^2 > \sigma_2^2 = E(S_2^2)$。则:若 H_1 为真,所得观察值 S_1^2/S_2^2 趋于偏大,因此,拒绝域具有以下形式:

$$\frac{S_1^2}{S_2^2} \geq k \tag{2.1.2}$$

常数 k 由如下方式确定:

$$P\{当 H_0 \text{ 为真拒绝域 } H_0\} = P_{\sigma_1^2 \leq \sigma_2^2}\left\{\frac{S_1^2}{S_2^2} \geq k\right\} \leq P_{\sigma_1^2 \leq \sigma_2^2}\left\{\frac{S_1^2/S_2^2}{\sigma_1^2/\sigma_2^2} \geq k\right\}$$

(因为)
$$\frac{\sigma_1^2}{\sigma_2^2} \leq 1 \tag{2.1.3}$$

要满足 $P\{当 H_0 \text{ 为真拒绝域 } H_0\} \leq \alpha$,则需令:

$$P_{\sigma_1^2 \leq \sigma_2^2}\left\{\frac{S_1^2/S_2^2}{\sigma_1^2/\sigma_2^2} \geq k\right\} = \alpha \tag{2.1.4}$$

由 $\frac{S_1^2/S_2^2}{\sigma_1^2/\sigma_2^2} \sim F(n_1 - 1, n_2 - 1)$ 和 $k = F_\alpha(n_1 - 1, n_2 - 1)$,可以获得检验假设问题 1 的拒绝域:

$$F = \frac{S_1^2}{S_2^2} \geq F_\alpha(n_1 - 1, n_2 - 1) \tag{2.1.5}$$

此方法即为 F 检验法(ANOVA),于 1923 年由英国统计学家 Ronald Aylmer Fisher 首次提出。在响应面函数的自变量显著检验中,假设含有 $m-1$ 个自变量 $x_1, x_2, \cdots, x_{m-1}$,如果在回归模型中增加自变量 x_m,则显著性检验统计量 F_m(m 表示 m 个自变量)可表示为:

$$F_m = \frac{\text{SSE}(x_1, x_2, \cdots, x_{m-1}) - \text{SSE}(x_1, x_2, \cdots, x_{m-1}, x_m)}{\text{SSE}(x_1, x_2, \cdots, x_{m-1}, x_m)/(n - m - 1)} \tag{2.1.6}$$

式中: $\text{SSE}(x_1, x_2, \cdots, x_{m-1})$——含有 $m-1$ 个自变量的拟合误差平方和;

$\text{SSE}(x_1, x_2, \cdots, x_{m-1}, x_m)$——含有 m 个自变量的拟合误差平方和,n 为全部自变量数量。

要想检验所选的自变量对响应特征值的影响是否显著,其实质即检验假设 $H_{0j}: b_j = 0$ ($j = 1, 2, \cdots, n$) 是否成立。

假定显著水平临界值,取 $\partial = 0.05$:

$$P\{F_j \geq F_{1-\partial}(1, n - m - 1)\} = \partial \tag{2.1.7}$$

根据试验所得到的样本值,由式(2.1.7)算得,其检验法则如下:

如果 $F_j \geq F_{1-\partial}(1, n - m - 1)$,即 $P \leq 0.05$,则拒绝 H_{0j},表明自变量 x_m 在显著水平下 $\partial = 0.05$,对响应特征量具有显著影响;

如果 $F_j < F_{1-\partial}(1, n - m - 1)$,即 $P > 0.05$,则接受 H_{0j},表明自变量 x_m 在显著水平 $\partial = 0.05$ 下,对响应特征量的影响不显著。

2.2 梁桥危险性分析

2.2.1 简支梁

梁桥是指结构在垂直荷载作用下只产生垂直反力而无推力的梁式体系桥的总称,按照静力特性可分为简支梁桥、悬臂梁桥、连续梁桥、T 形刚构桥及连续刚构桥五种体系。简支梁桥、连续梁桥、连续刚构桥的结构受力分析如下。

1)结构分析

简支梁桥是梁桥中应用最早、使用最广泛的一种桥型。它受力简单,梁中只有正弯矩,适用于 T 形截面梁这种构造简单的截面形式;由于简支梁是静定结构,结构内力不受地基变形的影响,对基础要求较低。体系温度变化、混凝土收缩徐变、张拉预应力等均不会在梁中产生附加内力,设计计算方便。

简支梁的设计主要受跨中正弯矩的控制;当跨径增大时,跨中恒载和活载弯矩将急剧增加,当恒载弯矩所占的比例相当大时,结构所能承受活载的能力就减小。在钢筋混凝土简支梁桥中,经济合理的常用跨径在 20m 以下。为了提高简支梁的跨越能力,采用了预应力混凝土结构,这是由于预应力使梁全截面参加工作,减轻了结构的恒载,增大了抵抗活载的能力。但一般跨径超过 50m 后,桥梁显得笨重,安装重量较大,施工困难,因此目前我国预应力混凝土简支梁的标准跨径一般在 40m 以下。

2)结构模拟

本节以一座 20m 的空心板梁为依托,进行结构建模与计算分析。主梁混凝土设计强度等级为 C40,设计荷载为城-A 级。根据施工图纸,利用 Midas/Civil 建立有限元模型,其中模型的材料参数为:主梁采用强度等级为 C40 的混凝土,弹性模量 $E = 3.25 \times 10^4$MPa,混凝土密度 $D = 2549$kg/m^3,泊松比 $P = 0.2$。有限元模型如图 2.2.1 所示。

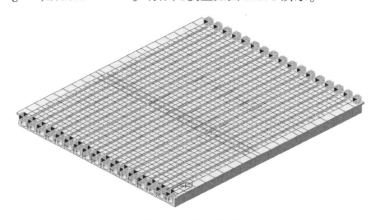

图 2.2.1 有限元模型

3)危险性分析

桥梁结构参数选取主梁的弹性模量(E)、密度(D)、泊松比(P)作为试验设计的输入参数,每个参数的上下界设为初始值的 ±20%,如表 2.2.1 所示。分别以该简支梁在自重作用下左边梁跨中最大挠度(节点11)和中梁跨中最大挠度(节点675)作为输出响应 d_1、d_2。

设计参数范围 表2.2.1

参数	初值	下水平	上水平
弹性模量 $E(\times 10^4 \text{MPa})$	3.31	2.65	3.97
密度 $D(\text{kg/m}^3)$	2549	2039.2	3058.8
泊松比 P	0.2	0.16	0.24

通过 Design Expert8.0 进行中心复合试验设计。表2.2.2所示为中心复合设计表,将试验设计的各个试验样本,代入 Midas/Civil 模型,计算出各个样本的响应值并填入表2.2.3。

中心复合设计 表2.2.2

样本	输入参数		
	E	D	P
1	2.65	2039.2	0.16
2	3.97	2039.2	0.16
3	2.65	3058.8	0.16
4	3.97	3058.8	0.16
5	2.65	2039.2	0.24
6	3.97	2039.2	0.24
7	2.65	3058.8	0.24
8	3.97	3058.8	0.24
9	2.2	2039.2	0.2
10	4.42	2039.2	0.2
11	3.31	1691.62	0.2
12	3.31	3406.38	0.2
13	3.31	2549	0.13
14	3.31	2549	0.27
15	3.31	2549	0.2
16	3.31	2549	0.2
17	3.31	2549	0.2
18	3.31	2549	0.2
19	3.31	2549	0.2
20	3.31	2549	0.2

中心复合设计响应值

表 2.2.3

样本	自重响应应值 挠度(mm)		活载响应应值 挠度(mm)		应力(MPa)		整体升温响应应值 挠度(mm)		应力(MPa)		整体降温响应应值 挠度(mm)		应力(MPa)		温度梯度响应应值 挠度(mm)		应力(MPa)	
	d_1	d_2	d_1	d_2	σ_1	σ_2	d_1	d_2	σ_1	σ_2	d_1	d_2	σ_1	σ_2	d_1	d_2	σ_1	σ_2
1	15.044	14.942	−6.735	−17.575	2.12	7.36	−1.012	0.353	1.49	−0.45	0.298	−0.104	−0.438	0.133	7.02	6.984	1.02	−0.89
2	9.03	8.926	−3.722	−11.356	1.94	7.93	−0.7	0.196	2.16	−0.5	0.206	−0.058	−0.636	0.15	7.023	6.985	1.68	1.48
3	15.049	14.94	−5.216	−14.556	2.05	7.61	−0.885	0.287	1.75	−0.48	0.26	−0.084	−0.516	0.142	7.022	6.985	1.27	−1.11
4	15.036	14.931	−5.256	−14.359	2.06	7.55	−0.846	0.266	1.77	−0.48	0.249	−0.078	−0.159	0.142	7.021	6.985	1.27	−1.11
5	10.071	9.961	−4.244	−12.348	1.99	7.77	−0.745	0.217	2.01	−0.5	0.219	−0.064	−0.591	0.147	7.022	6.985	1.51	−1.33
6	15.083	14.972	−4.211	−12.53	1.98	7.84	−0.789	0.239	2	−0.50	0.232	−0.07	−0.588	0.148	7.023	6.985	1.51	−1.33
7	18.125	18.004	−8.258	−20.95	2.16	7.23	−1.16	0.433	1.28	−0.42	0.341	−0.127	−0.375	0.124	7.02	6.984	0.846	−0.738
8	15.059	14.95	−5.194	−14.748	2.03	7.67	−0.922	0.306	1.74	−0.48	0.271	−0.09	−0.513	0.142	7.022	6.985	1.27	−1.11
9	9.986	9.915	−5.216	−14.556	2.05	7.61	−0.885	0.287	1.75	−0.48	0.26	−0.084	−0.516	0.142	7.022	6.985	1.27	−1.11
10	10.056	9.981	−4.211	−12.53	1.98	7.84	−0.789	0.239	2	−0.50	0.231	−0.07	−0.588	0.148	7.023	6.985	1.51	−1.33
11	15.047	14.94	−5.216	−14.556	2.05	7.61	−0.885	0.287	1.75	−0.48	0.26	−0.084	−0.516	0.142	7.022	6.985	1.27	−1.11
12	20.109	19.966	−5.216	−14.556	2.05	7.61	−0.885	0.287	1.75	−0.48	0.26	−0.084	−0.516	0.142	7.022	6.985	1.27	−1.11
13	22.566	22.413	−6.735	−17.575	2.12	7.36	−1.012	0.353	1.49	−0.45	0.298	−0.104	−0.438	0.133	7.02	6.984	1.02	0.888
14	10.047	9.974	−4.244	−12.348	1.99	7.77	−0.745	0.216	2.01	−0.5	0.219	−0.064	−0.591	0.147	7.022	6.985	1.51	−1.33
15	15.057	14.953	−6.697	−17.856	2.11	7.43	−1.055	0.376	1.47	−0.45	0.31	−0.11	−0.434	0.133	7.021	6.984	1.02	−0.888
16	15.049	14.94	−5.216	−14.556	2.05	7.61	−0.885	0.287	1.75	−0.48	0.26	−0.084	−0.516	0.142	7.022	6.985	1.27	−1.11
17	22.585	22.429	−6.697	−17.856	2.11	7.43	−1.055	0.376	1.47	−0.45	0.31	−0.11	−0.434	0.133	7.021	6.984	1.02	−0.888
18	15.049	14.94	−5.216	−14.556	2.05	7.61	−0.885	0.287	1.75	−0.48	0.26	−0.084	−0.516	0.142	7.022	6.985	1.27	−1.11
19	15.049	14.94	−5.216	−14.556	2.05	7.61	−0.885	0.287	1.75	−0.483	0.26	−0.084	−0.516	0.142	7.022	6.985	1.27	−1.11
20	15.049	14.94	−5.216	−14.556	2.05	7.61	−0.885	0.287	1.75	−0.483	0.26	−0.084	−0.516	0.142	7.022	6.985	1.27	−1.11

由表 2.2.4 和图 2.2.2 可知,通过方差分析,可以得到 3 个主效应的影响,其中参数 E、D 对响应值有显著的影响,而泊松比 P 的 P-value 值大于 0.05,所以其影响不显著,参数之间的交互作用只有 $E \cdot D$ 对挠度有显著影响。综上所述,参数 E、D 为重要参数,对总方差有很大的贡献,P 为非重要参数。

自重作用下方差分析结果　　　　　　　　　　表 2.2.4

结果	参数					
	E	D	P	$E \cdot D$	$E \cdot P$	$D \cdot P$
d_1 P-value	<0.0001	<0.0001	0.1881	0.0035	0.0987	0.0975
d_2 P-value	<0.0001	<0.0001	0.1882	0.0035	0.0978	0.0967

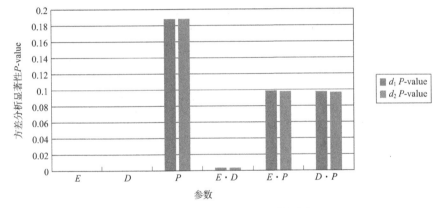

图 2.2.2　自重作用下参数的显著性分析

利用试验设计软件 Design Expert8.0 对参数 E、D 与响应值 d_1、d_2 进行响应面拟合,如图 2.2.3、图 2.2.4 所示,分别为参数 E、D 对边梁跨中挠度 d_1 的响应面模型以及参数 E、D 对中梁跨中最大挠度 d_2 的响应面模型。

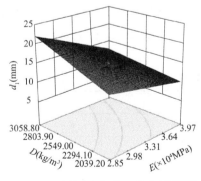

图 2.2.3　边梁跨中挠度 d_1 的响应面模型

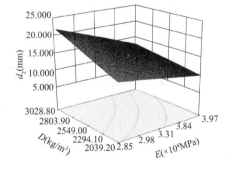

图 2.2.4　中梁跨中挠度 d_2 的响应面模型

由表 2.2.5 和图 2.2.5 可知,通过方差分析,可以得到 3 个主效应的影响,其中参数 E、D、P 对活载作用下的挠度响应值影响不显著,参数之间的交互作用对挠度的影响不显著;主梁的弹性模量 E 对活载作用下边跨应力响应值影响显著,而参数对活载作用下的中跨应力响应值影响不显著。

活载作用下方差分析结果　　　　　　　　　　　　　表2.2.5

结果	参数					
	E	D	P	$E \cdot D$	$E \cdot P$	$D \cdot P$
d_1 P-value	0.107	0.2572	0.175	0.2639	0.4341	0.8781
d_2 P-value	0.1178	0.2614	0.1964	0.2563	0.3674	0.8422
σ_1 P-value	0.0351	0.4981	0.1008	0.2125	0.3264	0.8864
σ_2 P-value	0.0407	0.4029	0.0796	0.2603	0.4298	0.9292

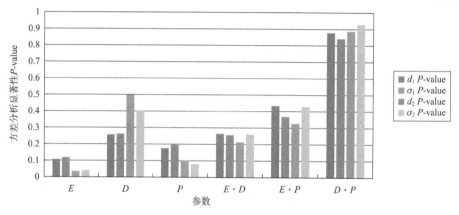

图2.2.5　活载作用下参数的显著性分析

由表2.2.6和图2.2.6可知,通过方差分析,可以得到3个主效应E、D、P在结构整体升温时对挠度、应力响应值的影响,其中参数E、P对边梁、中梁的挠度响应值以及边梁的应力响应值有显著的影响;参数E对中梁的应力响应有显著影响,而结构自重对各个响应值的影响不显著;此外,参数之间的交互作用各个响应值影响均不显著。综上所述,参数E、P为重要参数,对总方差有很大的贡献。

整体升温时方差分析结果　　　　　　　　　　　　　表2.2.6

结果	参数					
	E	D	P	$E \cdot D$	$E \cdot P$	$D \cdot P$
d_1 P-value	<0.0001	1.000	0.0003	1.000	0.9674	1.000
d_2 P-value	<0.0001	0.9796	0.0012	0.9734	0.9734	0.9734
σ_1 P-value	<0.0001	1.000	0.0216	1.000	0.5475	1.000

续上表

结果	参数					
	E	D	P	$E \cdot D$	$E \cdot P$	$D \cdot P$
σ_2 P-value	<0.0001	1.000	0.765	1.000	0.6719	1.000

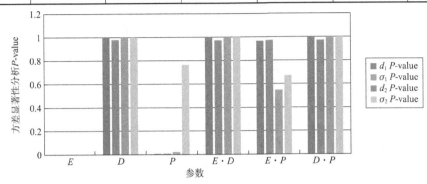

图 2.2.6 整体升温时参数的显著性分析

利用试验设计软件 Design Expert8.0 对参数 E、P 与各个响应值进行响应面拟合,如表 2.2.7 和图 2.2.7~图 2.2.9 所示。

整体降温时方差分析结果　　　　表 2.2.7

结果	参数					
	E	D	P	$E \cdot D$	$E \cdot P$	$D \cdot P$
d_1 P-value	<0.0001	0.9582	0.0005	0.9454	0.9454	0.9454
d_2 P-value	<0.0001	1.000	0.0026	1.000	1.000	1.000
σ_1 P-value	0.0054	1.000	0.0883	1.000	0.9935	1.000
σ_2 P-value	<0.0001	1.000	0.7797	1.000	0.715	1.000

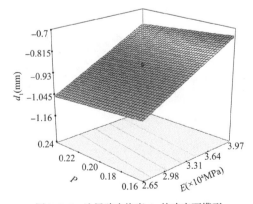

图 2.2.7 边梁跨中挠度 d_1 的响应面模型

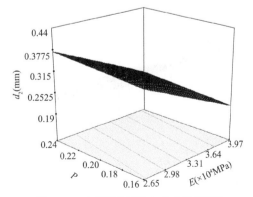

图 2.2.8 中梁跨中挠度 d_2 的响应面模型

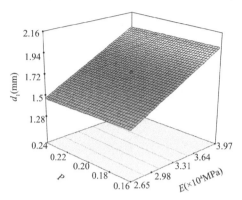

图 2.2.9　边梁跨中应力 σ_1 的响应面模型

由表 2.2.7 和图 2.2.10 可知，通过方差分析，可以得到 3 个主效应在结构整体降温时对各个响应值的影响，其中参数 E 对边梁、中梁的挠度、应力响应值均有显著的影响，泊松比 P 对边梁、中梁的挠度响应值有显著影响；参数 D 以及参数之间的交互作用的 P-value 均大于 0.05，因此对各个响应值的影响均不显著。综上所述，在结构整体降温时，参数 E、P 为影响挠度、应力的重要参数。

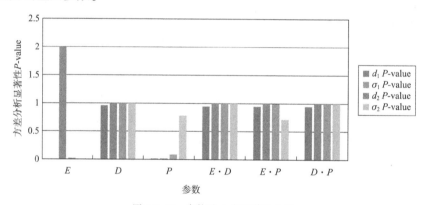

图 2.2.10　参数对 d_1 的显著性分析

利用试验设计软件 Design Expert8.0 对参数 E、P 与各个响应值进行响应面拟合，如图 2.2.11～图 2.2.14 所示。

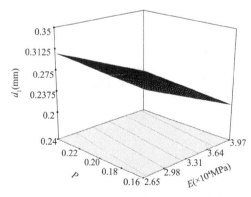

图 2.2.11　边梁跨中挠度 d_1 的响应面模型

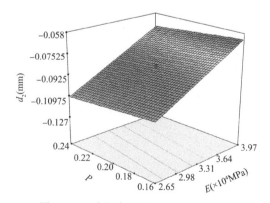

图 2.2.12　中梁跨中挠度 d_2 的响应面模型

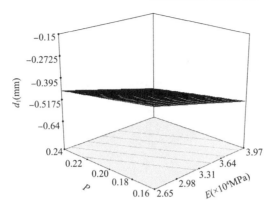

图 2.2.13 边梁跨中应力 σ_1 的响应面模型

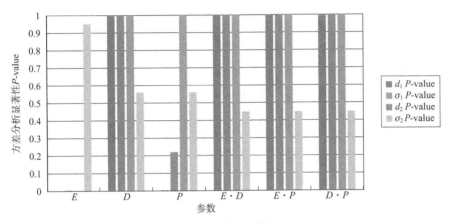

图 2.2.14 参数的显著性分析

由表 2.2.8、图 2.2.14 可知,通过方差分析,可以得到 3 个主效应在温度梯度作用下对各个响应值的影响,其中参数 E 对边梁、中梁的挠度以及边梁的应力响应值均有显著的影响,泊松比 P 对边梁的挠度响应值有显著影响;参数 D 以及参数之间的交互作用的 P-value 均大于 0.05,因此对各个响应值的影响均不显著。综上所述,在温度梯度作用下,参数 E、P 为影响挠度、应力的重要参数。

温度梯度下方差分析结果　　　　　　　　　表 2.2.8

结果	参数					
	E	D	P	$E \cdot D$	$E \cdot P$	$D \cdot P$
d_1 P-value	<0.0001	1.000	0.0004	1.000	1.000	1.000
d_2 P-value	0.0008	1.000	0.221	1.000	1.000	1.000
σ_1 P-value	<0.0001	1.000	1.000	1.000	1.000	1.000
σ_2 P-value	0.951	0.5604	0.5604	0.4489	0.4489	0.4489

利用试验设计软件 Design Expert8.0 对参数 E、P 与各个响应值进行响应面拟合,如图 2.2.15 所示。

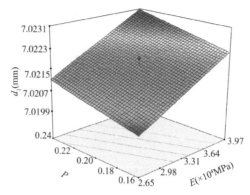

图 2.2.15 边梁跨中挠度 d_1 的响应面模型

(1)不同的弹性模量 E_1 对挠度的影响分析。

初始弹性模量 $E = 3.25 \times 10^4 \text{MPa}$,分别对初始弹性模量改变 ±5%、±10%、±15%、±20% 进行分析,分析计算结果如图 2.2.16 所示。

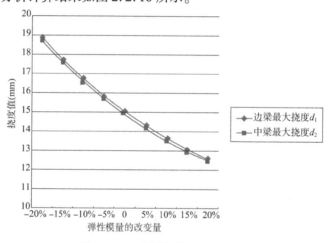

图 2.2.16 不同弹性模量下的挠度值

由表 2.2.9、图 2.2.16 可以看出,随着弹性模量的增大,边跨与中跨控制截面最大挠度逐渐减小,弹性模量在初始弹性模量的 ±20% 范围内,边跨控制截面的挠度的改变量为 6.262mm,中跨控制截面挠度的改变量为 6.226mm,弹性模量增大 20%,边梁、中梁挠度均减小 16% 左右,弹性模量减小 20%,边梁、中梁的挠度增大 25%。因此,弹性模量减小对结构的挠度影响比较大。

不同弹性模量在自重作用下的挠度值 表2.2.9

弹性模量改变量	-20%	-15%	-10%	-5%	0	5%	10%	15%	20%
弹性模量(×10⁴MPa)	2.6	2.7625	2.925	3.0875	3.25	3.4125	3.575	3.7375	3.9
边跨最大挠度 d_1(mm)	18.806	17.701	16.719	15.840	15.049	14.333	13.683	13.089	12.544
中跨最大挠度 d_2(mm)	18.678	17.579	16.602	15.729	14.942	14.231	13.584	12.993	12.452

由表2.2.10、图2.2.17可以看出,在结构整体升温时,随着弹性模量的增大,边跨与中跨控制截面最大挠度逐渐减小。弹性模量在初始弹性模量的±20%范围内,边跨、中跨控制截面的挠度改变量均较大,弹性模量增大20%时边梁挠度减小13.2%。中跨控制截面挠度减小20%,因此在结构整体升温时,弹性模量减小对结构的挠度影响比较大。

不同弹性模量在结构整体升温时的挠度值　　　　　　　　　　表2.2.10

弹性模量改变量	-20%	-15%	-10%	-5%	0	5%	10%	15%	20%
弹性模量($\times 10^4$MPa)	2.6	2.7625	2.925	3.0875	3.25	3.4125	3.575	3.7375	3.9
边跨最大挠度d_1(mm)	-1.047	-1.006	-0.967	-0.931	-0.897	-0.865	-0.835	-0.806	-0.779
中跨最大挠度d_2(mm)	0.371	0.349	0.329	0.310	0.293	0.277	0.261	0.247	0.234

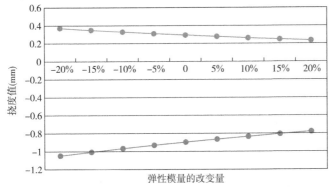

图2.2.17　不同弹性模量下的挠度值

由表2.2.11、图2.2.18可以看出,在结构整体降温时,主梁弹性模量与边跨、中跨控制截面的挠度关系为负相关关系,弹性模量在初始弹性模量的±20%范围内,边跨、中跨控制截面的挠度改变量均较大,弹性模量增大20%时边梁挠度减小13.3%。中跨控制截面挠度减小19.8%,因此,在结构整体降温时,弹性模量减小对结构的挠度影响比较大。

不同弹性模量在结构整体降温时的挠度值　　　　　　　　　　表2.2.11

弹性模量改变量	-20%	-15%	-10%	-5%	0	5%	10%	15%	20%
弹性模量($\times 10^4$MPa)	2.6	2.7625	2.925	3.0875	3.25	3.4125	3.575	3.7375	3.9
边跨最大挠度d_1(mm)	0.308	0.296	0.285	0.274	0.264	0.254	0.245	0.237	0.229
中跨最大挠度d_2(mm)	-0.109	-0.102	-0.097	-0.091	-0.086	-0.081	-0.077	-0.073	-0.069

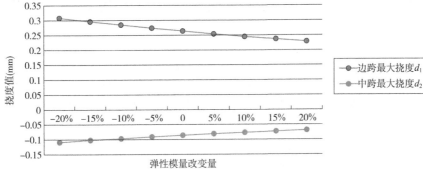

图2.2.18　不同弹性模量下的挠度值

由表2.2.12、图2.2.19可得,在温度梯度作用下,主梁弹性模量在初始弹性模量的

±20%范围内,边跨、中跨控制截面的挠度改变量均较小,即在温度梯度作用下,弹性模量减小对结构的挠度影响不大。

不同弹性模量在温度梯度下的挠度值　　　表2.2.12

弹性模量改变量	-20%	-15%	-10%	-5%	0	5%	10%	15%	20%
弹性模量($\times 10^4$MPa)	2.6	2.7625	2.925	3.0875	3.25	3.4125	3.575	3.7375	3.9
边跨最大挠度 d_1(mm)	7.020	7.021	7.021	7.021	7.022	7.022	7.022	7.022	7.023
中跨最大挠度 d_2(mm)	6.984	6.984	6.984	6.984	6.984	6.984	6.985	6.985	6.985

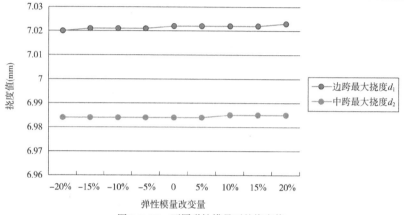

图2.2.19　不同弹性模量下的挠度值

(2)不同的密度 D_1 对挠度的影响分析。

初始密度 $D=2549$ kg/m³,分别对初始密度改变±5%、±10%、±15%、±20%进行分析,分析计算的结果如图2.2.20所示。

由表2.2.13、图2.2.20可以看出,随着密度的增大,边跨与中跨控制截面最大挠度逐渐增大,与弹性模量的影响相反,初始密度在20%的变化区间内,边梁的挠度最大变化量为6.019mm,中梁的挠度最大变化量为5.977mm。

不同密度在自重作用下的挠度值　　　表2.2.13

密度改变量	-20%	-15%	-10%	-5%	0	5%	10%	15%	20%
密度(kg/m³)	2039.2	2166.7	2294.1	2421.6	2549	2676.5	2803.9	2931.4	3058.8
边跨最大挠度 d_1(mm)	12.038	12.791	13.543	14.295	15.049	15.800	16.552	17.305	18.057
中跨最大挠度 d_2(mm)	11.952	12.700	13.446	14.194	14.942	15.688	16.435	17.182	17.929

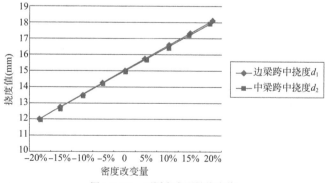

图2.2.20　不同密度下的挠度值

(3) 不同的泊松比 P 对挠度的影响分析。

初始泊松比 $P=0.2$，分别对初始密度改变 $\pm 5\%$、$\pm 10\%$、$\pm 15\%$、$\pm 20\%$ 进行分析，分析计算的结果见表 2.2.15、图 2.2.21。

由表 2.2.14、图 2.2.21 可得，在结构整体升温时，泊松比在初始值的 $\pm 20\%$ 范围内，边跨、中跨控制截面的挠度改变量均较小，即在整体升温作用下，泊松比的变化对结构挠度的影响较小。

不同泊松比在结构整体升温时挠度值 表 2.2.14

密度改变量	-20%	-15%	-10%	-5%	0	5%	10%	15%	20%
泊松比	0.16	0.17	0.18	0.19	0.2	0.21	0.22	0.23	0.24
边跨最大挠度 d_1(mm)	-0.875	-0.881	-0.886	-0.892	-0.897	-0.903	-0.908	-0.913	-0.919
中跨最大挠度 d_2(mm)	0.281	0.284	0.287	0.290	0.293	0.296	0.299	0.301	0.304

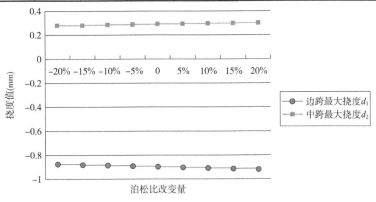

图 2.2.21 不同泊松比下的挠度值

由表 2.2.15 和图 2.2.22 可得，在结构整体降温时，泊松比在初始值的 $\pm 20\%$ 范围内，边跨、中跨控制截面的挠度改变量均较小，与整体升温时的影响相同，即在整体降温作用下，泊松比的变化对结构挠度的影响较小。

不同泊松比在结构整体降温时挠度值 表 2.2.15

密度改变量	-20%	-15%	-10%	-5%	0	5%	10%	15%	20%
泊松比	0.16	0.17	0.18	0.19	0.2	0.21	0.22	0.23	0.24
边跨最大挠度 d_1(mm)	0.257	0.259	0.261	0.262	0.264	0.265	0.267	0.269	0.270
中跨最大挠度 d_2(mm)	-0.083	-0.084	-0.084	-0.085	-0.086	-0.087	-0.088	-0.089	-0.089

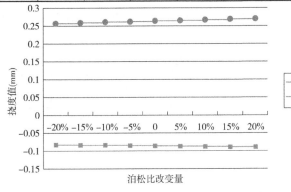

图 2.2.22 不同泊松比时挠度值

2.2.2 连续梁

1)结构分析

混凝土连续体系梁桥是指各跨上部结构连续的梁桥。连续体系梁桥具有跨越能力大、刚度大、变形小、伸缩缝少、行车平稳舒适等优点。连续体系梁桥一般做成三跨或多跨一联,在联与联之间设置伸缩缝。当每联跨数增多,联长就会加大,这样温度变化以及混凝土收缩徐变等作用产生的纵向位移就相应增大,使伸缩缝及活动支座的构造复杂化;若每联长度太短,则会使伸缩缝的数目增多,不利于行车。为了充分发挥连续梁桥对高速行车平顺的优点,现在伸缩缝及支座构造在不断地改进,最大伸缩缝的长度已达到660mm,梁的连续长度已达到1000m以上。连续梁是超静定结构,基础不均匀沉降将在结构中产生附加内力,因此,对桥梁基础要求较高,通常用于地基较好的场合。此外,箱梁截面局部温差,混凝土收缩、徐变及预加应力均会在结构中产生附加内力,增加了设计计算的复杂程度。

2)结构模拟

本节以一座三跨连续梁桥为例进行计算,跨径布置为 $3 \times 22.5m$ 的预应力混凝土箱梁,主梁混凝土设计强度等级为C50,设计荷载为城-A级。利用 Midas/Civil 建立有限元模型,其中模型的材料参数为:主梁采用 C50 混凝土,弹性模量 $E = 3.45 \times 10^4 MPa$,混凝土密度 $D = 2549 kg/m^3$,泊松比为0.2。有限元模型如图2.2.23所示。

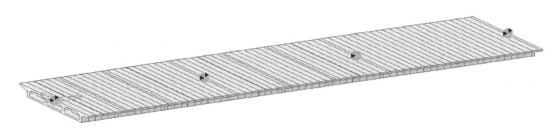

图 2.2.23 有限元模型

3)危险性分析

桥梁结构参数选取该桥主梁的弹性模量(E)、密度(D)、泊松比(P)作为试验设计的输入参数,每个参数的上下界设为初始值的 $\pm 20\%$,见表2.2.16。以连续梁桥在分别自重、活载、温度作用下的边跨最大挠度(节点11)和中跨最大挠度(节点35)作为输出响应。

设计参数范围   表 2.2.16

参数	初值	下水平	上水平
弹性模量 $E(\times 10^4 MPa)$	3.45	2.76	4.14
密度 $D(kg/m^3)$	2549	2039.2	3058.8
泊松比 P	0.2	0.16	0.24

通过 Design Expert8.0 进行中心复合试验设计,见表 2.2.17。表 2.2.17 为中心复合设计表,将试验设计的各个试验样本代入 Midas/Civil 模型,计算出各个样本的响应值,填入表 2.2.18。

中心复合设计　　　　　　　　　　　　　　　表 2.2.17

样本	输入参数			响应值(mm)	
	$E(\times 10^4 MPa)$	$D(kg/m^3)$	P	d_1	d_2
1	2.76	3058.8	0.16	10.249	2.159
2	4.61	2549	0.2	5.137	1.102
3	3.45	1691.6	0.2	4.556	0.978
4	3.45	2549	0.2	6.864	1.473
5	4.14	3058.8	0.16	6.832	1.439
6	3.45	2549	0.27	6.919	1.532
7	2.76	2039.2	0.24	6.895	1.506
8	4.14	3058.8	0.24	6.896	1.506
9	3.45	2549	0.2	6.864	1.473
10	4.14	2039.2	0.16	4.555	0.959
11	3.45	3406.4	0.2	9.171	1.968
12	3.45	2549	0.13	6.808	1.414
13	3.45	2549	0.2	6.864	1.473
14	3.45	2549	0.2	6.864	1.473
15	2.76	3058.8	0.24	10.344	2.26
16	4.14	2039.2	0.24	4.597	1.004
17	3.45	2549	0.2	6.864	1.473
18	2.29	2549	0.2	10.34	2.219
19	3.45	2549	0.2	6.864	1.473
20	2.76	2039.2	0.16	6.832	1.439

表 2.2.18 中心复合设计响应应值

样本	自重响应应值(mm)		活载响应应值				整体升温响应应值				整体降温响应应值				温度梯度响应应值			
			挠度(mm)		应力(MPa)		挠度(mm)		应力(MPa)		挠度(mm)		应力(MPa)		挠度(mm)		应力(MPa)	
	d_1	d_2	d_1	d_2	σ_1	σ_2	d_1	d_2	σ_1	σ_2	d_1	d_2	σ_1	σ_2	d_1	d_2	σ_1	σ_2
1	10.249	2.159	3.496	2.717	1.43	1.16	−11.9	−3.91	0	0	3.5	1.15	0	0	2.736	−1.219	1.83	3.21
2	5.137	1.102	2.101	1.634	1.43	1.17	−11.9	−3.91	0	0	3.5	1.15	0	0	2.737	−1.216	3.05	5.36
3	4.556	0.978	2.808	2.184	1.43	1.17	−11.9	−3.91	0	0	3.5	1.15	0	0	2.737	−1.216	2.28	4.01
4	6.864	1.473	2.808	2.184	1.43	1.17	−11.9	−3.91	0	0	3.5	1.15	0	0	2.737	−1.216	2.28	4.01
5	6.832	1.439	2.294	1.812	1.43	1.16	−11.9	−3.91	0	0	3.5	1.15	0	0	2.736	−1.219	2.74	4.81
6	6.919	1.532	2.827	2.202	1.43	1.17	−11.9	−3.91	0	0	3.5	1.15	0	0	2.739	−1.211	2.28	4.01
7	6.895	1.506	3.523	2.743	1.43	1.17	−11.9	−3.91	0	0	3.5	1.15	0	0	2.738	−1.213	1.82	3.21
8	6.896	1.506	2.349	1.828	1.43	1.17	−11.9	−3.91	0	0	3.5	1.15	0	0	2.738	−1.213	2.74	4.81
9	6.864	1.473	2.331	1.812	1.43	1.17	−11.9	−3.91	0	0	3.5	1.15	0	0	2.737	−1.216	2.28	4.01
10	4.555	0.959	3.775	2.932	1.43	1.16	−11.9	−3.91	0	0	3.5	1.15	0	0	2.736	−1.219	2.74	4.81
11	9.171	1.968	2.797	2.174	1.43	1.17	−11.9	−3.91	0	0	3.5	1.15	0	0	2.737	−1.216	2.28	4.01
12	6.808	1.414	2.789	2.166	1.43	1.16	−11.9	−3.91	0	0	3.5	1.15	0	0	2.735	−1.22	2.28	4.01
13	6.864	1.473	2.331	1.812	1.43	1.17	−11.9	−3.91	0	0	3.5	1.15	0	0	2.737	−1.216	2.28	4.01
14	6.864	1.473	2.331	1.812	1.43	1.17	−11.9	−3.91	0	0	3.5	1.15	0	0	2.737	−1.216	2.28	4.01
15	10.344	2.26	3.523	2.743	1.43	1.16	−11.9	−3.91	0	0	3.5	1.15	0	0	2.738	−1.213	1.82	3.21
16	4.597	1.004	2.349	1.828	1.43	1.17	−11.9	−3.91	0	0	3.5	1.15	0	0	2.738	−1.213	2.74	4.81
17	6.864	1.473	2.331	1.812	1.43	1.17	−11.9	−3.91	0	0	3.5	1.15	0	0	2.737	−1.216	2.28	4.01
18	10.34	2.219	4.23	3.29	1.43	1.17	−11.9	−3.91	0	0	3.5	1.15	0	0	2.737	−1.216	1.51	2.66
19	6.864	1.473	2.331	1.812	1.43	1.17	−11.9	−3.91	0	0	3.5	1.15	0	0	2.737	−1.216	2.28	4.01
20	6.832	1.439	3.496	2.717	1.43	1.16	−11.9	−3.91	0	0	3.5	1.15	0	0	2.736	−1.218	1.83	3.21

自重作用下方差分析结果见表2.2.19。

方差分析结果　　　　　　　　　　　　　　　　　表2.2.19

结果	参数					
	E	D	P	$E \cdot D$	$E \cdot P$	$D \cdot P$
d_1 P-value	<0.0001	<0.0001	0.7187	0.0295	0.9566	0.9549
d_2 P-value	<0.0001	<0.0001	0.0912	0.0292	0.7847	0.7847

由表2.2.19、图2.2.24、图2.2.25可知,通过方差分析,可以得到3个主效应的影响,其中参数 E、D 对响应值有显著的影响,而泊松比 P 的 P-value 值大于0.05,所以其影响不显著,参数之间的交互作用只有 $E \cdot D$ 对挠度有显著影响。综上所述,参数 E、D 为重要参数,对总方差有很大的贡献,P 为非重要参数。利用试验设计软件 Design Expert8.0 对参数 E、D 与响应值 d_1、d_2 进行拟合响应面,如图2.2.26、图2.2.27所示,分别为参数 E、D 对边跨最大挠度 d_1 的响应面模型以及参数 E、D 对中跨最大挠度 d_2 的响应面模型。

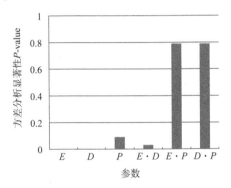

图2.2.24　参数对 d_1 的显著性分析

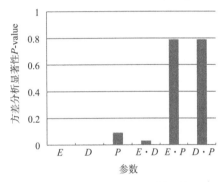

图2.2.25　参数对 d_2 的显著性分析

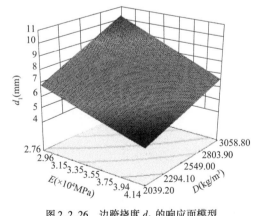

图2.2.26　边跨挠度 d_1 的响应面模型

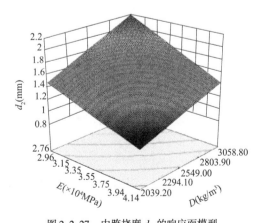

图2.2.27　中跨挠度 d_2 的响应面模型

(1)不同的弹性模量 E 对挠度的影响分析。

初始弹性模量 $E = 3.45 \times 10^4$ MPa,分别对初始弹性模量改变 ±5%、±10%、±15%、

±20%进行分析,分析计算结果如图 2.2.28 所示。

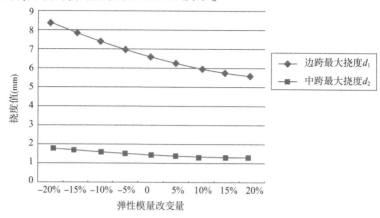

图 2.2.28　不同弹性模量下的挠度值

由表 2.2.20 及图 2.2.28 可以看出,随着弹性模量的增大,边跨与中跨控制截面最大挠度逐渐减小,弹性模量在初始弹性模量的 ±20% 范围内,边跨控制截面的挠度的改变量为 2.805mm,中跨控制截面挠度的改变量为 0.602mm,弹性模量的改变对边跨挠度的影响较明显。

不同弹性模量下的挠度值　　　　　　　　　表 2.2.20

弹性模量改变量	−20%	−15%	−10%	−5%	0	5%	10%	15%	20%
弹性模量($\times 10^4$ MPa)	2.76	2.9325	3.105	3.2775	3.45	3.6225	3.795	3.9675	4.14
边跨最大挠度 d_1(mm)	8.415	7.92	7.48	7.086	6.732	6.411	6.12	5.854	5.61
中跨最大挠度 d_2(mm)	1.806	1.699	1.605	1.52	1.444	1.376	1.313	1.256	1.204

(2)不同的密度 D 对挠度的影响分析。

初始密度 $D = 2549$ kg/m³,分别对初始密度改变 ±5%、±10%、±15%、±20% 进行分析,分析计算的结果如图 2.2.29 所示。

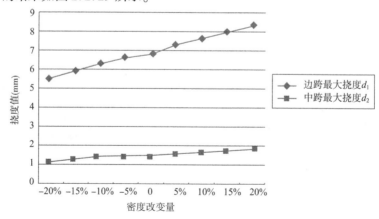

图 2.2.29　不同密度下的挠度值

由表 2.2.21、图 2.2.29 可以看出,随着密度的增大,边跨与中跨控制截面最大挠度逐渐增大,正好与弹性模量的影响相反,密度在初始密度 ±20% 范围内,边跨控制截面的挠度的改变量为 2.745mm,中跨控制截面挠度的改变量为 0.589mm,弹性模量的改变对边跨挠度的影响较明显。

不同密度下的挠度值　　　　　表 2.2.21

密度改变量	-20%	-15%	-10%	-5%	0	5%	10%	15%	20%
密度(kg/m^3)	2039.2	2166.7	2294.1	2421.6	2549	2676.5	2803.9	2931.4	3058.8
边跨最大挠度 d_1(mm)	5.491	5.834	6.177	6.521	6.732	7.207	7.550	7.893	8.236
中跨最大挠度 d_2(mm)	1.178	1.252	1.325	1.399	1.444	1.546	1.620	1.694	1.767

2.2.3 连续刚构桥

1)结构分析

连续刚构桥是预应力混凝土大跨径梁式桥的主要桥型之一,它综合了连续梁和 T 形刚构桥的受力特点,主梁由连续梁体与薄壁桥墩固结而成。它同连续梁一样,可以做成一联多孔。

连续刚构体系的梁部结构的受力性能如同连续梁,而薄壁墩底部所承受的弯矩、梁体内的轴力随着墩高的增大而急剧减小。在跨径大而墩高度小的连续刚构桥中,由于体系温度的变化,混凝土的收缩将在墩顶产生较大的水平位移,为了减小水平位移在墩中产生的弯矩,连续刚构桥常采用水平抗推刚度较小的双薄壁墩。连续刚构桥除保持了连续梁的各个优点外,墩梁固结节省了大型支座的昂贵费用,减少了墩与基础的工程量,并改善了结构在水平荷载作用下的受力性能。连续刚构体系是超静定结构,基础不均匀沉降将在结构中产生附加内力,因此,对桥梁基础要求较高,通常宜用于地基较好的场合。此外,箱梁截面局部温差,混凝土收缩、徐变及预加应力均会在结构中产生附加内力。

2)结构模拟

本节以跨径为(30 + 50 + 30)m 的某预应力混凝土箱梁为背景,对连续刚构桥进行结构模拟与计算。主梁混凝土设计强度等级为 C50,设计荷载为公路-Ⅰ级。根据该桥的施工图纸,利用 Midas/Civil 建立有限元模型,如图 2.2.30 所示。其中模型的材料参数为:主梁采用 C50 混凝土,弹性模量 $E = 3.45 \times 10^4$ MPa,混凝土密度 $D = 2549 kg/m^3$,泊松比为 0.2。

图 2.2.30　有限元模型

3)危险性分析

桥梁结构参数选取主梁的弹性模量(E_1)、密度(D_1)、泊松比(P_1)以及桥墩的弹性模量(E_2)、密度(D_2)、泊松比(P_2)作为试验设计的输入参数,每个参数的上下界设为初始值的 ±20%,见表 2.2.22。分别以该连续刚构桥在自重作用下的边跨最大挠度(节点 16)和中跨最大挠度(节点 56)作为输出响应值 d_1、d_2。

设计参数范围 表2.2.22

参数	初值	下水平	上水平
弹性模量 E_1（$\times 10^4$ MPa）	3.45	2.76	4.14
密度 D_1（kg/m³）	2549	2039.2	3058.8
泊松比 P_1	0.2	0.16	0.24
弹性模量 E_2（$\times 10^4$ MPa）	3.25	2.6	3.9
密度 D_2（kg/m³）	2549	2039.2	3058.8
泊松比 P_2	0.2	0.16	0.24

通过 Design Expert8.0 进行中心复合试验设计,见表2.2.23。表2.2.23为中心复合设计表,将试验设计的各个试验样本代入 Midas/Civil 模型,计算出各个样本的响应值,填入表2.2.24、表2.2.25。

中心复合设计 表2.2.23

样本	输入参数					
	E_1（$\times 10^4$ MPa）	D_1（kg/m³）	P_1	E_2（$\times 10^4$ MPa）	D_2（kg/m³）	P_2
1	2.370	2549.000	0.200	3.250	2549.000	0.200
2	2.760	2039.200	0.240	3.900	3058.800	0.240
3	2.760	2039.200	0.160	2.600	2039.200	0.160
4	2.760	3058.800	0.160	3.900	3058.800	0.240
5	2.760	2039.200	0.160	3.900	3058.800	0.160
6	2.760	2039.200	0.240	2.600	2039.200	0.240
7	2.760	3058.800	0.240	3.900	3058.800	0.160
8	2.760	3058.800	0.160	2.600	2039.200	0.240
9	2.760	3058.800	0.240	2.600	2039.200	0.160
10	3.450	2549.000	0.140	3.250	2549.000	0.200
11	3.450	1751.120	0.200	3.250	2549.000	0.200
12	3.450	2549.000	0.200	3.250	2549.000	0.200
13	3.450	2549.000	0.200	3.250	2549.000	0.140
14	3.450	2549.000	0.260	3.250	2549.000	0.200
15	3.450	3346.880	0.200	3.250	2549.000	0.200
16	3.450	2549.000	0.200	3.250	2549.000	0.200
17	3.450	2549.000	0.200	4.270	2549.000	0.200
18	3.450	2549.000	0.200	3.250	2549.000	0.200
19	3.450	2549.000	0.200	2.230	2549.000	0.200
20	3.450	2549.000	0.200	3.250	2549.000	0.200
21	3.450	2549.000	0.200	3.250	1751.120	0.200

续上表

样本	输入参数					
	E_1 (×10⁴ MPa)	D_1 (kg/m³)	P_1	E_2 (×10⁴ MPa)	D_2 (kg/m³)	P_2
22	3.450	2549.000	0.200	3.250	2549.000	0.260
23	3.450	2549.000	0.200	3.250	3346.880	0.200
24	3.450	2549.000	0.200	3.250	2549.000	0.200
25	4.140	2039.200	0.240	2.600	3058.800	0.240
26	4.140	2039.200	0.160	2.600	3058.800	0.160
27	4.140	2039.200	0.240	3.900	2039.200	0.240
28	4.140	3058.800	0.240	2.600	3058.800	0.160
29	4.140	3058.800	0.160	2.600	3058.800	0.240
30	4.140	3058.800	0.160	3.900	2039.200	0.240
31	4.140	3058.800	0.240	3.900	2039.200	0.160
32	4.140	2039.200	0.160	3.900	2039.200	0.160
33	4.530	2549.000	0.200	3.250	2549.000	0.200

各种荷载作用下控制截面挠度值(单位:mm) 表2.2.24

样本	自重作用		升温		降温		温度梯度		移动荷载	
	d_1	d_2	d_1	d_2	d_1	d_2	d_1	d_2	d_1	d_2
1	3.315	37.601	0.475	2.445	-1.424	-7.335	-4.625	-2.766	5.480	15.706
2	2.354	26.359	0.471	2.453	-1.414	-7.359	-4.548	-2.785	4.710	13.480
3	2.415	27.521	0.509	2.359	-1.528	-7.077	-5.430	-2.630	4.788	13.880
4	3.441	39.254	0.471	2.453	-1.414	-7.359	-4.549	-2.772	4.687	13.423
5	2.306	26.203	0.471	2.453	-1.414	-7.360	-4.548	-2.773	4.687	13.422
6	2.463	27.678	0.509	2.359	-1.528	-7.077	-5.430	-2.643	4.811	13.939
7	3.514	39.485	0.471	2.453	-1.414	-7.360	-4.548	-2.786	4.710	13.480
8	3.605	41.229	0.509	2.359	-1.528	-7.077	-5.430	-2.630	4.788	13.881
9	3.678	41.463	0.509	2.359	-1.528	-7.078	-5.430	-2.643	4.811	13.939
10	2.357	26.956	0.509	2.359	-1.528	-7.077	-5.431	-2.627	3.825	11.093
11	1.686	18.996	0.509	2.359	-1.528	-7.077	-5.430	-2.637	3.839	11.128
12	2.392	27.071	0.509	2.359	-1.528	-7.077	-5.430	-2.637	3.839	11.128
13	2.358	26.954	0.509	2.359	-1.528	-7.078	-5.430	-2.637	3.839	11.128
14	2.427	27.186	0.509	2.359	-1.528	-7.077	-5.430	-2.646	3.853	11.163
15	3.190	36.193	0.509	2.359	-1.528	-7.077	-5.430	-2.637	3.839	11.128
16	2.392	27.071	0.509	2.359	-1.528	-7.077	-5.430	-2.637	3.839	11.128
17	2.269	26.058	0.485	2.419	-1.455	-7.257	-4.874	-2.723	3.786	10.884

续上表

样本	自重作用		升温		降温		温度梯度		移动荷载	
	d_1	d_2	d_1	d_2	d_1	d_2	d_1	d_2	d_1	d_2
18	2.392	27.071	0.509	2.359	−1.528	−7.077	−5.430	−2.637	3.839	11.128
19	2.611	28.471	0.535	2.295	−1.604	−6.886	−6.001	−2.575	3.913	11.465
20	2.392	27.071	0.509	2.359	−1.528	−7.077	−5.430	−2.637	3.839	11.128
21	2.382	27.036	0.509	2.359	−1.528	−7.077	−5.430	−2.637	3.839	11.128
22	2.358	26.955	0.509	2.359	−1.528	−7.077	−5.430	−2.636	3.839	11.128
23	2.404	27.111	0.509	2.359	−1.528	−7.077	−5.430	−2.637	3.839	11.128
24	2.392	27.071	0.509	2.359	−1.528	−7.077	−5.430	−2.637	3.839	11.128
25	1.860	19.674	0.536	2.291	−1.609	−6.873	−6.037	−2.580	3.273	9.596
26	1.828	19.568	0.536	2.291	−1.609	−6.874	−6.037	−2.567	3.258	9.557
27	1.642	18.452	0.509	2.359	−1.528	−7.077	−5.430	−2.643	3.207	9.293
28	2.764	29.423	0.536	2.291	−1.609	−6.874	−6.037	−2.580	3.273	9.596
29	2.717	29.266	0.536	2.291	−1.609	−6.873	−6.037	−2.567	3.258	9.557
30	2.403	27.484	0.509	2.359	−1.528	−7.077	−5.430	−2.630	3.192	9.254
31	2.452	27.640	0.509	2.359	−1.528	−7.078	−5.430	−2.643	3.207	9.292
32	1.610	18.347	0.509	2.359	−1.528	−7.077	−5.430	−2.630	3.192	9.254
33	1.956	21.449	0.528	2.311	−1.585	−6.933	−5.862	−2.586	2.964	8.659

各种荷载作用下控制截面应力值(单位:MPa)　　　　　　表2.2.25

样本	自重作用		升温		降温		温度梯度		移动荷载	
	σ_1	σ_2	σ_1	σ_2	σ_1	σ_2	σ_1	σ_2	σ_1	σ_2
1	1.940	5.807	−0.011	0.094	0.034	−0.283	0.667	2.209	2.213	2.737
2	1.557	4.642	−0.014	0.111	0.043	−0.333	0.799	2.570	2.211	2.734
3	1.519	4.719	−0.003	0.098	0.009	−0.294	0.540	2.596	2.232	2.778
4	2.331	6.956	−0.014	0.111	0.043	−0.333	0.799	2.571	2.211	2.733
5	1.555	4.639	−0.014	0.111	0.043	−0.333	0.799	2.571	2.211	2.733
6	1.521	4.722	−0.003	0.098	0.009	−0.294	0.540	2.594	2.233	2.779
7	2.334	6.961	−0.014	0.111	0.043	−0.333	0.799	2.570	2.211	2.734
8	2.278	7.076	−0.003	0.098	0.009	−0.294	0.540	2.596	2.232	2.778
9	2.281	7.081	−0.003	0.098	0.009	−0.294	0.540	2.594	2.232	2.779
10	1.899	5.897	−0.004	0.122	0.011	−0.367	0.675	3.245	2.232	2.778
11	1.306	4.055	−0.004	0.122	0.011	−0.367	0.675	3.244	2.232	2.778
12	1.900	5.900	−0.004	0.122	0.011	−0.367	0.675	3.244	2.232	2.778
13	1.900	5.900	−0.004	0.122	0.011	−0.367	0.675	3.244	2.232	2.778

续上表

样本	自重作用		升温		降温		温度梯度		移动荷载	
	σ_1	σ_2	σ_1	σ_2	σ_1	σ_2	σ_1	σ_2	σ_1	σ_2
14	1.902	5.903	−0.004	0.122	0.011	−0.367	0.675	3.242	2.233	2.779
15	2.494	7.746	−0.004	0.122	0.011	−0.367	0.675	3.244	2.232	2.778
16	1.900	5.900	−0.004	0.122	0.011	−0.367	0.675	3.244	2.232	2.778
17	1.927	5.833	−0.013	0.133	0.038	−0.398	0.879	3.225	2.219	2.749
18	1.900	5.900	−0.004	0.122	0.011	−0.367	0.675	3.244	2.232	2.778
19	1.880	5.996	0.006	0.112	−0.018	−0.335	0.469	3.263	2.248	2.812
20	1.864	5.787	−0.004	0.122	0.011	−0.367	0.675	3.244	2.232	2.778
21	1.900	5.899	−0.004	0.122	0.011	−0.367	0.675	3.244	2.232	2.778
22	1.900	5.900	−0.004	0.122	0.011	−0.367	0.675	3.244	2.232	2.779
23	1.901	5.902	−0.004	0.122	0.011	−0.367	0.675	3.244	2.232	2.778
24	1.900	5.900	−0.004	0.122	0.011	−0.367	0.675	3.244	2.232	2.778
25	1.505	4.808	0.008	0.133	−0.023	−0.399	0.547	3.916	2.249	2.815
26	1.504	4.804	0.008	0.133	−0.023	−0.399	0.547	3.918	2.249	2.814
27	1.521	4.722	−0.004	0.147	0.013	−0.441	0.810	3.891	2.233	2.779
28	2.256	7.207	0.008	0.133	−0.023	−0.399	0.547	3.916	2.249	2.815
29	2.254	7.202	0.008	0.133	−0.023	−0.399	0.547	3.918	2.249	2.814
30	2.278	7.076	−0.004	0.147	0.013	−0.441	0.810	3.894	2.232	2.778
31	2.281	7.081	−0.004	0.147	0.013	−0.441	0.810	3.891	2.232	2.779
32	1.519	4.719	−0.004	0.147	0.013	−0.441	0.810	3.894	2.232	2.778
33	1.884	5.969	0.005	0.150	−0.014	−0.450	0.681	4.278	2.244	2.803

(1) 自重作用下。

① 自重作用对挠度的影响。

方差分析结果见表2.2.26。

方差分析结果　　　　表2.2.26

参数	d_1 P-value	d_2 P-value
E_1	<0.0001	<0.0001
D_1	<0.0001	<0.0001
P_1	0.7557	0.9135
E_2	0.1473	0.2685
D_2	0.9219	0.9718
P_2	1.000	0.9996
$E_1 \cdot D_1$	0.0595	0.0201

续上表

参数	d_1 P-value	d_2 P-value
$E_1 \cdot P_1$	0.8973	0.9662
$E_1 \cdot E_2$	0.7588	0.9378
$E_1 \cdot D_2$	0.9149	0.9830
$E_1 \cdot P_2$	0.9774	0.9933
$D_1 \cdot P_1$	0.9501	0.9833
$D_1 \cdot E_2$	0.6382	0.6852
$D_1 \cdot D_2$	0.8997	0.9742
$D_1 \cdot P_2$	0.9731	0.9919
$P_1 \cdot E_2$	0.9975	0.9992
$P_1 \cdot D_2$	0.9975	0.9997
$P_1 \cdot P_2$	0.7561	0.7753
$E_2 \cdot D_2$	0.7341	0.7948
$E_2 \cdot P_2$	0.9975	0.9997
$D_2 \cdot P_2$	0.9975	0.9997

由表 2.2.26 和图 2.2.31、图 2.2.32 可知，通过方差分析显著性，可以得到 6 个主效应的影响，其中参数 E_1、D_1 即主梁的弹性模量 E 和材料密度 D 对响应值有显著的影响，而泊松比 P_1、P_2 的 P-value 值均大于 0.05，其影响不显著。此外，参数之间的交互作用只有 $E_1 \cdot D_1$ 对挠度有显著性影响，其他参数的交互作用对挠度的影响不显著。综上所述，主梁的弹性模量 E_1 和主梁的材料密度 D_1 为影响结构挠度的重要参数，对总方差有很大的贡献，而桥墩的弹性模量 E_2、材料密度 D_2、泊松比 P 对桥梁的挠度影响不显著，为非重要参数。

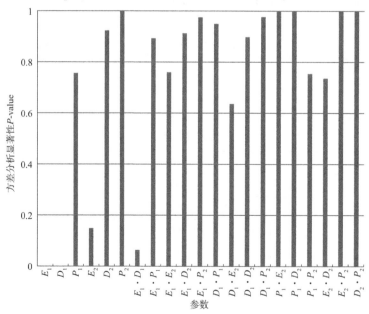

图 2.2.31　参数对 d_1 的显著性分析

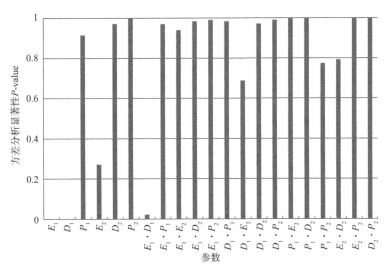

图 2.2.32 参数对 d_2 的显著性分析

当危险性参数 E、D 发生较大变化时,结构的挠度将发生显著性变化,若结构的弹性模量 E 或密度 D 小于设计值,结构的挠度将显著增大,进而影响结构的安全性。

利用试验设计软件 Eesign Expert8.0 对重要参数 E_1、D_1 与响应值 d_1、d_2 进行拟合响应面,如图 2.2.33、图 2.2.34 所示,分别为参数 E_1、D_1 对边跨最大挠度 d_1 的响应面模型以及参数 E_1、D_1 对中跨最大挠度 d_2 的响应面模型。

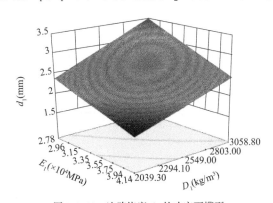

图 2.2.33 边跨挠度 d_1 的响应面模型

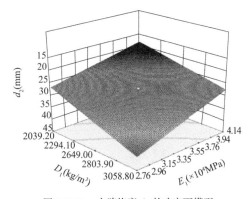

图 2.2.34 中跨挠度 d_2 的响应面模型

②不同的弹性模量 E_1 对挠度的影响分析。

初始弹性模量 $E = 3.45 \times 10^4 \text{MPa}$,分别对初始弹性模量改变 ±5%、±10%、±15%、±20% 进行分析,分析计算的结果见表 2.2.27、图 2.2.35。

不同弹性模量下的挠度值　　　表 2.2.27

弹性模量改变量	-20%	-15%	-10%	-5%	0	5%	10%	15%	20%
弹性模量($\times 10^4$MPa)	2.76	2.9325	3.105	3.2775	3.45	3.6225	3.795	3.9675	4.14
边跨最大挠度 d_1(mm)	2.884	2.736	2.607	2.493	2.392	2.302	2.222	2.149	2.084
中跨最大挠度 d_2(mm)	32.882	31.181	29.664	28.301	27.071	25.955	24.937	24.005	23.149

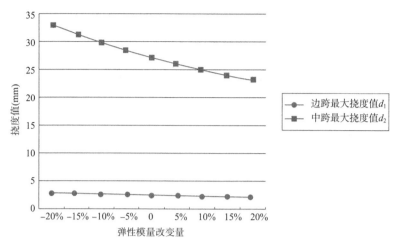

图 2.2.35　不同弹性模量下的挠度值

由上述图表可以看出,随着弹性模量的增大,边跨与中跨控制截面最大挠度逐渐减小,弹性模量在初始弹性模量的 ±20% 范围内,边跨控制截面的挠度的改变量为 0.8mm,中跨控制截面挠度的改变量为 9.733mm,弹性模量的改变对中跨挠度的影响较显著。

③不同的密度 D_1 对挠度的影响分析。

初始密度 $D = 2549$ kg/m³,分别对初始密度改变 ±5%、±10%、±15%、±20% 进行分析,分析计算的结果见表 2.2.28、图 2.2.36。

不同密度下的挠度值　　　　　　　　表 2.2.28

密度改变量	−20%	−15%	−10%	−5%	0	5%	10%	15%	20%
密度(kg/m³)	2039.2	2166.7	2294.1	2421.6	2549	2676.5	2803.9	2931.4	3058.8
边跨最大挠度 d_1 (mm)	1.958	2.078	2.198	2.318	2.392	2.559	2.679	2.799	2.919
中跨最大挠度 d_2 (mm)	22.103	23.478	24.851	26.226	27.071	28.974	30.348	31.722	33.096

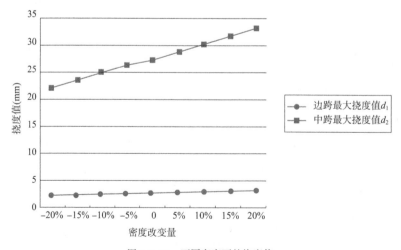

图 2.2.36　不同密度下的挠度值

由上述图表可以看出,随着密度的增大,边跨与中跨控制截面最大挠度逐渐增大,正好与弹性模量的影响相反,密度在初始密度 ±20% 范围内,边跨控制截面的挠度的改变量为 0.961mm,中跨控制截面挠度的改变量为 10.993mm,密度的改变对中跨挠度的影响较显著。

(2)整体升温作用。

①整体升温作用对挠度影响。

a. 方差分析结果见表 2.2.29。

方差分析结果　　　　　　　　　　　　　　表 2.2.29

参数	d_1 P-value	d_2 P-value
E_1	<0.0001	<0.0001
D_1	1.0000	1.0000
P_1	0.9995	0.9928
E_2	<0.0001	<0.0001
D_2	1.0000	1.0000
P_2	0.9837	0.9833
$E_1 \cdot D_1$	1.0000	1.0000
$E_1 \cdot P_1$	0.9985	0.9903
$E_1 \cdot E_2$	0.1627	0.1723
$E_1 \cdot D_2$	0.8104	0.8194
$E_1 \cdot P_2$	0.9946	0.9947
$D_1 \cdot P_1$	0.9996	0.9997
$D_1 \cdot E_2$	1.0000	1.0000
$D_1 \cdot D_2$	1.0000	1.0000
$D_1 \cdot P_2$	0.9998	0.9994
$P_1 \cdot E_2$	0.9987	0.9903
$P_1 \cdot D_2$	0.9993	0.9986
$P_1 \cdot P_2$	1.0000	1.0000
$E_2 \cdot D_2$	0.6053	0.6101
$E_2 \cdot P_2$	0.9946	0.9946
$D_2 \cdot P_2$	0.9992	0.9993

由表 2.2.29 和图 2.2.37、图 2.2.38 可知,通过方差分析显著性,可以得到 6 个主效应的影响,其中参数 E_1、E_2 即主梁的弹性模量 E 和桥墩的弹性模量 E 对响应值有显著的影响,而泊松比 P_1、P_2 和密度 D_1、D_2 的 P-value 值均大于 0.05,其影响不显著。此外,参数之间的交互作用在整体升温荷载作用下对挠度没有显著性影响。综上所述,主梁的弹性模量 E_1 和桥墩的弹性模量 E_2 为影响结构挠度的重要参数,对总方差有很大的贡献,而主梁密度 D_1、泊松比 P_1 和桥墩的材料密度 D_2、泊松比 P 对桥梁的挠度影响不显著,为非重要参数。

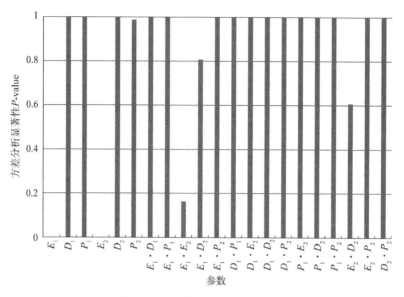

图2.2.37　参数对d_1的显著性分析

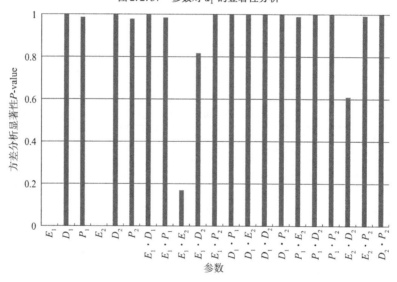

图2.2.38　参数对d_2的显著性分析

b. 不同的弹性模量E_1对挠度的影响分析。

初始弹性模量$E_1 = 3.45 \times 10^4 \text{MPa}$，分别对初始弹性模量改变$\pm 5\%$、$\pm 10\%$、$\pm 15\%$、$\pm 20\%$进行分析，分析计算的结果如表2.2.30、图2.2.39所示。

不同弹性模量下的挠度值　　　　表2.2.30

弹性模量改变量	-20%	-15%	-10%	-5%	0	5%	10%	15%	20%
弹性模量($\times 10^4$MPa)	2.76	2.9325	3.105	3.2775	3.45	3.6225	3.795	3.9675	4.14
边跨最大挠度d_1(mm)	0.490	0.496	0.501	0.505	0.509	0.513	0.516	0.520	0.523
中跨最大挠度d_2(mm)	2.407	2.393	2.381	2.369	2.359	2.350	2.341	2.333	2.326

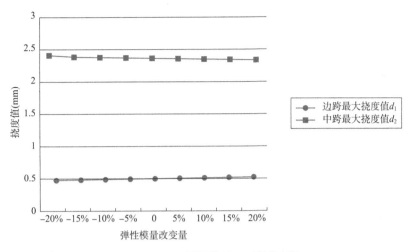

图 2.2.39　不同弹性模量 E_1 下的挠度值

c. 不同的弹性模量 E_2 对挠度的影响分析。

初始弹性模量 $E_2 = 3.45 \times 10^4 \mathrm{MPa}$，分别对初始弹性模量改变 ±5%、±10%、±15%、±20%进行分析，分析计算的结果见表 2.2.31、图 2.2.40。

不同弹性模量下的挠度值　　　　表 2.2.31

弹性模量改变量	-20%	-15%	-10%	-5%	0	5%	10%	15%	20%
弹性模量（×10⁴MPa）	2.6	2.7625	2.925	3.0875	3.25	3.4125	3.575	3.7375	3.9
边跨最大挠度 d_1（mm）	0.525	0.521	0.517	0.513	0.509	0.505	0.501	0.497	0.494
中跨最大挠度 d_2（mm）	2.319	2.329	2.339	2.349	2.359	2.369	2.379	2.389	2.3987

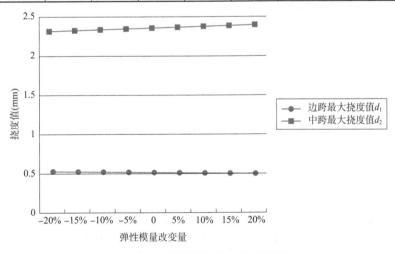

图 2.2.40　不同弹性模量 E_2 下的挠度值

由表 2.2.31、图 2.2.40 可以看出，在整体升温荷载作用下，随着主梁弹性模量的增大，边跨控制截面最大挠度逐渐增大，中跨控制界面最大挠度逐渐减小，弹性模量在初始弹性模量的 ±20% 范围内，边跨控制截面的挠度的改变量为 0.033mm，中跨控制截面挠度的改变量为 0.081mm，弹性模量的改变对中跨挠度的影响较显著。而随着桥墩弹性模量的增大，边跨控制截面最大挠度逐渐减小,中跨控制界面最大挠度逐渐增大,弹性模量在初始弹性模量的±20%范围内,边跨控制截面挠度的改变量为0.031mm,中跨控制截面挠度的改变量为0.079mm,弹性模量的改变对中跨挠度的影响较显著。

②整体升温作用对应力影响。

a. 方差分析结果见表2.2.32。

方差分析结果　　　　　　　　　　　表2.2.32

参数	σ_1 P-value	σ_2 P-value
E_1	<0.0001	<0.0001
D_1	1.0000	1.0000
P_1	0.9915	0.9740
E_2	<0.0001	<0.0001
D_2	1.0000	1.0000
P_2	0.8809	0.8707
$E_1 \cdot D_1$	1.0000	0.9991
$E_1 \cdot P_1$	0.9764	0.9568
$E_1 \cdot E_2$	0.0542	0.0569
$E_1 \cdot D_2$	0.6929	0.6982
$E_1 \cdot P_2$	0.9923	0.9936
$D_1 \cdot P_1$	0.9985	0.9829
$D_1 \cdot E_2$	1.0000	0.9825
$D_1 \cdot D_2$	1.0000	0.9991
$D_1 \cdot P_2$	0.9993	0.9887
$P_1 \cdot E_2$	0.9734	0.9513
$P_1 \cdot D_2$	0.9991	0.9936
$P_1 \cdot P_2$	1.0000	0.9907
$E_2 \cdot D_2$	0.8843	0.8711
$E_2 \cdot P_2$	0.9627	0.9513
$D_2 \cdot P_2$	0.9970	0.9936

由表2.2.32和图2.2.41、图2.2.42可知,通过方差分析显著性,可以得到6个主效应的影响,其中参数E_1、E_2即主梁的弹性模量E和桥墩的弹性模量E对响应值有显著的影响,而泊松比P_1、P_2和密度D_1、D_2的P-value均大于0.05,其影响不显著。此外,参数之间的交互作用在整体升温荷载作用下对应力没有显著性影响。综上所述,主梁的弹性模量E_1和桥墩的弹性模量E_2为影响结构应力的重要参数,对总方差有很大的贡献,而主梁密度D_1、泊松比P_1和桥墩的材料密度D_2、泊松比P对桥梁的应力影响不显著,为非重要参数。

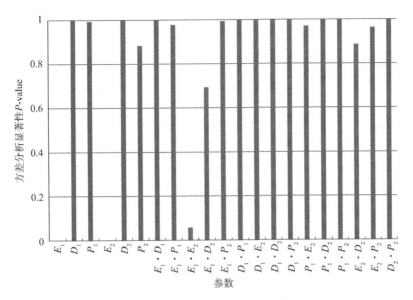

图 2.2.41 参数对 σ_1 的显著性分析

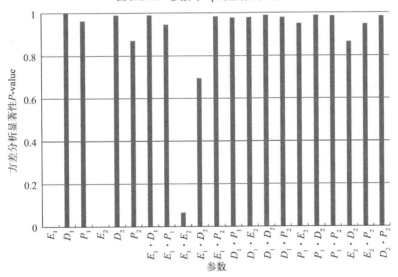

图 2.2.42 参数对 σ_2 的显著性分析

b. 不同的弹性模量 E_1 对应力的影响分析。

初始弹性模量 $E_1 = 3.45 \times 10^4$ MPa，分别对初始弹性模量改变 ±5%、±10%、±15%、±20% 进行分析，分析计算的结果见表 2.2.33、图 2.2.43。

不同弹性模量下的应力值　　　　　表 2.2.33

弹性模量改变量	−20%	−15%	−10%	−5%	0	5%	10%	15%	20%
弹性模量（×10⁴ MPa）	2.76	2.9325	3.105	3.2775	3.45	3.6225	3.795	3.9675	4.14
边跨最大应力 σ_1（N/mm）	−0.009	−0.007	−0.006	−0.005	−0.004	−0.002	−0.001	0.000	0.002
中跨最大应力 σ_2（N/mm）	0.105	0.109	0.114	0.118	0.122	0.127	0.131	0.136	0.140

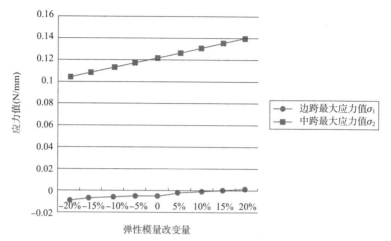

图 2.2.43 不同弹性模量 E_1 下的应力值

c. 不同的弹性模量 E_2 对应力的影响分析。

初始弹性模量 $E_2 = 3.45 \times 10^4$ MPa，分别对初始弹性模量改变 ±5%、±10%、±15%、±20% 进行分析，分析计算的结果见表 2.2.34、图 2.2.44。

不同弹性模量下的应力值　　　　　表 2.2.34

弹性模量改变量	−20%	−15%	−10%	−5%	0	5%	10%	15%	20%
弹性模量（×10⁴ MPa）	2.6	2.7625	2.925	3.0875	3.25	3.4125	3.575	3.7375	3.9
边跨最大应力 σ_1 (N/mm)	0.002	0.001	−0.001	−0.002	−0.004	−0.005	−0.007	−0.008	−0.009
中跨最大应力 σ_2 (N/mm)	0.116	0.117	0.119	0.121	0.122	0.124	0.126	0.127	0.129

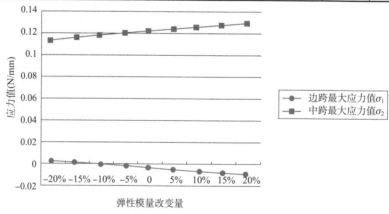

图 2.2.44 不同弹性模量 E_2 下的应力值

由上述图表可以看出，在整体升温荷载作用下，随着主梁弹性模量的增大，边跨和中跨控制截面最大应力逐渐增大，弹性模量在初始弹性模量的 ±20% 范围内，边跨控制截面的应力的改变量为 0.011N/mm，中跨控制截面挠度的改变量为 0.035N/mm，弹性模量的改变对中跨应力的影响较显著。而随着桥墩弹性模量的增大，边跨控制截面和中跨控制界面最大应力值逐渐增大，弹性模量在初始弹性模量的 ±20% 范围内，边跨控制截面的应力的改变量为 0.011N/mm，中跨控制截面挠度的改变量为 0.013N/mm，弹性模量的改变对中跨应力的影响较显著。

(3) 整体降温作用下。

①整体降温作用对挠度的影响。

a. 方差分析结果见表 2.2.35。

方差分析结果 表 2.2.35

参数	d_1 P-value	d_2 P-value
E_1	<0.0001	<0.0001
D_1	1	1
P_1	1	1
E_2	<0.0001	<0.0001
D_2	1	1
P_2	1	0.9789
$E_1 \cdot D_1$	1	1
$E_1 \cdot P_1$	1	1
$E_1 \cdot E_2$	0.1635	0.173
$E_1 \cdot D_2$	0.8214	0.8112
$E_1 \cdot P_2$	1	1
$D_1 \cdot P_1$	1	0.9977
$D_1 \cdot E_2$	1	1
$D_1 \cdot D_2$	1	0.985
$D_1 \cdot P_2$	1	0.993
$P_1 \cdot E_2$	1	1
$P_1 \cdot D_2$	1	0.985
$P_1 \cdot P_2$	1	0.9928
$E_2 \cdot D_2$	0.637	0.6177
$E_2 \cdot P_2$	1	1
$D_2 \cdot P_2$	1	0.985

由表 2.2.35 和图 2.2.45 可知，通过方差分析显著性，可以得到 6 个主效应的影响，其中参数 E_1、E_2 即主梁的弹性模量 E 和桥墩的弹性模量 E 对响应值有显著的影响，而泊松比 P_1、P_2 和密度 D_1、D_2 的 P-value 均大于 0.05，其影响不显著。此外，参数之间的交互作用在整体降温荷载作用下对挠度没有显著性影响。综上所述，主梁的弹性模量 E_1 和桥墩的弹性模量 E_2 为影响结构挠度的重要参数，对总方差有很大的贡献，而主梁密度 D_1、泊松比 P_1 和桥墩的材料密度 D_2、泊松比 P 对桥梁的挠度影响不显著，为非重要参数。

当危险性参数 E_1、E_2 发生较大变化时，结构的挠度将发生显著性变化，若结构的弹性模量 E_1、E_2，结构的挠度将显著增大，进而影响结构的安全性。

利用试验设计软件 Design Expert8.0 对重要参数 E_1、E_2 与 d_1、d_2 进行响应面拟合，如

图 2.2.46、图 2.2.47 所示,分别为参数 E_1、E_2 对边跨最大挠度 d_1 的响应面模型以及参数 E_1、E_2 对中跨最大挠度 d_2 的响应面模型。

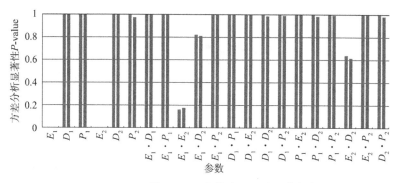

图 2.2.45　参数对 d_1、d_2 的显著性分析

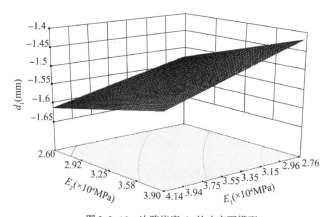

图 2.2.46　边跨挠度 d_1 的响应面模型

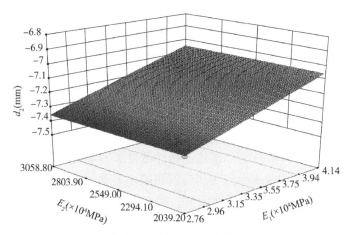

图 2.2.47　中跨挠度 d_2 的响应面模型

b. 不同的弹性模量 E_1 对挠度的影响分析。

初始弹性模量 $E_1 = 3.45 \times 10^4 \mathrm{MPa}$,分别对初始弹性模量改变 $\pm 5\%$、$\pm 10\%$、$\pm 15\%$、$\pm 20\%$ 进行分析,分析计算的结果见表 2.2.36、图 2.2.48。

不同弹性模量下的挠度值   表2.2.36

弹性模量改变量	-20%	-15%	-10%	-5%	0	5%	10%	15%	20%
弹性模量($\times 10^4$MPa)	2.76	2.9325	3.105	3.2775	3.45	3.6225	3.795	3.9675	4.14
边跨最大挠度 d_1(mm)	2.224	2.245	2.263	2.279	2.294	2.308	2.321	2.332	2.343
中跨最大挠度 d_2(mm)	7.221	7.179	7.142	7.108	7.077	7.049	7.023	6.999	6.977

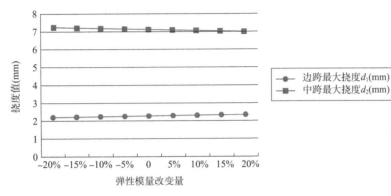

图2.2.48 不同弹性模量 E_1 下的挠度值

c. 不同的弹性模量 E_2 对挠度的影响分析。

初始弹性模量 $E_2 = 3.25 \times 10^4$ MPa,分别对初始弹性模量改变 $\pm 5\%$、$\pm 10\%$、$\pm 15\%$、$\pm 20\%$ 进行分析,分析计算的结果如表2.2.37、图2.2.49所示。

不同弹性模量下的挠度值   表2.2.37

弹性模量改变量	-20%	-15%	-10%	-5%	0	5%	10%	15%	20%
弹性模量($\times 10^4$MPa)	2.6	2.7625	2.925	3.0875	3.25	3.4125	3.575	3.7375	3.9
边跨最大挠度 d_1(mm)	2.353	2.338	2.323	2.309	2.294	2.280	2.266	2.252	2.238
中跨最大挠度 d_2(mm)	6.957	6.987	7.018	7.048	7.077	7.107	7.136	7.165	7.193

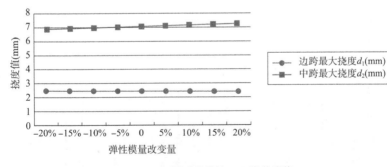

图2.2.49 不同弹性模量 E_2 下的挠度值

由表2.2.37及图2.2.49可以看出,在整体降温荷载作用下,随着主梁弹性模量的增大,边跨控制截面最大挠度逐渐增大,中跨控制界面最大挠度逐渐减小,弹性模量在初始弹性模量的 $\pm 20\%$ 范围内,边跨控制截面的挠度的改变量为0.119mm,中跨控制截面挠度的改变量为0.244mm,弹性模量的改变对中跨挠度的影响较显著。而随着桥墩弹性模量的增大,边跨控制截面最大挠度逐渐减小,中跨控制界面最大挠度逐渐增大,弹性模量在初始弹性模量的±20%范围内,边跨控制截面的挠度的改变量为0.115mm,中跨控制截面挠度的改变量为0.236mm,弹性模量的改变对中跨挠度的影响较显著。

②整体降温作用对应力影响。

a.方差分析结果见表2.2.38、图2.2.50。

方差分析结果　　　　　　　　　表2.2.38

参数	σ_1 P-value	σ_2 P-value
E_1	<0.0001	<0.0001
D_1	1	1
P_1	1	1
E_2	<0.0001	<0.0001
D_2	1	1
P_2	1	1
$E_1 \cdot D_1$	1	1
$E_1 \cdot P_1$	1	1
$E_1 \cdot E_2$	0.1203	0.0004
$E_1 \cdot D_2$	0.2713	0.2586
$E_1 \cdot P_2$	1	1
$D_1 \cdot P_1$	1	1
$D_1 \cdot E_2$	1	1
$D_1 \cdot D_2$	1	1
$D_1 \cdot P_2$	1	1
$P_1 \cdot E_2$	1	1
$P_1 \cdot D_2$	1	1
$P_1 \cdot P_2$	1	1
$E_2 \cdot D_2$	0.5858	0.5259
$E_2 \cdot P_2$	1	1
$D_2 \cdot P_2$	1	1

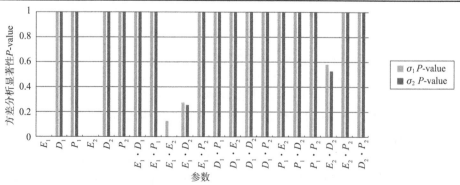

图2.2.50　参数对σ_1、σ_2的显著性分析

由以上图表可知,通过方差分析显著性,可以得到6个主效应的影响,其中参数E_1、E_2即主梁的弹性模量E和桥墩的弹性模量E对响应值有显著的影响,而泊松比P_1、P_2和密度D_1、D_2的$P\text{-value}$均大于0.05,其影响不显著。此外,参数之间的交互作用$E_1 \cdot E_2$在整体降温荷载作用下对中跨应力有显著性影响。综上所述,主梁的弹性模量E_1和桥墩的弹性模量E_2为影响结构应力的重要参数,对总方差有很大的贡献,而主梁密度D_1、泊松比P_1和桥墩的材料密度D_2、泊松比P对桥梁的挠度影响不显著,为非重要参数。

当危险性参数E_1、E_2发生较大变化时,结构的应力将发生显著性变化,若结构的弹性模量E_1、E_2,结构的应力将显著增大,进而影响结构的安全性。

利用试验设计软件 Design Expert8.0 对重要参数E_1、E_2与σ_1、σ_2进行响应面拟合,如图2.2.51、图2.2.52所示,分别为参数E_1、E_2对边跨最大挠度σ_1的响应面模型以及参数E_1、E_2对中跨最大挠度σ_2的响应面模型。

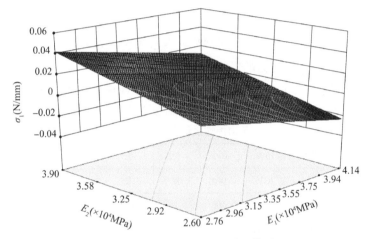

图2.2.51 边跨应力σ_1的响应面模型

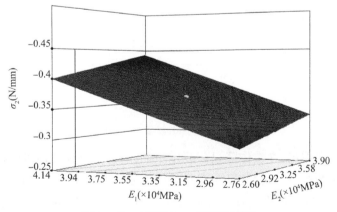

图2.2.52 中跨应力σ_2的响应面模型

b. 不同的弹性模量E_1对应力的影响分析。

初始弹性模量$E_1 = 3.45 \times 10^4 \text{MPa}$,分别对初始弹性模量改变$\pm 5\%$、$\pm 10\%$、$\pm 15\%$、$\pm 20\%$进行分析,分析计算的结果见表2.2.39、图2.2.53所示。

不同弹性模量下的应力值　　　　表2.2.39

弹性模量改变量	-20%	-15%	-10%	-5%	0	5%	10%	15%	20%
弹性模量($\times 10^4$MPa)	2.76	2.9325	3.105	3.2775	3.45	3.6225	3.795	3.9675	4.14
边跨最大应力σ_1(N/mm)	0.039	0.033	0.028	0.022	0.016	0.011	0.005	-0.001	-0.007
中跨最大应力σ_2(N/mm)	-0.314	-0.327	-0.341	-0.354	-0.367	-0.381	-0.394	-0.407	-0.42

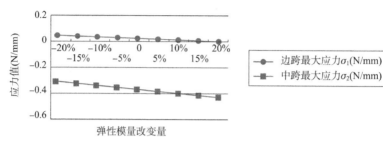

图2.2.53　不同弹性模量E_1下的应力值

c. 不同的弹性模量E_2对应力的影响分析。

初始弹性模量$E_2 = 3.25 \times 10^4$MPa，分别对初始弹性模量改变$\pm 5\%$、$\pm 10\%$、$\pm 15\%$、$\pm 20\%$进行分析，分析计算的结果见表2.2.40、图2.2.54。

不同弹性模量下的应力值　　　　表2.2.40

弹性模量改变量	-20%	-15%	-10%	-5%	0	5%	10%	15%	20%
弹性模量($\times 10^4$MPa)	2.6	2.7625	2.925	3.0875	3.25	3.4125	3.575	3.7375	3.9
边跨最大应力σ_1(N/mm)	-0.010	-0.004	0.003	0.01	0.016	0.023	0.029	0.036	0.042
中跨最大应力σ_2(N/mm)	-0.347	-0.352	-0.357	-0.362	-0.367	-0.372	-0.377	-0.382	-0.387

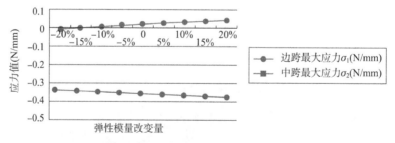

图2.2.54　不同弹性模量E_2下的应力值

由上述图表可以看出，在整体降温荷载作用下，随着主梁弹性模量的增大，边跨控制截面最大应力值逐渐减小，中跨控制界面最大应力值逐渐增大，弹性模量在初始弹性模量的$\pm 20\%$范围内，边跨控制截面的应力的改变量为0.046N/mm，中跨控制截面挠度的改变量为0.106N/mm，弹性模量的改变对中跨应力的影响较显著。而随着桥墩弹性模量的增大，边跨和中跨控制截面最大应力值逐渐增大，弹性模量在初始弹性模量的$\pm 20\%$范围内，边跨控制截面的应力的改变量为0.052N/mm，中跨控制截面挠度的改变量为0.04N/mm，弹性模量的改变对边跨应力的影响较显著。

(4)温度梯度作用下。

①温度梯度作用对挠度影响。

a. 方差分析结果见表 2.2.41、图 2.2.55。

表 2.2.41　方差分析结果

参数	d_1 P-value	d_2 P-value
E_1	<0.0001	<0.0001
D_1	1	1
P_1	0.9936	0.5081
E_2	<0.0001	0.0002
D_2	1	1
P_2	1	0.9719
$E_1 \cdot D_1$	0.9977	1
$E_1 \cdot P_1$	0.9977	1
$E_1 \cdot E_2$	0.1492	0.0758
$E_1 \cdot D_2$	0.7726	0.6849
$E_1 \cdot P_2$	0.9977	0.9801
$D_1 \cdot P_1$	0.9989	0.9845
$D_1 \cdot E_2$	0.9977	1
$D_1 \cdot D_2$	0.9977	1
$D_1 \cdot P_2$	0.9954	0.9876
$P_1 \cdot E_2$	0.9977	1
$P_1 \cdot D_2$	0.9977	1
$P_1 \cdot P_2$	1	0.9928
$E_2 \cdot D_2$	0.637	0.6177
$E_2 \cdot P_2$	1	1
$D_2 \cdot P_2$	1	0.985

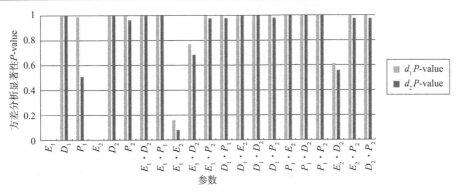

图 2.2.55　参数对 d_1、d_2 的显著性分析

由以上图表可知,通过方差分析显著性,可以得到6个主效应的影响,其中参数E_1、E_2即主梁的弹性模量E和桥墩的弹性模量E对响应值有显著的影响,而泊松比P_1、P_2和密度D_1、D_2的P-value均大于0.05,其影响不显著。此外,参数之间的交互作用在温度梯度荷载作用下对挠度没有显著性影响。综上所述,主梁的弹性模量E_1和桥墩的弹性模量E_2为影响结构挠度的重要参数,对总方差有很大的贡献,而主梁密度D_1、泊松比P_1和桥墩的材料密度D_2、泊松比P对桥梁的挠度影响不显著,为非重要参数。

当危险性参数E_1、E_2发生较大变化时,结构的挠度将发生显著性变化,若结构的弹性模量E_1、E_2,结构的挠度将显著增大,进而影响结构的安全性。

利用试验设计软件Design Expert8.0对重要参数E_1、E_2与d_1、d_2进行响应面拟合,如图2.2.56、图2.2.57所示,分别为参数E_1、E_2对边跨最大挠度d_1的响应面模型以及参数E_1、E_2对中跨最大挠度d_2的响应面模型。

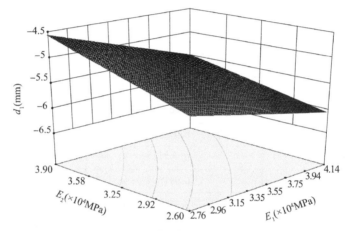

图2.2.56 边跨挠度d_1的响应面模型

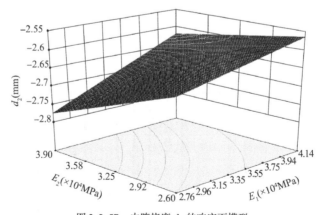

图2.2.57 中跨挠度d_2的响应面模型

b. 不同的弹性模量E_1对挠度的影响分析。

初始弹性模量$E_1 = 3.45 \times 10^4 \mathrm{MPa}$,分别对初始弹性模量改变$\pm 5\%$、$\pm 10\%$、$\pm 15\%$、$\pm 20\%$进行分析,分析计算的结果见表2.2.42、图2.2.58。

不同弹性模量下的挠度值　　　　　　　　　　　　　　　　　表2.2.42

弹性模量改变量	−20%	−15%	−10%	−5%	0	5%	10%	15%	20%
弹性模量($\times 10^4$MPa)	2.76	2.9325	3.105	3.2775	3.45	3.6225	3.795	3.9675	4.14
边跨最大挠度d_1(mm)	5.646	5.804	5.945	6.072	6.187	6.291	6.386	6.474	6.554
中跨最大挠度d_2(mm)	2.704	2.683	2.665	2.650	2.636	2.624	2.614	2.606	2.598

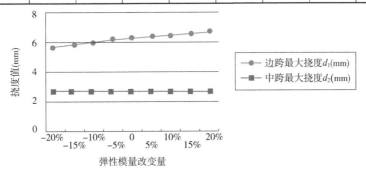

图2.2.58　不同弹性模量E_1下的挠度值

c. 不同的弹性模量E_2对挠度的影响分析。

初始弹性模量$E_2 = 3.25 \times 10^4$MPa,分别对初始弹性模量改变±5%、±10%、±15%、±20%进行分析,分析计算的结果见表2.2.43、图2.2.59。

不同弹性模量下的挠度值表　　　　　　　　　　　　　　　　　表2.2.43

弹性模量改变量	−20%	−15%	−10%	−5%	0	5%	10%	15%	20%
弹性模量($\times 10^4$MPa)	2.6	2.7625	2.925	3.0875	3.25	3.4125	3.575	3.7375	3.9
边跨最大挠度d_1(mm)	6.628	6.517	6.406	6.296	6.187	6.078	5.969	5.862	5.754
中跨最大挠度d_2(mm)	2.592	2.601	2.612	2.624	2.636	2.649	2.662	2.676	2.690

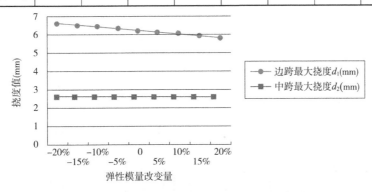

图2.2.59　不同弹性模量E_2下的挠度值

由上述图表可以看出,在温度梯度荷载作用下,随着主梁弹性模量的增大,边跨控制截面最大挠度逐渐增大,中跨控制界面最大挠度逐渐减小,弹性模量在初始弹性模量的±20%范围内,边跨控制截面的挠度的改变量为0.908mm,中跨控制截面挠度的改变量为0.106mm,弹性模量的改变对边跨挠度的影响较显著。而随着桥墩弹性模量的增大,边跨控制截面最大挠度逐渐减小,中跨控制界面最大挠度逐渐增大,弹性模量在初始弹性模量的

±20%范围内,边跨控制截面的挠度的改变量为0.874mm,中跨控制截面挠度的改变量为0.098mm,弹性模量的改变对边跨挠度的影响较显著。

②温度梯度作用对应力的影响。

a. 方差分析结果见表2.2.44、图2.2.60。

方差分析结果　　　　　　　　表2.2.44

参数	σ_1 P-value	σ_2 P-value
E_1	<0.0001	<0.0001
D_1	1	1
P_1	1	<0.0001
E_2	<0.0001	<0.0001
D_2	1	1
P_2	1	1
$E_1 \cdot D_1$	1	1
$E_1 \cdot P_1$	1	0.0052
$E_1 \cdot E_2$	0.0429	1
$E_1 \cdot D_2$	0.7589	0.3579
$E_1 \cdot P_2$	1	1
$D_1 \cdot P_1$	1	1
$D_1 \cdot E_2$	1	1
$D_1 \cdot D_2$	1	1
$D_1 \cdot P_2$	1	1
$P_1 \cdot E_2$	1	1
$P_1 \cdot D_2$	1	0.0052
$P_1 \cdot P_2$	1	1
$E_2 \cdot D_2$	0.9505	0.649
$E_2 \cdot P_2$	1	1
$D_2 \cdot P_2$	1	1

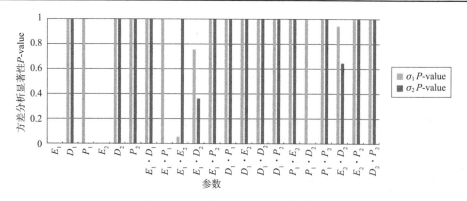

图2.2.60　参数对σ_1、σ_2的显著性分析

由表 2.2.44、图 2.2.60 可知,通过方差分析显著性,可以得到 6 个主效应的影响,其中参数 E_1、E_2 即主梁的弹性模量 E 和桥墩的弹性模量 E 对响应值有显著的影响,P_1 对中跨最大应力影响显著,而泊松比 P_2 和密度 D_1、D_2 的 P-value 均大于 0.05,其影响不显著。此外,参数之间的交互作用 $E_1 \cdot E_2$ 在温度梯度荷载作用下对边跨应力有显著性影响,$E_1 \cdot P_1$、$P_1 \cdot D_2$ 在温度梯度荷载作用下对中跨应力有显著性影响。综上所述,主梁的弹性模量 E_1 和桥墩的弹性模量 E_2 为影响结构应力的重要参数,对总方差有很大的贡献,而主梁密度 D_1、泊松比 P_1 和桥墩的材料密度 D_2、泊松比 P 对桥梁的挠度影响不显著,为非重要参数。

当危险性参数 E_1、E_2 发生较大变化时,结构的应力将发生显著性变化,若结构的弹性模量 E_1、E_2,结构的应力将显著增大,进而影响结构的安全性。

利用试验设计软件 Design Expert8.0 对重要参数 E_1、E_2 与 σ_1、σ_2 进行响应面拟合,如图 2.2.61、图 2.2.62 所示,分别为参数 E_1、E_2 对边跨最大挠度 σ_1 的响应面模型以及参数 E_1、E_2 对中跨最大挠度 σ_2 的响应面模型。

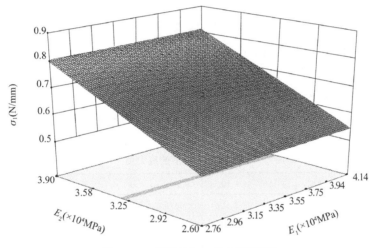

图 2.2.61 边跨应力 σ_1 的响应面模型

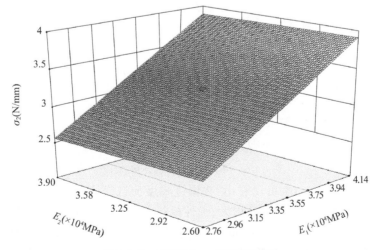

图 2.2.62 中跨应力 σ_2 的响应面模型

b. 不同的弹性模量 E_1 对应力的影响分析。

初始弹性模量 $E_1 = 3.45 \times 10^4 \text{MPa}$，分别对初始弹性模量改变 ±5%、±10%、±15%、±20% 进行分析，分析计算的结果见表 2.2.45、图 2.2.63。

不同弹性模量下的应力值　　　　　　　　　表 2.2.45

弹性模量改变量	−20%	−15%	−10%	−5%	0	5%	10%	15%	20%
弹性模量（$\times 10^4$ MPa）	2.76	2.9325	3.105	3.2775	3.45	3.6225	3.795	3.9675	4.14
边跨最大应力 σ_1（N/mm）	−8.99	−9.51	−10	−10.6	−11.1	−11.6	−12.1	−12.6	−13.2
中跨最大应力 σ_2（N/mm）	−9.56	−10.2	−10.8	−11.4	−12.0	−12.6	−13.2	−13.8	−14.4

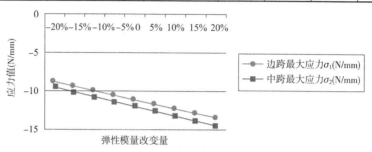

图 2.2.63　不同弹性模量 E_1 下的应力值

c. 不同的弹性模量 E_2 对应力的影响分析。

初始弹性模量 $E_2 = 3.25 \times 10^4 \text{MPa}$，分别对初始弹性模量改变 ±5%、±10%、±15%、±20% 进行分析，分析计算的结果见表 2.2.46、图 2.2.64。

不同弹性模量下的应力值　　　　　　　　　表 2.2.46

弹性模量改变量	−20%	−15%	−10%	−5%	0	5%	10%	15%	20%
弹性模量（$\times 10^4$ MPa）	2.6	2.7625	2.925	3.0875	3.25	3.4125	3.575	3.7375	3.9
边跨最大应力 σ_1（N/mm）	−11.0	−11.0	−11.0	−11.0	−11.0	−11.0	−11.0	−11.0	−11.0
中跨最大应力 σ_2（N/mm）	−12.0	−12.0	−12.0	−12.0	−12.0	−12.0	−12.0	−12.0	−12.0

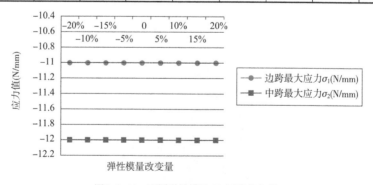

图 2.2.64　不同弹性模量 E_2 下的应力值

由表 2.2.46 及图 2.2.64 可以看出，在温度梯度荷载作用下，随着主梁弹性模量的增大，边中跨控制界面最大应力值逐渐增大，弹性模量在初始弹性模量的 ±20% 范围内，边跨控制截面的应力的改变量为 4.21N/mm，中跨控制截面挠度的改变量为 4.84N/mm，弹性模量的改变对中跨应力的影响较显著。而随着桥墩弹性模量的增大，边跨和中跨控制截面最大应力值几乎不变。

(5)活载作用下。

①活载作用对挠度影响。

a. 方差分析结果见表 2.2.47、图 2.2.65。

方差分析结果　　　　　　　　表 2.2.47

参数	d_1 P-value	d_2 P-value
E_1	<0.0001	<0.0001
D_1	1	1
P_1	0.9135	0.9217
E_2	0.624	0.4213
D_2	1	1
P_2	1	1
$E_1 \cdot D_1$	1	0.9988
$E_1 \cdot P_1$	0.965	0.9695
$E_1 \cdot E_2$	0.9259	0.8813
$E_1 \cdot D_2$	0.9891	0.9836
$E_1 \cdot P_2$	1	0.9996
$D_1 \cdot P_1$	1	0.9994
$D_1 \cdot E_2$	1	0.9996
$D_1 \cdot D_2$	1	0.9996
$D_1 \cdot P_2$	0.9986	0.9975
$P_1 \cdot E_2$	1	0.9988
$P_1 \cdot D_2$	1	0.9996
$P_1 \cdot P_2$	1	0.9998
$E_2 \cdot D_2$	0.6306	0.6368
$E_2 \cdot P_2$	1	0.9996
$D_2 \cdot P_2$	1	0.9996

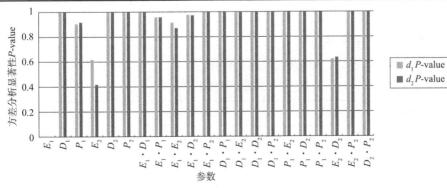

图 2.2.65　参数对 d_1、d_2 的显著性分析

由表 2.2.48、图 2.2.65 可知,通过方差分析显著性,可以得到 6 个主效应的影响,其中参数 E_1 即主梁的弹性模量 E 对响应值有显著的影响,而桥墩的弹性模量 E_2 和泊松比 P_1、P_2 和密度 D_1、D_2 的 P-value 均大于 0.05,其影响不显著。此外,参数之间的交互作用在活荷载作用下对挠度没有显著性影响。综上所述,主梁的弹性模量 E_1 为影响结构挠度的重要参数,对总方差有很大的贡献,而桥墩的弹性模量 E_2,主梁密度 D_1、泊松比 P_1 和桥墩的材料密度 D_2、泊松比 P 对桥梁的挠度影响不显著,为非重要参数。

当危险性参数 E_1 发生较大变化时,结构的挠度将发生显著性变化,若结构的弹性模量 E_1,结构的挠度将显著增大,进而影响结构的安全性。

b. 不同的弹性模量 E_1 对挠度的影响分析。

初始弹性模量 $E_1 = 3.45 \times 10^4 \text{MPa}$,分别对初始弹性模量改变 $\pm 5\%$、$\pm 10\%$、$\pm 15\%$、$\pm 20\%$ 进行分析,分析计算结果见表 2.2.48、图 2.2.66。

不同弹性模量下的挠度值 表 2.2.48

弹性模量改变量	-20%	-15%	-10%	-5%	0	5%	10%	15%	20%
弹性模量($\times 10^4$ MPa)	2.76	2.9325	3.105	3.2775	3.45	3.6225	3.795	3.9675	4.14
边跨最大挠度 d_1(mm)	-5.17	-4.885	-4.631	-4.402	-4.196	-4.009	-3.838	-3.681	-3.538
中跨最大挠度 d_2(mm)	-13.661	-12.921	-12.260	-11.666	-11.127	-10.638	-10.192	-9.783	-9.407

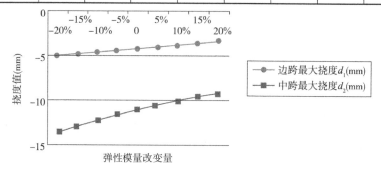

图 2.2.66　不同弹性模量 E_1 下的挠度值

由上述图表可以看出,在活载作用下,随着主梁弹性模量的增大,边跨和中跨控制界面最大挠度逐渐减小,弹性模量在初始弹性模量的 $\pm 20\%$ 范围内,边跨控制截面挠度的改变量为 1.632mm,中跨控制截面挠度的改变量为 4.254mm,弹性模量的改变对中跨挠度的影响较显著。

②活载作用对应力的影响。

a. 方差分析结果如表 2.2.49、图 2.2.67 所示。

方差分析结果 表 2.2.49

参数	σ_1 P-value	σ_2 P-value
E_1	<0.0001	<0.0001
D_1	1	1
P_1	0.6909	0.8512

续上表

参数	σ_1 P-value	σ_2 P-value
E_2	<0.0001	<0.0001
D_2	1	1
P_2	1	0.8512
$E_1 \cdot D_1$	1	1
$E_1 \cdot P_1$	1	1
$E_1 \cdot E_2$	0.2344	0.2614
$E_1 \cdot D_2$	0.7764	0.9275
$E_1 \cdot P_2$	1	1
$D_1 \cdot P_1$	0.8948	0.8683
$D_1 \cdot E_2$	1	1
$D_1 \cdot D_2$	0.7782	1
$D_1 \cdot P_2$	0.8258	0.9339
$P_1 \cdot E_2$	1	1
$P_1 \cdot D_2$	0.7782	1
$P_1 \cdot P_2$	0.8914	1
$E_2 \cdot D_2$	0.6611	0.6695
$E_2 \cdot P_2$	1	1
$D_2 \cdot P_2$	0.7782	1

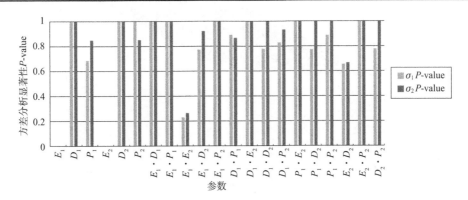

图 2.2.67 参数对 σ_1、σ_2 的显著性分析

由以上图表可知,通过方差分析显著性,可以得到 6 个主效应的影响,其中参数 E_1、E_2 即主梁的弹性模量 E_1 和桥墩的弹性模量 E_2 对响应值有显著的影响,而泊松比 P_1、P_2 和密度 D_1、D_2 的 P-value 均大于 0.05,其影响不显著。此外,参数之间的交互作用在活载作用下

对应力没有显著性影响。综上所述,主梁的弹性模量 E_1 和桥墩的弹性模量 E_2 为影响结构应力的重要参数,对总方差有很大的贡献,而主梁密度 D_1、泊松比 P_1 和桥墩的材料密度 D_2、泊松比 P 对桥梁的挠度影响不显著,为非重要参数。

当危险性参数 E_1、E_2 发生较大变化时,结构的应力将发生显著性变化,若结构的弹性模量 E_1、E_2,结构的应力将显著增大,进而影响结构的安全性。

利用试验设计软件 Design Expert8.0 对重要参数 E_1、E_2 与 σ_1、σ_2 进行拟合响应面,如图 2.2.68、图 2.2.69 所示,分别为参数 E_1、E_2 对边跨最大挠度 σ_1 的响应面模型以及参数 E_1、E_2 对中跨最大挠度 σ_2 的响应面模型。

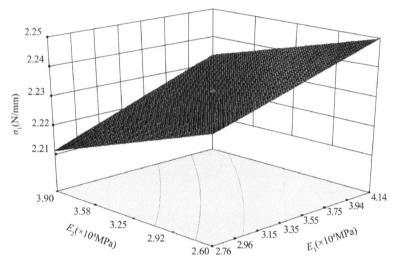

图 2.2.68　边跨应力 σ_1 的响应面模型

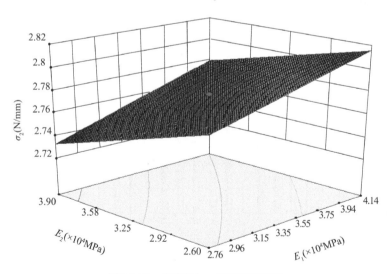

图 2.2.69　中跨应力 σ_2 的响应面模型

b. 不同的弹性模量 E_1 对应力的影响分析。

初始弹性模量 $E_1 = 3.45 \times 10^4 \text{MPa}$,分别对初始弹性模量改变 ±5%、±10%、±15%、±20% 进行分析,分析计算的结果见表 2.2.50 和图 2.2.70。

不同弹性模量下的应力值　　　　　　　　　　　　　　　　　表2.2.50

弹性模量改变量	-20%	-15%	-10%	-5%	0	5%	10%	15%	20%
弹性模量（$\times 10^4$MPa）	2.76	2.9325	3.105	3.2775	3.45	3.6225	3.795	3.9675	4.14
边跨最大应力 σ_1（N/mm）	2.24	2.24	2.25	2.25	2.26	2.26	2.26	2.27	2.27
中跨最大应力 σ_2（N/mm）	2.76	2.76	2.77	2.77	2.78	2.78	2.79	2.79	2.80

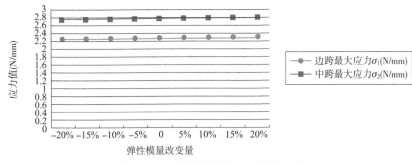

图2.2.70　不同弹性模量 E_1 下的应力值

c. 不同的弹性模量 E_2 对应力的影响分析。

初始弹性模量 $E_2 = 3.25 \times 10^4$MPa，分别对初始弹性模量改变 ±5%、±10%、±15%、±20% 进行分析，分析计算的结果见表2.2.51、图2.2.71。

不同弹性模量下的应力值　　　　　　　　　　　　　　　　　表2.2.51

弹性模量改变量	-20%	-15%	-10%	-5%	0	5%	10%	15%	20%
弹性模量（$\times 10^4$MPa）	2.6	2.7625	2.925	3.0875	3.25	3.4125	3.575	3.7375	3.9
边跨最大应力 σ_1（N/mm）	2.27	2.27	2.26	2.26	2.26	2.25	2.25	2.25	2.24
中跨最大应力 σ_2（N/mm）	2.80	2.79	2.79	2.78	2.78	2.77	2.77	2.76	2.76

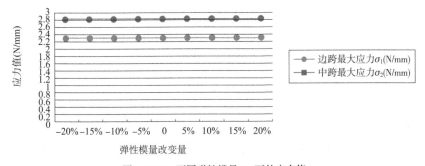

图2.2.71　不同弹性模量 E_2 下的应力值

由上述图表可以看出，在活载作用下，随着主梁弹性模量的增大，边跨和中跨控制界面最大应力值逐渐增大，弹性模量在初始弹性模量的 ±20% 范围内，边跨控制截面应力的改变量为 0.03N/mm，中跨控制截面应力的改变量为 0.04N/mm，弹性模量的改变对中跨应力的影响较显著。而随着桥墩弹性模量的增大，边跨和中跨控制截面最大应力值逐渐减小，弹性模量在初始弹性模量的 ±20% 范围内，边跨控制截面应力的改变量为 0.03N/mm，中跨控制截面应力的改变量为 0.04N/mm，弹性模量的改变对中跨应力的影响较显著。

2.3 拱桥危险性分析

2.3.1 结构分析

拱桥是我国公路上常用的一种桥梁体系。拱桥与梁桥的区别,不仅在于外形的不同,更重要的是两者受力性能有差别。由力学知识可知,梁式结构在竖向荷载作用下,支承处只产生竖向支承反力,而拱式结构在竖向荷载作用下,支承处不仅产生竖向反力,而且还产生水平推力。正是这个水平推力的存在,使得拱的弯矩比相同跨径的梁的弯矩小很多,整个拱主要承受压力。因此,拱桥不仅可以利用钢、钢筋混凝土等材料来修建,而且还可以根据拱的这个受力特点,充分利用抗压性能好而抗拉性能较差的圬工材料来修建。

和其他桥梁一样,拱桥也是由桥跨结构(上部结构)及下部结构两个部分组成。一般的上承式拱桥,桥跨结构由主拱圈(肋、箱,简称"主拱")及拱上建筑(又称"拱上结构")所构成。主拱圈是主要承重构件,通过它把荷载传递给墩台及基础。由于主拱圈是曲线形的,一般情况下车辆无法直接在弧面上行驶,所以在行车道系与主拱圈之间需要有传递荷载的构件和填充物,这些主拱圈以上的行车道系和传载构件或填充物统称拱上建筑。拱桥的下部结构包括桥墩、桥台和基础,用以支承桥跨结构,将桥跨结构的全部荷载传至地基。桥台还能起到与两岸路堤相连接的作用,使路桥形成一个协调的整体。

拱桥的主要优点有:①跨越能力较大;②耐久性好,养护维修费用少;③外形美观;构造简单。主要缺点有:①自重较大,相应的水平推力也较大,要求有庞大的墩、台和良好的地基;②跨径和桥高的增大,加大了拱桥的施工难度,提高了拱桥的总造价,另外,拱桥的施工工序较多,需要的劳动力多,建桥时间也较长;③由于拱桥水平推力较大,在连续多孔的大中桥梁中,为防止因一孔破坏而影响全桥的安全,需要采用较复杂的措施,或者设置单向推力墩,增加了造价;④上承式拱桥的建筑高度较高,当用于城市立体交叉及平原区的桥梁时,因桥面高程的提高,而使两岸接线的工程量增大,或者使桥面纵坡增大,既增加了造价又对行车不利。

2.3.2 结构模拟

本节以一座混凝土系杆拱桥为例进行计算分许,跨径 70m,设计荷载为公路-I 级。利用 Midas/Civil 建立有限元模型,其中模型的材料参数为:拱肋采用 C40 混凝土,弹性模量 $E_1 = 3.25 \times 10^4$ MPa;纵梁采用 C50 混凝土,弹性模量 $E_2 = E_1 = 3.45 \times 10^4$ MPa,横梁包括所有桥面底板横梁和拱肋横梁均采用 C40 混凝土,弹性模量 $E_3 = 3.25 \times 10^4$ MPa,全桥混凝土密度均为 2549kg/m^3,泊松比为 0.2。

2.3.3 危险性分析

1)自重

桥梁结构参数选取该桥主拱圈的弹性模量(E_1)、密度(D_1)、泊松比(P_1);纵梁的弹性模量(E_2)、密度(D_2)、泊松比(P_2);横梁的弹性模量(E_3)、密度(D_3)、泊松比(P_3)作为试验设计的输入参数,每个参数的上下界设为初始值的 ±20%,见表 2.3.1。以该桥在自重作用下跨中主拱圈最大挠度 d_1、纵梁最大挠度 d_2 作为输出响应。

设计参数范围   表 2.3.1

参数	初值	下水平	上水平
弹性模量 E_1（×10^4 MPa）	3.25	2.6	3.9
密度 D_1（kg/m³）	2549	2039.2	3058.8
泊松比 P_1	0.2	0.16	0.24
弹性模量 E_2（×10^4 MPa）	3.45	2.76	4.14
密度 D_2（kg³/m³）	2549	2039.2	3058.8
泊松比 P_2	0.2	0.16	0.24
弹性模量 E_3（×10^4 MPa）	3.25	2.6	3.9
密度 D_3（kg/m³）	2549	2039.2	3058.8
泊松比 P_3	0.2	0.16	0.24

通过 Design Expert8.0 进行中心复合试验设计，见表 2.3.2。表 2.3.2 为中心复合设计表，将试验设计的各个试验样本代入 Midas/Civil 模型，计算出各个样本的响应值，填入表 2.3.3。

中心复合设计   表 2.3.2

样本	输入参数								
	E_1	D_1	P_1	E_2	D_2	P_2	E_3	D_3	P_3
1	3.9	3059	0.16	2.76	2039	0.16	3.9	3059	0.16
2	3.9	2039	0.16	2.76	2039	0.24	3.9	2039	0.24
3	2.6	2039	0.24	2.76	3059	0.24	2.6	3059	0.24
4	2.6	3059	0.24	4.14	3059	0.16	3.9	3059	0.16
5	3.9	3059	0.24	4.14	2039	0.24	3.9	2039	0.16
6	3.9	3059	0.24	2.76	3059	0.24	2.6	2039	0.24
7	3.9	3059	0.16	4.14	3059	0.16	2.6	3059	0.24
8	3.9	2039	0.24	4.14	2039	0.16	2.6	3059	0.16
9	2.6	3059	0.16	2.76	2039	0.24	3.9	3059	0.24
10	2.6	3059	0.16	4.14	3059	0.16	3.9	3059	0.24
11	3.9	2039	0.16	4.14	3059	0.24	2.6	3059	0.16
12	2.6	2039	0.16	4.14	3059	0.16	3.9	2039	0.24
13	2.6	2039	0.16	2.76	2039	0.24	3.9	3059	0.16
14	2.6	2039	0.24	2.76	3059	0.16	3.9	2039	0.16
15	2.6	3059	0.24	4.14	2039	0.16	2.6	2039	0.16
16	3.9	3059	0.16	2.76	3059	0.16	2.6	2039	0.16
17	2.6	3059	0.24	2.76	2039	0.16	2.6	3059	0.24
18	2.6	3059	0.16	2.76	2039	0.16	2.6	3059	0.16
19	3.9	3059	0.16	4.14	3059	0.24	2.6	2039	0.24
20	3.9	2039	0.16	4.14	3059	0.16	2.6	2039	0.16
21	2.6	2039	0.24	4.14	2039	0.16	3.9	2039	0.16
22	2.6	3059	0.24	2.76	2039	0.24	2.6	2039	0.24
23	3.9	3059	0.24	2.76	3059	0.16	2.6	3059	0.24

续上表

样本	输入参数								
	E_1	D_1	P_1	E_2	D_2	P_2	E_3	D_3	P_3
24	3.9	3059	0.24	4.14	2039	0.16	3.9	3059	0.16
25	3.9	3059	0.16	2.76	2039	0.24	3.9	2039	0.16
26	3.9	2039	0.24	2.76	3059	0.24	2.6	2039	0.16
27	2.6	3059	0.16	4.14	3059	0.16	2.6	2039	0.16
28	3.9	2039	0.24	4.14	2039	0.16	2.6	2039	0.24
29	2.6	3059	0.16	2.76	2039	0.16	2.6	3059	0.16
30	3.9	2039	0.16	2.76	2039	0.16	3.9	2039	0.24
31	2.6	2039	0.16	2.76	2039	0.24	2.6	3059	0.16
32	2.6	2039	0.16	2.76	3059	0.16	3.9	2039	0.24
33	2.6	2039	0.24	4.14	2039	0.24	2.6	3059	0.24
34	2.6	3059	0.24	2.76	3059	0.16	3.9	3059	0.24
35	3.9	3059	0.16	4.14	2039	0.24	3.9	3059	0.24
36	3.9	2039	0.24	2.76	3059	0.24	3.9	3059	0.16
37	2.6	3059	0.24	4.14	3059	0.24	3.9	2039	0.16
38	2.6	2039	0.16	4.14	3059	0.24	3.9	3059	0.24
39	2.12	2549	0.2	3.45	2549	0.2	3.25	2549	0.2
40	4.38	2549	0.2	3.45	2549	0.2	3.25	2549	0.2
41	3.25	1666	0.2	3.45	2549	0.2	3.25	2549	0.2
42	3.25	3432	0.2	3.45	2549	0.2	3.25	2549	0.2
43	3.25	2549	0.13	3.45	2549	0.2	3.25	2549	0.2
44	3.25	2549	0.27	3.45	2549	0.2	3.25	2549	0.2
45	3.25	2549	0.2	2.25	2549	0.2	3.25	2549	0.2
46	3.25	2549	0.2	4.65	2549	0.2	3.25	2549	0.2
47	3.25	2549	0.2	3.45	1666	0.2	3.25	2549	0.2
48	3.25	2549	0.2	3.45	3432	0.2	3.25	2549	0.2
49	3.25	2549	0.2	3.45	2549	0.13	3.25	2549	0.2
50	3.25	2549	0.2	3.45	2549	0.27	3.25	2549	0.2
51	3.25	2549	0.2	3.45	2549	0.2	2.12	2549	0.2
52	3.25	2549	0.2	3.45	2549	0.2	4.38	2549	0.2
53	3.25	2549	0.2	3.45	2549	0.2	3.25	1666	0.2
54	3.25	2549	0.2	3.45	2549	0.2	3.25	3432	0.2
55	3.25	2549	0.2	3.45	2549	0.2	3.25	2549	0.13
56	3.25	2549	0.2	3.45	2549	0.2	3.25	2549	0.27
57	3.25	2549	0.2	3.45	2549	0.2	3.25	2549	0.2
58	3.25	2549	0.2	3.45	2549	0.2	3.25	2549	0.2
59	3.25	2549	0.2	3.45	2549	0.2	3.25	2549	0.2
60	3.25	2549	0.2	3.45	2549	0.2	3.25	2549	0.2
61	3.25	2549	0.2	3.45	2549	0.2	3.25	2549	0.2

第2章 桥梁危险性分析

中心复合设计响应值

表 2.3.3

样本	自重响应值 挠度 (mm) d_1	自重响应值 挠度 (mm) d_2	活载响应值 挠度 (mm) d_1	活载响应值 挠度 (mm) d_2	活载响应值 应力 (N/mm) σ_1	活载响应值 应力 (N/mm) σ_2	整体升温响应值 挠度 (mm) d_1	整体升温响应值 挠度 (mm) d_2	整体升温响应值 应力 (N/mm) σ_1	整体升温响应值 应力 (N/mm) σ_2	整体降温响应值 挠度 (mm) d_1	整体降温响应值 挠度 (mm) d_2	整体降温响应值 应力 (N/mm) σ_1	整体降温响应值 应力 (N/mm) σ_2	温度梯度响应值 挠度 (mm) d_1	温度梯度响应值 挠度 (mm) d_2	温度梯度响应值 应力 (N/mm) σ_1	温度梯度响应值 应力 (N/mm) σ_2
1	17.56	28.31	4.37	8.25	1.97	1.38	-2.67	4.10	-1.56	-1.89	9.76	-66.04	-3.81	-2.38	-1.08	-66.04	-0.04	0.55
2	15.33	24.15	4.37	8.26	1.97	1.38	-2.68	4.09	-1.56	-1.88	9.76	-66.14	-3.81	-2.38	-1.08	-66.14	-0.04	0.55
3	22.15	35.23	5.57	9.26	2.10	1.20	-1.24	5.15	-1.52	-1.87	13.34	-77.09	-4.17	-2.29	-1.04	-77.09	-0.04	0.37
4	20.87	33.77	4.47	7.83	2.35	0.94	-0.44	6.85	-1.60	-2.09	12.61	-60.94	-4.63	-2.17	-1.00	-60.94	-0.05	0.37
5	12.53	21.24	3.52	7.05	2.21	1.10	-2.39	4.91	-1.72	-1.97	9.36	-51.39	-4.17	-2.29	-1.04	-51.39	-0.05	0.55
6	17.52	28.83	4.40	8.27	1.97	1.39	-2.64	4.06	-1.82	-1.78	9.75	-66.29	-3.82	-2.38	-1.08	-66.29	-0.04	0.55
7	16.11	29.20	3.53	7.05	2.21	1.11	-2.40	4.88	-1.72	-1.95	9.35	-51.41	-4.17	-2.29	-1.04	-51.41	-0.05	0.37
8	12.56	23.20	3.52	7.05	2.22	1.10	-2.38	4.92	-1.52	-1.97	9.36	-51.34	-4.16	-2.29	-1.04	-51.34	-0.04	0.55
9	22.07	32.66	5.54	9.24	2.10	1.20	-1.24	5.16	-1.61	-1.91	13.35	-76.94	-4.17	-2.30	-1.04	-76.94	-0.05	0.55
10	18.51	29.54	4.47	7.83	2.35	0.94	-0.48	6.81	-1.72	-2.08	12.61	-60.98	-4.63	-2.18	-1.00	-60.98	-0.05	0.37
11	14.32	27.44	3.53	7.06	2.21	1.11	-2.40	4.87	-1.61	-1.95	9.35	-51.45	-4.17	-2.29	-1.04	-51.45	-0.04	0.55
12	16.22	27.28	4.46	7.82	2.35	0.94	-0.46	6.84	-1.61	-2.09	12.61	-60.92	-4.63	-2.18	-1.00	-60.92	-0.04	0.37
13	16.31	26.78	4.48	7.84	2.35	1.20	-0.48	6.74	-1.52	-2.08	12.60	-61.05	-4.63	-2.17	-1.00	-61.05	-0.05	0.37
14	19.30	30.49	5.54	9.23	2.10	1.20	-1.23	5.18	-1.61	-1.92	13.35	-76.86	-4.16	-2.30	-1.04	-76.86	-0.04	0.37
15	16.25	24.82	4.48	7.84	2.35	0.94	-0.47	6.76	-1.61	-2.09	12.60	-61.07	-4.63	-2.17	-1.00	-61.07	-0.05	0.37
16	17.51	28.83	4.39	8.26	1.97	1.38	-2.64	4.07	-1.82	-1.78	9.75	-66.18	-3.82	-2.38	-1.08	-66.18	-0.04	0.55
17	22.11	32.70	5.57	9.25	2.10	1.20	-1.24	5.16	-1.52	-1.87	13.34	-77.01	-4.17	-2.29	-1.04	-77.01	-0.04	0.37
18	16.59	25.30	5.56	9.25	2.10	1.20	-1.25	5.15	-1.52	-1.87	13.34	-76.98	-4.17	-2.29	-1.04	-76.98	-0.04	0.37
19	14.29	25.48	3.53	7.06	2.21	1.11	-2.40	4.86	-1.72	-1.95	9.35	-51.46	-4.17	-2.29	-1.04	-51.46	-0.05	0.55
20	14.32	27.44	3.53	7.06	2.21	1.11	-2.40	4.87	-1.72	-1.95	9.35	-51.45	-4.17	-2.29	-1.04	-51.45	-0.05	0.55

续上表

样本	自重响应值 挠度(mm)		活载响应值 挠度(mm)		应力(N/mm)		整体升温响应值 挠度(mm)		应力(N/mm)		整体降温响应值 挠度(mm)		应力(N/mm)		温度梯度响应应力值 挠度(mm)		应力(N/mm)	
	d_1	d_2	d_1	d_2	σ_1	σ_2	d_1	d_2	σ_1	σ_2	d_1	d_2	σ_1	σ_2	d_1	d_2	σ_1	σ_2
21	13.94	22.54	4.47	7.83	2.35	0.94	-0.46	6.83	-1.61	-2.08	12.61	-60.98	-4.63	-2.17	-1.00	-60.98	-0.05	0.37
22	19.29	27.98	5.57	9.26	2.10	1.20	-1.24	5.15	-1.52	-1.87	13.34	-77.09	-4.17	-2.29	-1.04	-77.09	-0.04	0.37
23	19.75	33.00	4.39	8.27	1.97	1.38	-2.64	4.07	-1.82	-1.78	9.75	-66.21	-3.82	-2.37	-1.08	-66.21	-0.04	0.55
24	14.35	24.96	3.52	7.04	2.22	1.10	-2.38	4.93	-1.72	-1.97	9.36	-51.33	-4.17	-2.29	-1.04	-51.33	-0.05	0.55
25	15.33	24.15	4.37	8.25	1.97	1.38	-2.68	4.10	-1.56	-1.89	9.76	-66.12	-3.81	-2.38	-1.08	-66.12	-0.04	0.55
26	15.36	26.68	4.40	8.27	1.97	1.39	-2.64	4.06	-1.82	-1.78	9.75	-66.27	-3.82	-2.38	-1.08	-66.27	-0.04	0.55
27	18.53	29.56	4.48	7.83	2.35	0.94	-0.46	6.78	-1.61	-2.09	12.60	-61.00	-4.63	-2.17	-1.00	-61.00	-0.05	0.37
28	10.76	19.50	3.53	7.05	2.22	1.10	-2.39	4.89	-1.72	-1.95	9.35	-51.42	-4.17	-2.28	-1.04	-51.42	-0.05	0.55
29	22.11	32.69	5.56	9.25	2.10	1.20	-1.25	5.15	-1.52	-1.87	13.34	-76.98	-4.17	-2.29	-1.04	-76.98	-0.04	0.37
30	13.17	22.01	4.37	8.25	1.97	1.38	-2.67	4.10	-1.56	-1.88	9.76	-66.07	-3.81	-2.38	-1.08	-66.07	-0.04	0.55
31	19.41	30.02	5.57	9.26	2.10	1.20	-1.25	5.14	-1.52	-1.87	13.34	-77.06	-4.17	-2.29	-1.04	-77.06	-0.04	0.37
32	16.57	25.28	5.54	9.23	2.10	1.20	-1.24	5.17	-1.52	-1.91	13.35	-76.86	-4.16	-2.30	-1.04	-76.86	-0.04	0.37
33	16.32	26.78	4.48	7.84	2.35	0.94	-0.47	6.75	-1.61	-2.09	12.60	-61.08	-4.63	-2.17	-1.00	-61.08	-0.05	0.37
34	24.85	37.90	5.57	9.25	2.10	1.20	-1.24	5.16	-1.52	-1.87	13.34	-77.01	-4.17	-2.29	-1.04	-77.01	-0.04	0.37
35	14.37	24.98	3.53	7.06	2.21	1.11	-2.40	4.86	-1.72	-1.95	9.35	-51.46	-4.17	-2.29	-1.04	-51.46	-0.05	0.55
36	19.76	33.00	4.40	8.27	1.97	1.39	-2.64	4.06	-1.82	-1.78	9.75	-66.27	-3.82	-2.38	-1.08	-66.27	-0.04	0.55
37	18.52	29.54	4.47	7.83	2.35	0.94	-0.46	6.83	-1.61	-2.08	12.61	-60.98	-4.63	-2.17	-1.00	-60.98	-0.05	0.37
38	18.57	31.50	4.47	7.83	2.35	0.94	-0.48	6.81	-1.61	-2.08	12.61	-60.98	-4.63	-2.18	-1.00	-60.98	-0.05	0.37
39	21.46	32.18	5.55	8.96	2.31	0.96	0.50	7.26	-1.68	-1.98	15.09	-73.85	-4.66	-2.17	-1.00	-73.85	-0.04	0.30
40	13.75	24.77	3.64	7.36	2.07	1.28	-2.82	4.32	-1.78	-1.88	8.75	-55.02	-3.90	-2.35	-1.07	-55.02	-0.05	0.61

续上表

样本	自重响应值 挠度(mm)		活载响应值 挠度(mm)		活载响应值 应力(N/mm)		整体升温响应值 挠度(mm)		整体升温响应值 应力(N/mm)		整体降温响应值 挠度(mm)		整体降温响应值 应力(N/mm)		温度梯度响应值 挠度(mm)		温度梯度响应值 应力(N/mm)	
	d_1	d_2	d_1	d_2	σ_1	σ_2	d_1	d_2	σ_1	σ_2	d_1	d_2	σ_1	σ_2	d_1	d_2	σ_1	σ_2
41	12.17	23.21	3.64	7.36	2.07	1.28	−2.82	4.32	−1.78	−1.88	8.75	−55.02	−3.90	−2.35	−1.07	−55.02	−0.05	0.61
42	15.33	26.33	3.64	7.36	2.07	1.28	−2.82	4.32	−1.78	−1.88	8.75	−55.02	−3.90	−2.35	−1.07	−55.02	−0.05	0.61
43	16.34	27.24	4.33	7.93	2.16	1.15	−1.90	5.00	−1.76	−1.90	10.95	−61.62	−4.17	−2.29	−1.04	−61.62	−0.04	0.46
44	16.34	27.25	4.34	7.94	2.16	1.15	−1.88	5.02	−1.76	−1.90	10.95	−61.64	−4.17	−2.29	−1.04	−61.64	−0.04	0.46
45	16.34	27.25	4.34	7.93	2.16	1.15	−1.89	5.01	−1.76	−1.90	10.95	−61.63	−4.17	−2.29	−1.04	−61.63	−0.04	0.46
46	14.30	25.10	3.68	7.05	2.34	0.96	−1.41	6.24	−1.56	−2.15	10.53	−51.85	−4.50	−2.20	−1.01	−51.85	−0.06	0.46
47	14.49	23.25	4.34	7.93	2.16	1.15	−1.89	5.01	−1.76	−1.90	10.95	−61.63	−4.17	−2.29	−1.04	−61.63	−0.04	0.46
48	18.19	31.24	4.33	7.93	2.16	1.15	−1.89	5.01	−1.76	−1.91	10.95	−61.57	−4.17	−2.29	−1.04	−61.57	−0.04	0.46
49	16.34	27.25	4.34	7.93	2.16	1.15	−1.88	5.02	−1.76	−1.90	10.95	−61.69	−4.17	−2.29	−1.04	−61.69	−0.04	0.46
50	16.34	27.25	4.34	7.94	2.16	1.15	−1.90	5.00	−1.76	−1.88	10.94	−61.73	−4.16	−2.30	−1.04	−61.73	−0.04	0.46
51	16.36	27.26	4.35	7.95	2.16	1.15	−1.90	4.97	−1.76	−1.92	10.96	−61.55	−4.17	−2.29	−1.04	−61.55	−0.04	0.46
52	16.32	27.23	4.32	7.92	2.16	1.15	−1.88	5.04	−1.76	−1.90	10.95	−61.63	−4.17	−2.29	−1.04	−61.63	−0.04	0.46
53	14.42	23.68	4.34	7.93	2.16	1.15	−1.89	5.01	−1.76	−1.90	10.95	−61.63	−4.17	−2.29	−1.04	−61.63	−0.04	0.46
54	18.26	30.81	4.34	7.93	2.16	1.15	−1.89	5.01	−1.76	−1.90	10.95	−61.63	−4.17	−2.29	−1.04	−61.63	−0.04	0.46
55	16.34	27.25	4.34	7.93	2.16	1.15	−1.89	5.01	−1.76	−1.90	10.95	−61.63	−4.17	−2.29	−1.04	−61.63	−0.04	0.46
56	16.34	27.25	4.34	7.93	2.16	1.15	−1.89	5.01	−1.76	−1.90	10.95	−61.63	−4.17	−2.29	−1.04	−61.63	−0.04	0.46
57	16.34	27.25	4.34	7.93	2.16	1.15	−1.89	5.01	−1.76	−1.90	10.95	−61.63	−4.17	−2.29	−1.04	−61.63	−0.04	0.46
58	16.34	27.25	4.34	7.93	2.16	1.15	−1.89	5.01	−1.76	−1.90	10.95	−61.63	−4.17	−2.29	−1.04	−61.63	−0.04	0.46
59	16.34	27.25	4.34	7.93	2.16	1.15	−1.89	5.01	−1.76	−1.90	10.95	−61.63	−4.17	−2.29	−1.04	−61.63	−0.04	0.46
60	16.34	27.25	4.34	7.93	2.16	1.15	−1.89	5.01	−1.76	−1.90	10.95	−61.63	−4.17	−2.29	−1.04	−61.63	−0.04	0.46
61	16.34	27.25	4.34	7.93	2.16	1.15	−1.89	5.01	−1.76	−1.90	10.95	−61.63	−4.17	−2.29	−1.04	−61.63	−0.04	0.46

参数对 d_1、d_2 的显著性分析如图 2.3.1、图 2.3.2 所示。

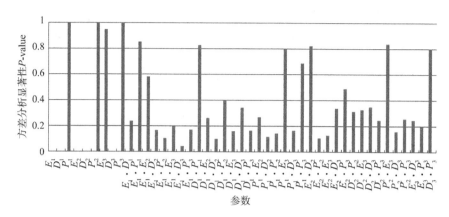

图 2.3.1　参数对 d_1 的显著性分析

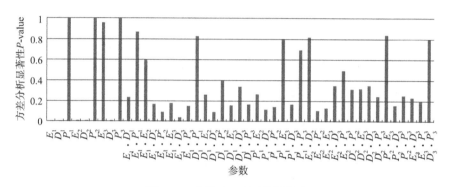

图 2.3.2　参数对 d_2 的显著性分析

通过方差分析,可以得到 9 个主效应的影响,其中参数 E_1、D_1、E_2、D_2、D_3 对响应值有显著的影响,而其他参数的 P-value 值大于 0.05,所以其影响不显著,参数之间的交互作用只有 $E_1 \cdot D_3$ 对挠度有显著影响。综上所述,参数 E_1、D_1、E_2、D_2、D_3 为重要参数,对总方差有很大的贡献,其他参数为非重要参数。利用试验设计软件 Design Expert8.0 对参数 E_1、D_1、E_2、D_2、D_3 与响应值 d_1、d_2 进行响应面拟合,如图 2.3.3、图 2.3.4 所示,分别为参数 E、D 对边跨最大挠度 d_1 的响应面模型以及参数 E、D 对中跨最大挠度 d_2 的响应面模型。

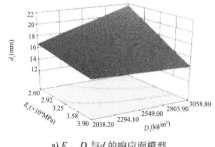 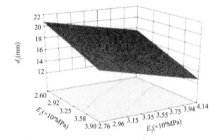

a) E_1、D_1 与 d_1 的响应面模型　　b) E_1、E_2 与 d_1 的响应面模型

图　2.3.3

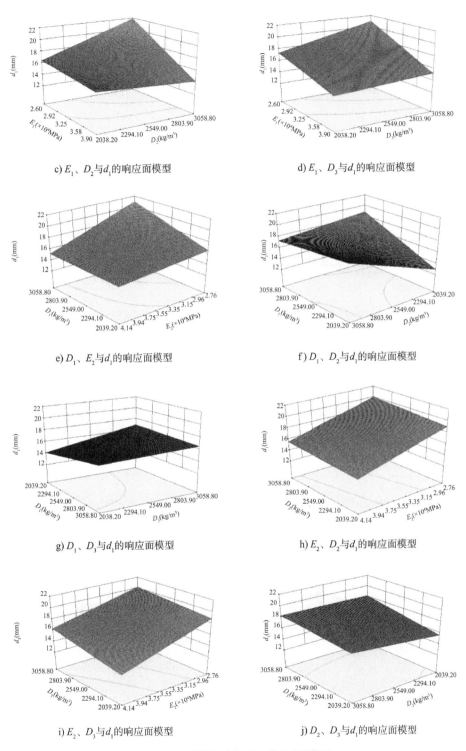

c) E_1、D_2 与 d_1 的响应面模型　　　　d) E_1、D_3 与 d_1 的响应面模型

e) D_1、E_2 与 d_1 的响应面模型　　　　f) D_1、D_2 与 d_1 的响应面模型

g) D_1、D_3 与 d_1 的响应面模型　　　　h) E_2、D_2 与 d_1 的响应面模型

i) E_2、D_3 与 d_1 的响应面模型　　　　j) D_2、D_3 与 d_1 的响应面模型

图 2.3.3　拱肋跨中挠度 d_1 的响应面模型

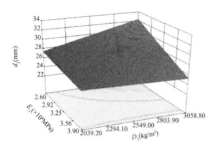
a) E_1、D_1 与 d_2 的响应面模型

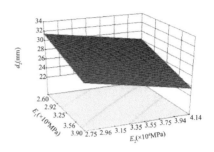
b) E_1、E_2 与 d_2 的响应面模型

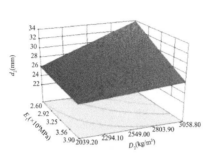
c) E_1、D_2 与 d_2 的响应面模型

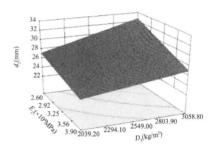
d) E_1、D_3 与 d_2 的响应面模型

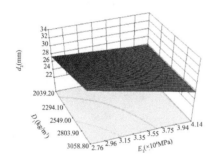
e) D_1、E_2 与 d_2 的响应面模型

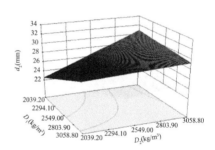
f) D_1、D_2 与 d_2 的响应面模型

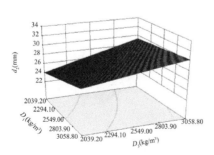
g) D_1、D_3 与 d_2 的响应面模型

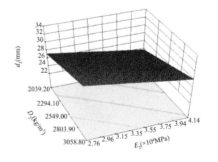
h) E_2、D_2 与 d_2 的响应面模型

图 2.3.4

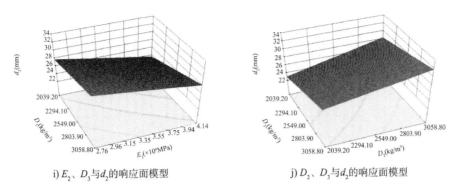

i) E_2、D_3 与 d_2 的响应面模型　　　　j) D_2、D_3 与 d_2 的响应面模型

图 2.3.4　纵梁跨中挠度 d_2 的响应面模型

2) 车辆荷载作用下

如图 2.3.5 ~ 图 2.3.8 所示,通过显著性分析,可以得到 9 个主效应的影响,其中参数 E_1 对响应值有显著的影响,而其他参数的 P-value 大于 0.05,所以其影响不显著。综上所述,参数 E_1 为重要参数,对总方差有很大的贡献,其他参数为非重要参数。利用试验设计软件 Design Expert8.0 对参数 E_1 与响应值 d_1、d_2、σ_1、σ_2 拟合响应面,如图 2.3.9 所示,分别为参数 E_1 对纵梁最大挠度及应力 d_1、σ_1 以及参数 E_1 对拱肋最大挠度及应力 d_2、σ_2 的响应面模型。

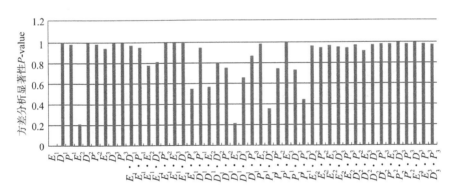

图 2.3.5　参数对 d_1 的显著性分析

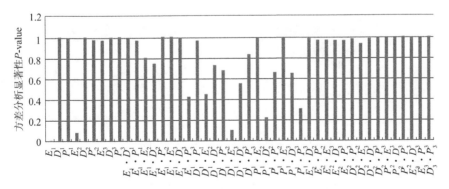

图 2.3.6　参数对 d_2 的显著性分析

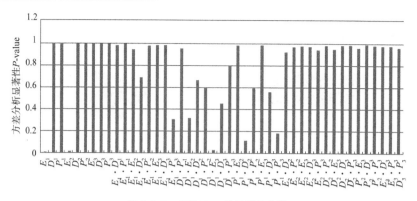

图 2.3.7 参数对 σ_1 的显著性分析

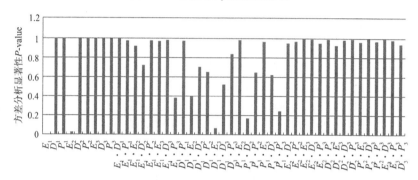

图 2.3.8 参数对 σ_2 的显著性分析

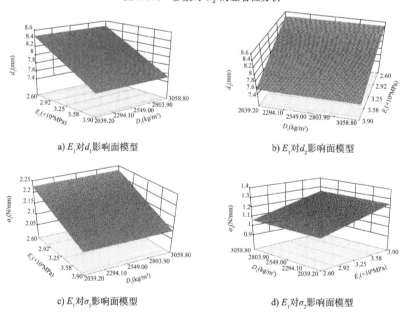

a) E_1 对 d_1 影响面模型　　　　　b) E_1 对 d_2 影响面模型

c) E_1 对 σ_1 影响面模型　　　　　d) E_1 对 σ_2 影响面模型

图 2.3.9 跨中挠度应力 d_1、d_2、σ_1、σ_2 的响应面模型

3) 整体升温作用下

如图 2.3.10～图 2.3.13 所示,通过方差分析,可以得到 9 个主效应的影响,其中参数 E_1 对 d_1、d_2 响应值有显著的影响,参数 E_2 对 σ_2 响应值有显著的影响,而其他参数的 P-value

大于 0.05，所以其影响不显著。综上所述，参数 E_1 为重要参数，对总方差有很大的贡献，其他参数为非重要参数。利用试验设计软件 Design Expert8.0 对参数 E_1，与响应值 d_1、d_2、σ_1、σ_2 进行拟合响应面，如图 2.3.14 所示，分别为参数 E_1 对纵梁最大挠度及应力 d_1、d_2 以及参数 E_2 对中跨最大挠度及应力 σ_2 的响应面模型。

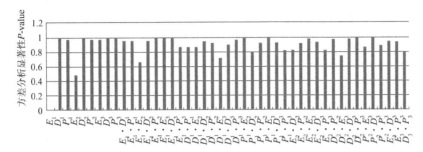

图 2.3.10　参数对 d_1 的显著性分析

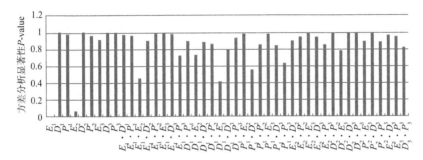

图 2.3.11　参数对 d_2 的显著性分析

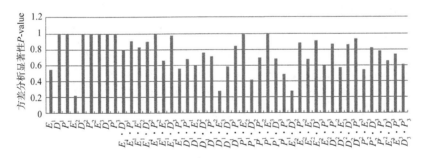

图 2.3.12　参数对 σ_1 的显著性分析

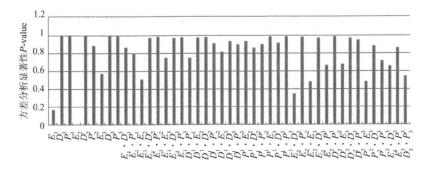

图 2.3.13　参数对 σ_2 的显著性分析

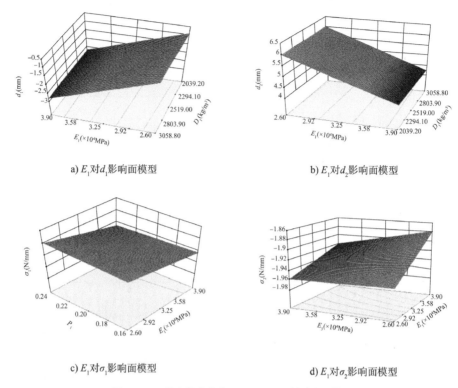

a) E_1 对 d_1 影响面模型

b) E_1 对 d_2 影响面模型

c) E_1 对 σ_1 影响面模型

d) E_1 对 σ_2 影响面模型

图 2.3.14　跨中挠度应力 d_1、d_2、σ_1、σ_2 的响应面模型

4）整体降温作用下

如图 2.3.15～图 2.3.18 所示，通过方差分析，可以得到 9 个主效应的影响，其中参数 E_1 对 d_1、σ_1、σ_2 响应值有显著的影响，参数 E_2 对 σ_1 响应值有显著的影响，而其他参数的 P-value 大于 0.05，所以其影响不显著。综上所述，参数 E_1 为重要参数，对总方差有很大的贡献，其他参数为非重要参数。利用试验设计软件 Design Expert8.0 对参数 E_1、与响应值 d_1、d_2、σ_1、σ_2 进行响应面拟合，如图 2.3.19 所示，分别为参数 E_1 对纵梁最大挠度及应力 d_1、σ_1 以及参数 E_1 对拱肋最大挠度及应力 d_2、σ_2 的响应面模型。

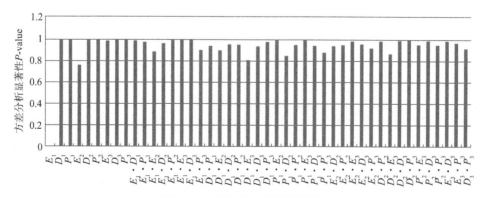

图 2.3.15　参数对 d_1 的显著性分析

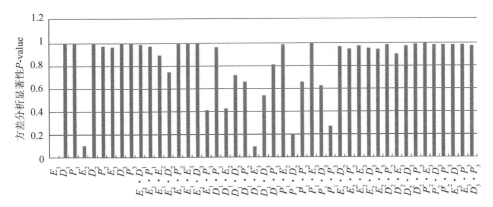

图 2.3.16　参数对 d_1 的显著性分析

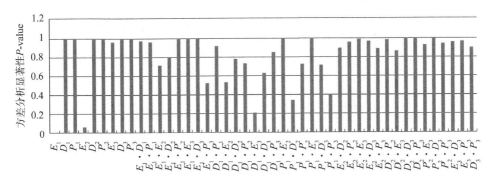

图 2.3.17　参数对 σ_1 的显著性分析

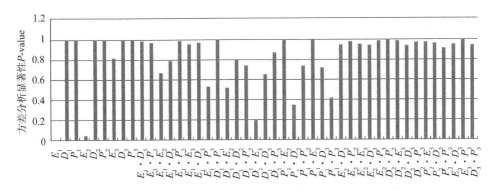

图 2.3.18　参数对 σ_2 的显著性分析

5) 温度梯度作用下

如图 2.3.20～图 2.3.23 所示,通过方差分析,可以得到 9 个主效应的影响,其中参数 E_1 对响应值有显著的影响,而其他参数的 P-value 大于 0.05,所以其影响不显著。综上所述,参数 E_1 为重要参数,对总方差有很大的贡献,其他参数为非重要参数。利用试验设计软件 Design Expert8.0 对参数 E_1,与响应值 d_1、d_2、σ_1、σ_2 进行响应面拟合,如图 2.3.24 所示,分别为参数 E_1 对边跨最大挠度及应力 d_1、σ_1 以及参数 E_1 对中跨最大挠度及应力 d_2、σ_2 的响应面模型。

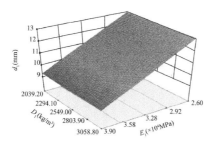
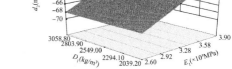

a) E_1 对 d_1 影响面模型　　　　　　　　b) E_1 对 d_2 影响面模型

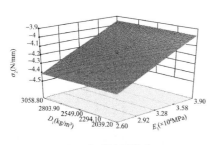
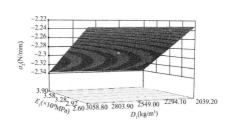

c) E_1 对 σ_1 影响面模型　　　　　　　　d) E_1 对 σ_2 影响面模型

图 2.3.19　跨中挠度应力 d_1、d_2、σ_1、σ_2 的响应面模型

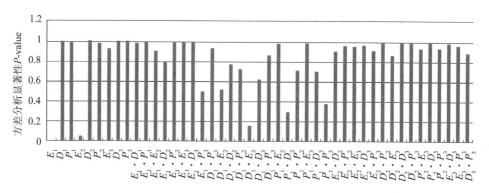

图 2.3.20　参数对 d_1 的显著性分析

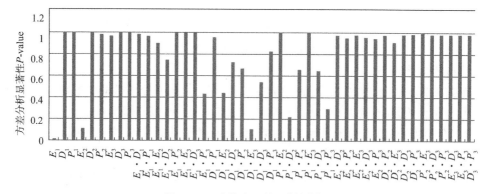

图 2.3.21　参数对 d_2 的显著性分析

第2章 桥梁危险性分析

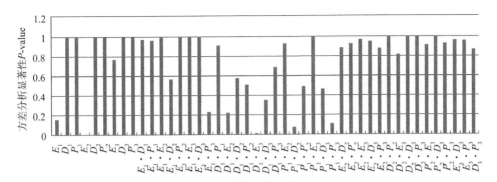

图 2.3.22 参数对 σ_1 的显著性分析

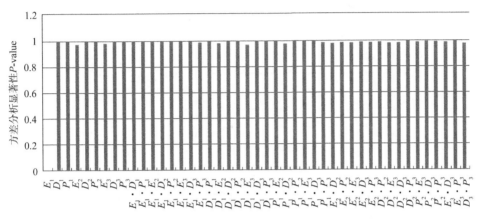

图 2.3.23 参数对 σ_2 的显著性分析

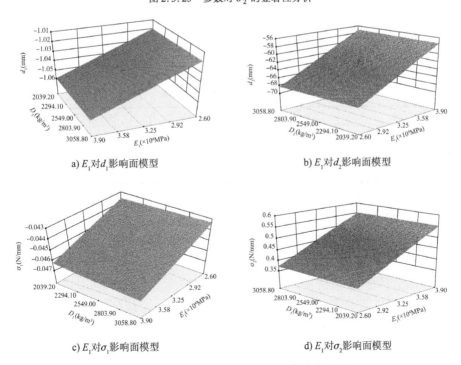

a) E_1 对 d_1 影响面模型　　　　　　　　b) E_1 对 d_2 影响面模型

c) E_1 对 σ_1 影响面模型　　　　　　　　d) E_1 对 σ_2 影响面模型

图 2.3.24 跨中挠度应力 d_1、d_2、σ_1、σ_2 的响应面模型

(1)自重作用下参数影响性分析。

①不同的拱肋弹性模量 E_1 对挠度的影响分析。

初始弹性模量 $E_1 = 3.25 \times 10^4 \text{MPa}$,分别对初始弹性模量改变 ±5%、±10%、±15%、±20% 进行分析,分析计算的结果见表2.3.4、图2.3.25。

不同主拱圈弹性模量下的挠度值表　　　　表2.3.4

弹性模量改变量	−20%	−15%	−10%	−5%	0	5%	10%	15%	20%
弹性模量($\times 10^4$ MPa)	2.6	2.7625	2.925	3.0875	3.25	3.4125	3.575	3.7375	3.9
拱肋跨中最大挠度 d_1(mm)	18.953	18.254	17.629	17.066	16.557	16.094	15.671	15.283	14.926
纵梁跨中最大挠度 d_2(mm)	29.697	29.019	28.412	27.867	27.374	26.925	26.516	26.14	25.795

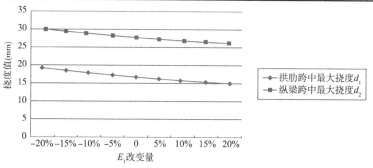

图2.3.25　不同主拱圈弹性模量下的挠度值

由图表可以看出,随着弹性模量的增大,控制截面最大挠度逐渐减小,弹性模量在初始弹性模量的 ±20% 范围内,主拱圈跨中截面挠度的改变量为4.027mm,纵梁跨中截面挠度的改变量为3.902mm。

②不同的拱肋密度 D_1 对挠度的影响分析。

初始密度 $D_1 = 2549 \text{ kg/m}^3$,分别对初始密度改变 ±5%、±10%、±15%、±20% 进行分析,分析计算的结果见表2.3.5、图2.3.26。

不同主拱圈密度下的挠度值　　　　表2.3.5

密度改变量	−20%	−15%	−10%	−5%	0	5%	10%	15%	20%
密度(kg/m³)	2039.2	2166.7	2294.1	2421.6	2549.0	2676.5	2803.9	2931.4	3058.8
拱肋跨中最大挠度 d_1(mm)	15.465	15.738	16.011	16.384	16.557	16.83	17.103	17.377	17.649
纵梁跨中最大挠度 d_2(mm)	26.298	26.567	26.836	27.105	27.374	27.643	27.912	28.181	28.45

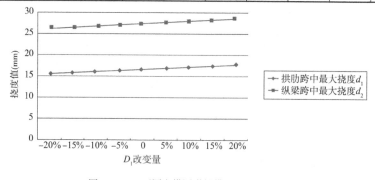

图2.3.26　不同主拱圈弹性模量下的挠度值

由表2.3.5、图2.3.26可以看出,随着主拱圈密度的增大,控制截面最大挠度逐渐增大,密度在初始弹性模量的±20%范围内,主拱圈跨中截面的挠度的改变量为2.184mm,纵梁跨中截面挠度的改变量为2.152mm。

③不同的纵梁弹性模量E_2对挠度的影响分析。

初始弹性模量$E_2 = 3.45 \times 10^4 \text{MPa}$,分别对初始弹性模量改变±5%、±10%、±15%、±20%进行分析,分析计算的结果见表2.3.6、图2.3.27。

不同纵梁弹性模量下的挠度值　　　　　　　　　　　表2.3.6

弹性模量改变量	−20%	−15%	−10%	−5%	0	5%	10%	15%	20%
弹性模量($\times 10^4$MPa)	2.76	2.93	3.11	3.28	3.45	3.62	3.80	3.97	4.14
拱肋跨中最大挠度d_1(mm)	18.507	17.951	17.422	16.97	16.557	16.179	15.811	15.491	15.195
纵梁跨中最大挠度d_2(mm)	29.358	28.795	28.257	27.796	27.374	26.986	26.608	26.278	25.971

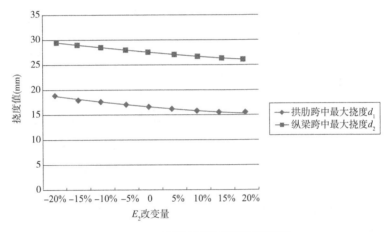

图2.3.27　不同纵梁弹性模量下的挠度值

由表2.3.6、图2.3.27可以看出,随着弹性模量的增大,控制截面最大挠度逐渐减小,弹性模量在初始弹性模量的±20%范围内,主拱圈跨中截面挠度的改变量为3.312mm,纵梁跨中截面挠度的改变量为3.387mm。

④不同的纵梁密度D_2对挠度的影响分析。

初始密度$D_2 = 2549 \text{ kg/m}^3$,分别对初始密度改变±5%、±10%、±15%、±20%进行分析,分析计算的结果见表2.3.7、图2.3.28。

不同纵梁密度下的挠度值　　　　　　　　　　　表2.3.7

密度改变量	−20%	−15%	−10%	−5%	0	5%	10%	15%	20%
密度(kg/m³)	2039.2	2166.7	2294.1	2421.6	2549.0	2676.5	2803.9	2931.4	3058.8
拱肋跨中最大挠度d_1(mm)	15.476	15.747	16.017	16.287	16.557	16.828	17.098	17.36	17.638
纵梁跨中最大挠度d_2(mm)	25.061	25.64	26.217	26.796	27.374	27.952	28.530	29.108	29.686

由表2.3.7、图2.3.28可以看出,随着纵梁密度的增大,控制截面最大挠度逐渐减小,密

度在初始弹性模量的 ±20% 范围内,主拱圈跨中截面的挠度的改变量为 2.162mm,纵梁跨中截面挠度的改变量为 4.625mm。

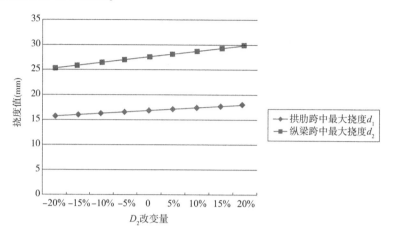

图 2.3.28　不同纵梁密度下的挠度值

⑤不同的横梁密度 D_3 对挠度的影响分析。

初始密度 $D_3 = 2549\ \text{kg/m}^3$,分别对初始密度改变 ±5%、±10%、±15%、±20% 进行分析,分析计算的结果见表 2.3.8、图 2.3.29。

不同横梁密度下的挠度值　　　　表 2.3.8

密度改变量	−20%	−15%	−10%	−5%	0	5%	10%	15%	20%
密度(kg/m³)	2039.2	2166.7	2294.1	2421.6	2549.0	2676.5	2803.9	2931.4	3058.8
拱肋跨中最大挠度 d_1(mm)	15.434	15.715	15.996	16.277	16.557	16.838	17.119	17.400	17.680
纵梁跨中最大挠度 d_2(mm)	25.307	25.825	26.341	26.858	27.374	27.890	28.407	28.923	29.440

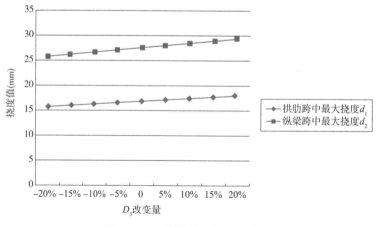

图 2.3.29　不同横梁密度下的挠度值

由表 2.3.8、图 2.3.29 可以看出,随着横梁密度的增大,控制截面最大挠度逐渐增大,密度在初始弹性模量的 ±20% 范围内,主拱圈跨中截面的挠度的改变量为 2.246mm,纵梁跨中截面挠度的改变量为 4.133mm。

(2)车辆作用下不同的拱肋弹性模量 E_1 对挠度及应力的影响分析。

①不同的拱肋弹性模量 E_1 对挠度的影响分析。

初始弹性模量 $E_1 = 3.25 \times 10^4 \text{MPa}$,分别对初始弹性模量改变 ±5%、±10%、±15%、±20%进行分析,分析计算的结果见表2.3.9、图2.3.30。

不同主拱圈弹性模量下的挠度值 表2.3.9

弹性模量改变量	-20%	-15%	-10%	-5%	0	5%	10%	15%	20%
弹性模量($\times 10^4$MPa)	2.6	2.7625	2.925	3.0875	3.25	3.4125	3.575	3.7375	3.9
拱肋跨中最大挠度 d_1(mm)	3.640	3.5208	3.4121	3.3124	3.2205	3.1354	3.0564	2.9828	2.9140
纵梁跨中最大挠度 d_2(mm)	5.4894	5.4468	5.4083	5.3731	5.3409	5.3112	5.2838	5.2584	5.2348

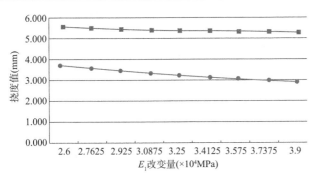

图 2.3.30 不同拱肋弹性模量下的挠度值

②不同的纵梁弹性模量 E_2 对挠度的影响分析。

初始弹性模量 $E_2 = 3.25 \times 10^4 \text{MPa}$。分别对初始弹性模量改变 ±5%、±10%、±15%、±20%进行分析,分析计算的结果见表2.3.10、图2.3.31。

不同主拱圈弹性模量下的应力值 表2.3.10

弹性模量改变量	-20%	-15%	-10%	-5%	0	5%	10%	15%	20%
弹性模量($\times 10^4$MPa)	2.6	2.7625	2.925	3.0875	3.25	3.4125	3.575	3.7375	3.9
拱肋跨中最大应力 σ_1	0.1490	0.1580	0.1660	0.1730	0.1810	0.1880	0.1950	0.2020	0.2090
纵梁跨中最大应力 σ_2	-0.0099	-0.0099	-0.0099	-0.0098	-0.0098	-0.0098	-0.0098	-0.0098	-0.0097

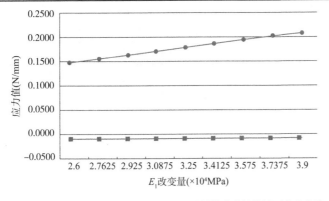

图 2.3.31 不同拱肋弹性模量下的应力值

（3）整体升温作用下参数影响性分析。

①不同的拱肋弹性模量 E_1 对挠度的影响分析。

初始弹性模量 $E_1=3.25\times10^4\mathrm{MPa}$，分别对初始弹性模量改变 $\pm5\%$、$\pm10\%$、$\pm15\%$、$\pm20\%$ 进行分析，分析计算的结果见表2.3.11、图2.3.32。

不同主拱圈弹性模量下的挠度值 表2.3.11

弹性模量改变量	-20%	-15%	-10%	-5%	0	5%	10%	15%	20%
弹性模量（×10⁴MPa）	2.6	2.7625	2.925	3.0875	3.25	3.4125	3.575	3.7375	3.9
拱肋跨中最大挠度 d_1（mm）	1.2465	0.9462	0.6766	0.4333	0.2125	0.0114	-0.1726	-0.3418	-0.4977
纵梁跨中最大挠度 d_2（mm）	16.278	16.155	16.046	15.950	15.864	15.787	15.718	15.656	15.600

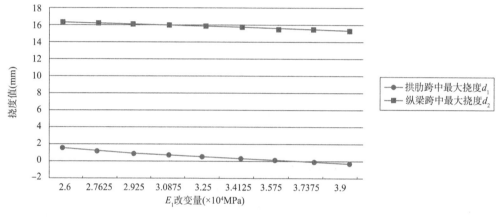

图2.3.32　不同横梁密度下的挠度值

②不同的纵梁弹性模量 E_2 对挠度的影响分析。

初始弹性模量 $E_2=3.25\times10^4\mathrm{MPa}$，分别对初始弹性模量改变 $\pm5\%$、$\pm10\%$、$\pm15\%$、$\pm20\%$ 进行分析，分析计算的结果见表2.3.12、图2.3.33。

不同主拱圈弹性模量下的应力值 表2.3.12

弹性模量改变量	-20%	-15%	-10%	-5%	0	5%	10%	15%	20%
弹性模量（×10⁴MPa）	2.6	2.7625	2.925	3.0875	3.25	3.4125	3.575	3.7375	3.9
纵梁跨中最大应力 σ_2	1.520	1.560	1.590	1.630	1.660	1.690	1.720	1.750	1.78E+00

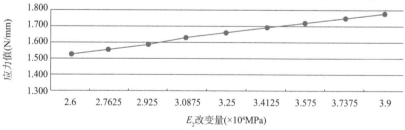

图2.3.33　不同纵梁弹性模量下的应力值

(4)整体降温作用下不同的拱肋弹性模量 E_1 对挠度的影响分析。

①不同的拱肋弹性模量 E_1 对挠度的影响分析。

初始弹性模量 $E_1 = 3.25 \times 10^4 \text{MPa}$,分别对初始弹性模量改变 ±5%、±10%、±15%、±20% 进行分析,分析计算的结果见表2.3.13、图2.3.34。

不同主拱圈弹性模量下的挠度值 表2.3.13

弹性模量改变量	-20%	-15%	-10%	-5%	0	5%	10%	15%	20%
弹性模量（×10⁴MPa）	2.6	2.7625	2.925	3.0875	3.25	3.4125	3.575	3.7375	3.9
拱肋跨中最大挠度 d_1（mm）	-11.645078	-11.16688	-10.733441	-10.338604	-9.977305	-9.645342	-9.339197	-9.0559	-8.792927
纵梁跨中最大挠度 d_2（mm）	-60.875634	-59.513709	-58.286028	-57.173754	-56.161409	-55.236163	-54.387288	-53.605747	-52.883872

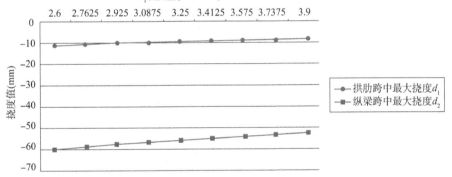

图2.3.34 不同横梁密度下的挠度值

②不同的纵梁弹性模量 E_2 对挠度的影响分析。

初始弹性模量 $E_2 = 3.25 \times 10^4 \text{MPa}$。分别对初始弹性模量改变 ±5%、±10%、±15%、±20% 进行分析,分析计算的结果见表2.3.14、图2.3.35。

不同主拱圈弹性模量下的应力值 表2.3.14

弹性模量改变量	-20%	-15%	-10%	-5%	0	5%	10%	15%	20%
弹性模量（×10⁴MPa）	2.6	2.7625	2.925	3.0875	3.25	3.4125	3.575	3.7375	3.9
拱肋跨中最大应力 σ_1	3.87	3.91	3.94	3.97	4.00	4.03	4.06	4.09	4.11
纵梁跨中最大应力 σ_2	-4.47	-4.42	-4.37	-4.33	-4.29	-4.26	-4.22	-4.19	-4.17

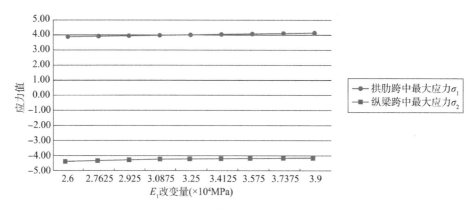

图 2.3.35　不同拱肋弹性模量下的应力值

(5)温度梯度作用下参数影响性分析。

①不同的拱肋弹性模量 E_1 对挠度的影响分析。

初始弹性模量 $E_1 = 3.25 \times 10^4 \mathrm{MPa}$，分别对初始弹性模量改变 ±5%、±10%、±15%、±20% 进行分析，分析计算的结果见表 2.3.15、图 2.3.36。

不同主拱圈弹性模量下的挠度值　　表 2.3.15

弹性模量改变量	-20%	-15%	-10%	-5%	0	5%	10%	15%	20%
弹性模量 ($\times 10^4$ MPa)	2.6	2.7625	2.925	3.0875	3.25	3.4125	3.575	3.7375	3.9
拱肋跨中最大挠度 d_1 (mm)	-0.801209	-0.801464	-0.801594	-0.801785	-0.802061	-0.802406	-0.802804	-0.803245	-0.803719
纵梁跨中最大挠度 d_2 (mm)	-1.633152	-1.639789	-1.648038	-1.655745	-1.662503	-1.668435	-1.673644	-1.678216	-1.682226

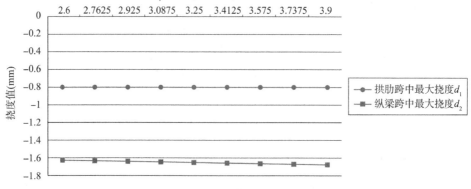

图 2.3.36　不同横梁密度下的挠度值

②不同的拱肋弹性模量 E_1 对应力的影响分析。

初始弹性模量 $E_1 = 3.25 \times 10^4$ MPa,分别对初始弹性模量改变 ±5%、±10%、±15%、±20% 进行分析,分析计算的结果见表2.3.16、图2.3.37。

不同主拱圈弹性模量下的应力值　　　　　　　　　　表2.3.16

弹性模量改变量	-20%	-15%	-10%	-5%	0	5%	10%	15%	20%
弹性模量($\times 10^4$ MPa)	2.6	2.7625	2.925	3.0875	3.25	3.4125	3.575	3.7375	3.9
拱肋跨中最大应力 σ_2	29.697	29.019	28.412	27.867	27.374	26.925	26.516	26.14	25.795

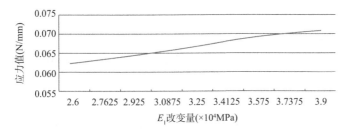

图2.3.37　不同拱肋弹性模量下的应力值

③不同的纵梁弹性模量 E_2 对应力的影响分析。

初始弹性模量 $E_2 = 3.25 \times 10^4$ MPa,分别对初始弹性模量改变 ±5%、±10%、±15%、±20% 进行分析,分析计算的结果见表2.3.17、图2.3.38。

不同纵梁弹性模量下的应力值　　　　　　　　　　表2.3.17

弹性模量改变量	-20%	-15%	-10%	-5%	0	5%	10%	15%	20%
弹性模量($\times 10^4$ MPa)	2.6	2.7625	2.925	3.0875	3.25	3.4125	3.575	3.7375	3.9
拱肋跨中最大应力 σ_2	0.829	0.831	0.834	0.836	0.838	0.840	0.842	0.844	0.846

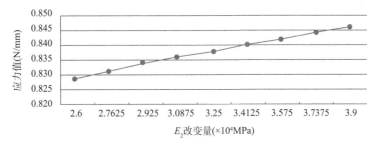

图2.3.38　不同纵梁弹性模量下的应力值

2.4　悬索桥危险性分析

2.4.1　结构分析

悬索桥是以受拉主缆为主要承重构件的桥梁结构,它主要由桥塔(包括基础)、主缆(也称大缆)、加劲梁、锚碇、吊索(也称吊杆)、鞍座及桥面结构等几部分组成。

悬索桥按主缆的锚固形式分有地锚式和自锚式两类。绝大多数悬索桥,特别是大跨径悬索桥,都采用地锚方式锚固主缆,即主缆的拉力由桥梁端部的重力式锚碇或隧道式锚碇传递给地基。因此,在锚碇处一般要求地基具有较大的承载力,最好有良好的岩层作持力地基。悬索桥有时可以采用自锚的形式锚固主缆,而不需要单独设置锚碇。自锚式悬索桥的主缆拉力直接传递给它的加劲梁来承受。主缆拉力的垂直分力(一般较小)可以抵消跨端支点部分的反力,从而减小加劲梁的端支点反力,但水平分力则以轴向压力的方式传递到加劲梁中。因此,自锚式悬索桥的跨径不宜过大,否则,为了抵抗巨大的主缆水平分力,加劲梁的截面将非常庞大而很不经济。另外,这种桥式一般必须先架设加劲梁,然后再安装主缆,实践中因施工困难、风险大等原因而极少采用。

由于悬索桥是以高强钢丝作为主要承拉结构,所以,具有跨越能力大、受力合理、能最大限度发挥材料强度等优点,另外,它还具有整体构造流畅美观和施工安全快捷等优势。在桥梁设计时,当所需要的跨径超过600m时,悬索桥总是备受推崇的经典桥型。

2.4.2 结构模拟

本节以一座悬索桥为例进行计算,跨径120m,设计荷载为公路-Ⅱ级。利用Midas/Civil建立有限元模型,其中模型的材料参数为:主缆弹性模量为1.95×10^5MPa,密度为7850kg/m³;吊杆弹性模量为1.95×10^5MPa,密度为7850kg/m³;加劲梁弹性模量为2.06×10^5MPa,密度为7698kg/m³;主塔弹性模量为3.25×10^4MPa,密度为2549kg/m³。

2.4.3 危险性分析

桥梁结构参数选取该桥主缆和吊杆的弹性模量(E_1)、密度(D_1)、泊松比(P_1);加劲梁的弹性模量(E_2)、密度(D_2)、泊松比(P_2);塔柱的弹性模量(E_3)、密度(D_3)、泊松比(P_3)作为试验设计的输入参数,每个参数的上下界见表2.4.1。以该桥在自重作用下跨中加劲梁最大挠度d_1、塔柱顶点X方向最大位移d_2作为输出响应。

设计参数范围 表2.4.1

参数	初值	下水平	上水平
弹性模量E_1($\times 10^4$MPa)	1.95	1.95	2.05
密度D_1(kg/m³)	7850	6280	9420
泊松比P_1	0.3	0.24	0.36
弹性模量E_2($\times 10^4$MPa)	2.06	1.648	2.472
密度D_2(kg/m³)	7698	6158	9238
泊松比P_2	0.3	0.24	0.36
弹性模量E_3($\times 10^4$MPa)	3.25	2.6	3.9
密度D_3(kg/m³)	2549	2039.2	3058.8
泊松比P_3	0.2	0.16	0.24

通过Design Expert8.0进行中心复合设计,见表2.4.2。表2.4.2为中心复合设计表,将试验设计的各个试验样本代入Midas/Civil模型,计算出各个样本的响应值,填入表2.4.3。

中心复合设计　　　　　　　　　　　　　　　　　　　　　　　　　　　　　　　　表 2.4.2

样本	输入参数								
	E_1 ($\times 10^4$ MPa)	D_1 (kg/m³)	P_1	E_2 ($\times 10^4$ MPa)	D_2 (kg/m³)	P_2	E_3 ($\times 10^4$ MPa)	D_3 (kg/m³)	P_3
1	2.05	9420	0.24	1.648	6158	0.24	3.9	3059	0.16
2	2.05	6280	0.24	1.648	6158	0.36	3.9	2039	0.24
3	1.95	6280	0.36	1.648	9238	0.36	2.6	3059	0.24
4	1.95	9420	0.36	2.472	9238	0.24	3.9	3059	0.16
5	2.05	9420	0.36	2.472	6158	0.36	3.9	2039	0.16
6	2.05	9420	0.36	1.648	9238	0.36	2.6	2039	0.24
7	2.05	9420	0.24	2.472	9238	0.24	2.6	3059	0.24
8	2.05	6280	0.36	2.472	6158	0.24	3.9	3059	0.24
9	1.95	9420	0.24	1.648	6158	0.36	3.9	3059	0.24
10	1.95	9420	0.24	2.472	9238	0.36	3.9	2039	0.24
11	2.05	6280	0.24	2.472	9238	0.36	2.6	3059	0.16
12	1.95	6280	0.24	2.472	9238	0.24	3.9	2039	0.24
13	1.95	6280	0.24	2.472	6158	0.36	2.6	3059	0.16
14	1.95	6280	0.36	1.648	9238	0.24	3.9	2039	0.16
15	1.95	9420	0.36	2.472	6158	0.36	2.6	2039	0.16
16	2.05	9420	0.24	1.648	9238	0.24	2.6	2039	0.16
17	1.95	9420	0.36	1.648	6158	0.24	2.6	3059	0.24
18	1.95	6280	0.24	1.648	6158	0.24	2.6	2039	0.16
19	2.05	9420	0.24	2.472	9238	0.36	2.6	2039	0.24
20	2.05	6280	0.24	2.472	9238	0.24	2.6	3059	0.16
21	1.95	6280	0.36	2.472	6158	0.24	3.9	2039	0.16
22	1.95	9420	0.36	1.648	6158	0.36	2.6	2039	0.24
23	2.05	9420	0.36	1.648	9238	0.24	2.6	3059	0.24
24	2.05	9420	0.36	2.472	6158	0.24	3.9	3059	0.16
25	2.05	9420	0.24	1.648	6158	0.36	3.9	2039	0.16
26	2.05	6280	0.36	1.648	9238	0.36	2.6	2039	0.16
27	1.95	9420	0.24	2.472	9238	0.24	2.6	2039	0.16
28	2.05	6280	0.36	2.472	6158	0.24	2.6	2039	0.24
29	1.95	9420	0.24	1.648	6158	0.24	2.6	3059	0.16
30	2.05	6280	0.24	1.648	6158	0.24	3.9	2039	0.24
31	1.95	6280	0.24	1.648	6158	0.36	2.6	3059	0.16

续上表

样本	输入参数								
	E_1 ($\times 10^4$ MPa)	D_1 (kg/m³)	P_1	E_2 ($\times 10^4$ MPa)	D_2 (kg/m³)	P_2	E_3 ($\times 10^4$ MPa)	D_3 (kg/m³)	P_3
32	1.95	6280	0.24	1.648	9238	0.24	3.9	2039	0.24
33	1.95	6280	0.36	2.472	6158	0.36	2.6	3059	0.24
34	1.95	9420	0.36	1.648	9238	0.24	3.9	3059	0.24
35	2.05	9420	0.24	2.472	6158	0.36	3.9	3059	0.24
36	2.05	6280	0.36	1.648	9238	0.36	3.9	3059	0.16
37	1.95	9420	0.36	2.472	9238	0.36	3.9	2039	0.16
38	1.95	6280	0.24	2.472	9238	0.36	3.9	3059	0.24
39	1.91	7850	0.30	2.060	7698	0.30	3.25	2549	0.20
40	2.09	7850	0.30	2.060	7698	0.30	3.25	2549	0.20
41	2.00	5131	0.30	2.060	7698	0.30	3.25	2549	0.20
42	2.00	10569	0.30	2.060	7698	0.30	3.25	2549	0.20
43	2.00	7850	0.20	2.060	7698	0.30	3.25	2549	0.20
44	2.00	7850	0.40	2.060	7698	0.30	3.25	2549	0.20
45	2.00	7850	0.30	1.346	7698	0.30	3.25	2549	0.20
46	2.00	7850	0.30	2.774	7698	0.30	3.25	2549	0.20
47	2.00	7850	0.30	2.060	5031	0.30	3.25	2549	0.20
48	2.00	7850	0.30	2.060	10365	0.30	3.25	2549	0.20
49	2.00	7850	0.30	2.060	7698	0.20	3.25	2549	0.20
50	2.00	7850	0.30	2.060	7698	0.40	3.25	2549	0.20
51	2.00	7850	0.30	2.060	7698	0.30	2.12	2549	0.20
52	2.00	7850	0.30	2.060	7698	0.30	4.38	2549	0.20
53	2.00	7850	0.30	2.060	7698	0.30	3.25	1666	0.20
54	2.00	7850	0.30	2.060	7698	0.30	3.25	3432	0.20
55	2.00	7850	0.30	2.060	7698	0.30	3.25	2549	0.13
56	2.00	7850	0.30	2.060	7698	0.30	3.25	2549	0.27
57	2.00	7850	0.30	2.060	7698	0.30	3.25	2549	0.20
58	2.00	7850	0.30	2.060	7698	0.30	3.25	2549	0.20
59	2.00	7850	0.30	2.060	7698	0.30	3.25	2549	0.20
60	2.00	7850	0.30	2.060	7698	0.30	3.25	2549	0.20
61	2.00	7850	0.30	2.060	7698	0.30	3.25	2549	0.20

表 2.4.3 中心复合设计响应值

样本	自重响应值 挠度(mm)		活载响应值		应力(N/mm)	整体升温响应值 挠度(mm)		应力(N/mm)	整体降温响应值 挠度(mm)		应力(N/mm)
	d_1	d_2	d_1	d_2	σ_1	d_1	d_2	σ_1	d_1	d_2	σ_1
1	47.016	4.857	−390.430	2.519	145	−79.109	7.948	6.27	93.427	−6.229	−15.3
2	42.727	3.806	−390.780	2.521	144	−69.004	5.393	5.98	90.108	−5.478	−14.7
3	65.469	5.401	−392.376	2.793	144	−69.147	5.457	5.98	91.134	−5.815	−14.8
4	69.485	6.065	−329.905	2.588	168	−76.863	7.450	8.2	89.951	−5.960	−20.4
5	48.429	4.834	−329.130	2.495	167	−78.840	7.950	8.28	90.987	−6.118	−20.4
6	66.766	6.241	−391.239	2.684	144	−79.114	7.940	6.26	95.987	−6.866	−15.4
7	67.990	6.277	−329.279	2.656	168	−78.834	7.942	8.28	93.331	−6.714	−21
8	43.702	3.828	−328.829	2.495	168	−68.693	5.397	7.85	87.898	−5.413	−20.1
9	49.694	5.023	−391.882	2.617	144	−77.151	7.451	6.21	92.510	−6.091	−15
10	69.319	6.044	−330.209	2.590	168	−76.866	7.453	8.19	90.011	−5.970	−20.3
11	62.715	5.193	−329.581	2.657	168	−69.611	5.627	7.88	89.489	−5.808	−20.2
12	63.860	4.998	−329.906	2.589	168	−67.819	5.204	7.81	87.082	−5.300	−20
13	47.349	4.227	−330.692	2.764	145	−68.833	5.458	7.84	−5.703	88.703	−20.1
14	63.619	4.998	−391.531	2.615	168	−68.134	5.200	5.96	89.458	−5.398	−14.8
15	52.708	5.369	−330.692	2.764	145	−77.272	7.554	8.21	92.377	−6.566	−20.7
16	66.595	6.229	−390.889	2.682	145	−79.112	7.937	6.27	95.943	−6.852	−15.5
17	51.373	5.406	−392.025	2.791	145	−77.556	7.556	6.23	94.958	−6.698	−15.4
18	46.261	4.243	−392.025	2.791	145	−69.143	5.456	5.99	91.099	−5.805	−15
19	67.723	6.241	−329.581	2.657	168	−78.837	7.941	8.28	93.391	−6.724	−20.8
20	62.711	5.193	−329.278	2.655	168	−69.609	5.627	7.88	89.440	−5.801	−20.3

续上表

样本	自重响应值 挠度(mm)		活载响应值 挠度(mm)		应力(N/mm)	整体升温响应值 挠度(mm)		应力(N/mm)	整体降温响应值 挠度(mm)		应力(N/mm)
	d_1	d_2	d_1	d_2	σ_1	d_1	d_2	σ_1	d_1	d_2	σ_1
21	45.779	3.945	-329.905	2.588	168	-67.817	5.203	7.81	87.079	-5.299	-20
22	51.111	5.370	-392.376	2.793	144	-77.560	7.556	6.22	95.002	-6.710	-15.3
23	67.024	6.277	-390.890	2.682	145	-79.110	7.940	6.27	95.946	-6.854	-15.5
24	48.602	4.856	-328.829	2.494	168	-78.837	7.950	8.28	90.934	-6.110	-20.6
25	46.878	4.835	-390.779	2.520	144	-79.112	7.947	6.26	93.461	-6.238	-15.1
26	62.127	5.158	-391.239	2.683	144	-69.916	5.623	6	91.884	-5.917	-14.9
27	71.173	6.477	-330.388	2.762	168	-77.269	7.554	8.22	92.315	-6.557	-20.8
28	44.754	4.083	-329.279	2.656	168	-69.610	5.629	7.88	89.442	-5.802	-20.3
29	51.371	5.405	-392.025	2.791	145	-77.556	7.553	6.23	94.954	-6.697	-15.4
30	42.724	3.806	-390.431	2.519	145	-69.001	5.394	5.99	90.246	-5.511	-14.9
31	46.527	4.278	-392.376	2.792	144	-69.146	5.455	5.98	91.132	-5.814	-14.8
32	63.621	4.999	-391.532	2.615	145	-68.135	5.202	5.96	89.461	-5.399	-14.8
33	47.350	4.278	-330.692	2.764	168	-68.834	5.460	7.84	88.705	-5.704	-20.1
34	68.519	6.067	-391.532	2.615	145	-77.148	7.452	6.22	92.473	-6.081	-15.1
35	48.602	4.857	-329.131	2.496	167	-78.838	7.954	8.28	90.991	-6.120	-20.4
36	60.910	4.840	-390.779	2.520	144	-69.002	5.392	5.98	90.105	-5.477	-14.7
37	69.316	6.043	-330.208	2.590	168	-76.866	7.450	8.19	90.007	-5.968	-20.3
38	64.035	5.020	-330.209	2.590	168	-67.821	5.204	7.8	87.131	-5.307	-19.8
39	59.087	5.250	-358.597	2.728	157	-71.557	6.106	7.04	89.885	-5.784	-17.7
40	53.979	4.917	-356.608	2.546	157	-73.627	6.589	7.12	91.767	-6.092	-18

续上表

样本	自重响应值 挠度(mm) d_1	自重响应值 挠度(mm) d_2	活载响应值 挠度(mm) d_1	活载响应值 挠度(mm) d_2	活载响应值 应力(N/mm) σ_1	整体升温响应值 挠度(mm) d_1	整体升温响应值 挠度(mm) d_2	整体升温响应值 应力(N/mm) σ_1	整体降温响应值 挠度(mm) d_1	整体降温响应值 挠度(mm) d_2	整体降温响应值 应力(N/mm) σ_1
41	52.524	4.198	−357.563	2.633	157	−66.449	4.829	6.86	88.451	−5.389	−17.5
42	61.084	6.050	−357.563	2.633	157	−83.070	9.021	7.45	94.155	−6.701	−18.3
43	56.424	5.077	−357.563	2.633	157	−72.583	6.343	7.08	90.989	−5.976	−17.9
44	56.424	5.077	−357.563	2.633	157	−72.583	6.343	7.08	90.989	−5.976	−17.9
45	55.630	5.077	−421.293	2.661	133	−72.996	6.343	5.3	93.511	−6.098	−12.7
46	57.161	5.076	−312.228	2.614	174	−72.411	6.343	8.66	89.179	−5.891	−22
47	40.409	4.152	−357.563	2.633	157	−72.583	6.343	7.08	90.989	−5.976	−17.9
48	71.984	5.988	−357.563	2.633	157	−72.583	6.343	7.08	90.989	−5.976	−17.9
49	56.422	5.077	−357.288	2.632	158	−72.580	6.343	7.08	90.950	−5.969	−18
50	56.427	5.077	−357.831	2.635	157	−72.586	6.343	7.07	91.027	−5.983	−17.7
51	57.988	5.424	−358.006	2.790	157	−73.250	6.512	7.1	92.974	−6.475	−18.1
52	55.192	4.790	−357.181	2.496	157	−72.012	6.199	7.06	89.073	−5.498	−17.6
53	56.245	5.053	−357.563	2.633	157	−72.583	6.343	7.08	90.989	−5.976	−17.9
54	56.604	5.101	−357.563	2.633	157	−72.583	6.343	7.08	90.989	−5.976	−17.9
55	56.423	5.077	−357.562	2.633	157	−72.584	6.341	7.08	90.986	−5.974	−17.9
56	56.426	5.078	−357.563	2.634	157	−72.584	6.345	7.08	90.992	−5.977	−17.9
57	56.424	5.077	−357.563	2.633	157	−72.583	6.343	7.08	90.989	−5.976	−17.9
58	56.424	5.077	−357.563	2.633	157	−72.583	6.343	7.08	90.989	−5.976	−17.9
59	56.424	5.077	−357.563	2.633	157	−72.583	6.343	7.08	90.989	−5.976	−17.9
60	56.424	5.077	−357.563	2.633	157	−72.583	6.343	7.08	90.989	−5.976	−17.9
61	56.424	5.077	−357.563	2.633	157	−72.583	6.343	7.08	90.989	−5.976	−17.9

自重作用下显著性分析如图 2.4.1、图 2.4.2 所示。

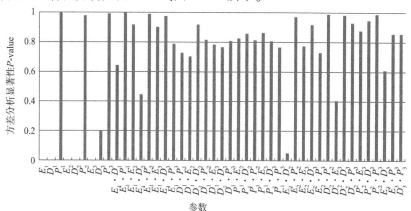

图 2.4.1　参数对 d_1 的显著性分析

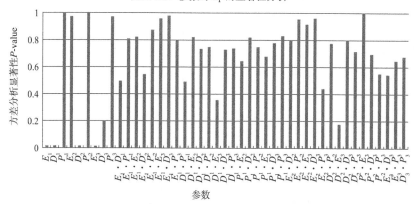

图 2.4.2　参数对 d_2 的显著性分析

由图可知,通过在自重作用下方差分析,可以得到 9 个主效应的影响,其中参数 E_1、D_1、E_2、D_2、E_3 对响应值 d_1(跨中挠度)有显著的影响,E_1、D_1、D_2、E_3 对响应值 d_2(塔柱顶点 X 方向最大位移)有显著的影响,而其他参数的 P-value 大于 0.05,所以其影响不显著,参数之间的交互作用影响也都不显著。综上所述,参数 E_1、D_1、E_2、D_2、D_3 为重要参数,对总方差有很大的贡献,其他参数为非重要参数。利用试验设计软件 Design Expert8.0 对参数 E_1、D_1、E_2、D_2、D_3 与响应值 d_1、d_2 进行响应面拟合,如图 2.4.3、图 2.4.4 所示,分别为显著参数对响应值的响应面模型。

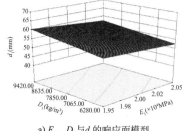 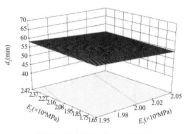

a) E_1、D_1 与 d_1 的响应面模型　　　　b) E_1、E_2 与 d_1 的响应面模型

图　2.4.3

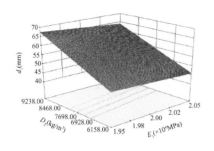

c) E_1、D_2与d_1的响应面模型

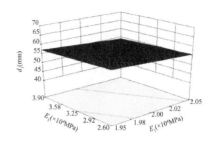

d) E_1、E_3与d_1的响应面模型

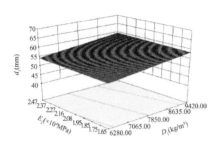

e) D_1、E_2与d_1的响应面模型

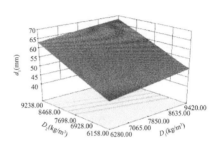

f) D_1、D_2与d_1的响应面模型

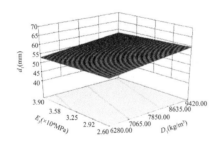

g) D_1、E_3与d_1的响应面模型

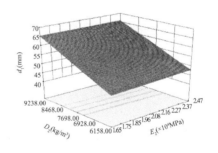

h) E_2、D_2与d_1的响应面模型

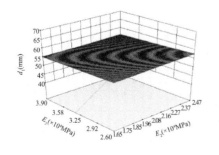

i) E_2、E_3与d_1的响应面模型

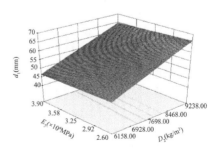

j) D_2、E_3与d_1的响应面模型

图 2.4.3 跨中挠度 d_1 的响应面模型

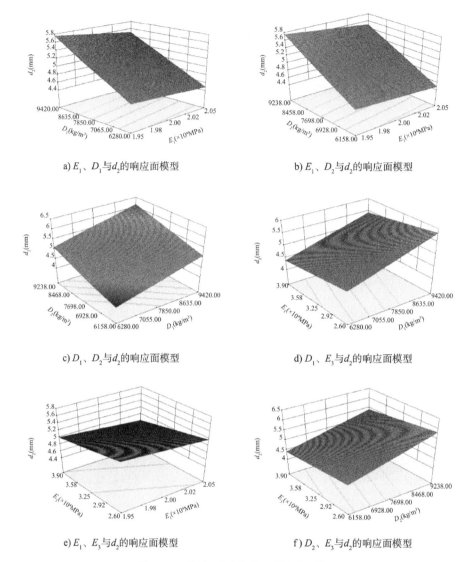

图 2.4.4 塔顶 X 方向位移 d_2 的响应面模型

移动荷载作用下显著性分析如图 2.4.5~图 2.4.7 所示。

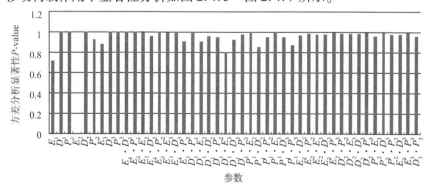

图 2.4.5 参数对 d_1 的显著性分析

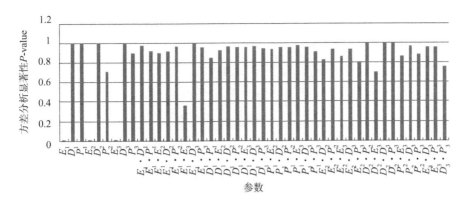

图 2.4.6 参数对 d_2 的显著性分析

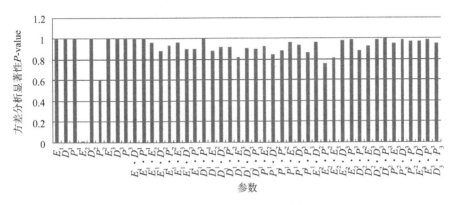

图 2.4.7 参数对 σ_1 的显著性分析

由图可知,通过在移动荷载作用下方差分析,可以得到 9 个主效应的影响,其中参数 E_2 对响应值 d_1(跨中挠度)有显著的影响,E_1、E_2、E_3 对响应值 d_2(塔柱顶点 X 方向最大位移)有显著的影响,E_2 对响应值 σ_1(跨中梁底应力)有显著的影响,而其他参数的 P-value 大于 0.05,所以其影响不显著,参数之间的交互作用影响也都不显著。利用试验设计软件 Design Expert8.0 对参数与响应值 d_1、d_2、σ_1 进行响应面拟合,如图 2.4.8~图 2.4.10 所示,分别为显著参数对响应值的响应面模型。

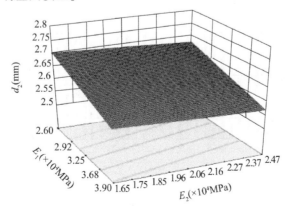

图 2.4.8 E_1、E_2 与 d_2 的响应面模型

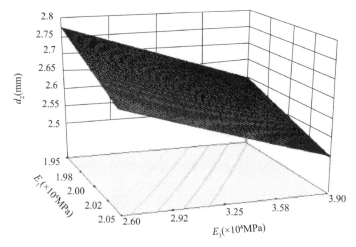

图 2.4.9 E_1、E_3 与 d_2 的响应面模型

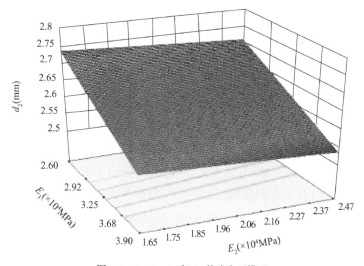

图 2.4.10 E_2、E_3 与 d_2 的响应面模型

整体升温作用下显著性分析如图 2.4.11~图 2.4.13 所示。

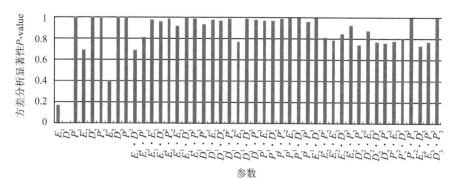

图 2.4.11 参数对 d_1 的显著性分析

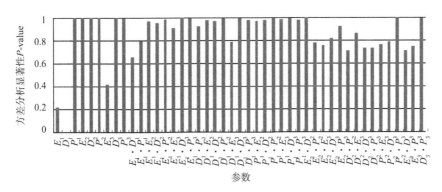

图 2.4.12　参数对 d_2 的显著性分析

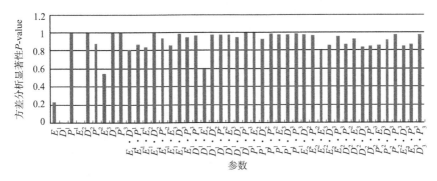

图 2.4.13　参数对 σ_1 的显著性分析

由图可知,通过在整体升温作用下方差分析,可以得到 9 个主效应的影响,其中参数 D_1 对响应值 d_1(跨中挠度)、响应值 d_2(塔柱顶点 X 方向最大位移)、响应值 σ_1(跨中梁底应力) 有显著的影响,E_2 对响应值 σ_1(跨中梁底应力) 有显著的影响,而其他参数的 P-value 大于 0.05,所以其影响不显著,参数之间的交互作用影响也都不显著。综上所述,参数 D_1、E_2、为重要参数,对总方差有很大的贡献,其他参数为非重要参数。利用试验设计软件 Design Expert8.0 对参数 D_1、E_2 与响应值 d_1、d_2、σ_1 进行响应面拟合,如图 2.4.14～图 2.4.16 所示,分别为显著参数对响应值的响应面模型。

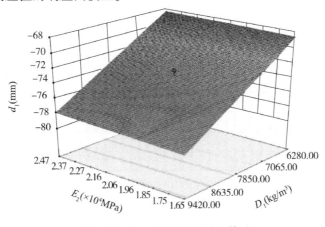

图 2.4.14　D_1、E_2 与 d_1 的响应面模型

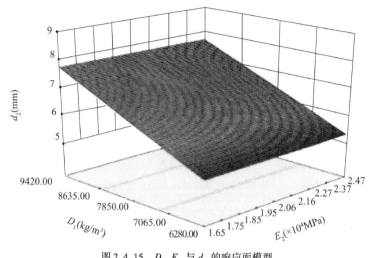

图 2.4.15　D_1、E_2 与 d_2 的响应面模型

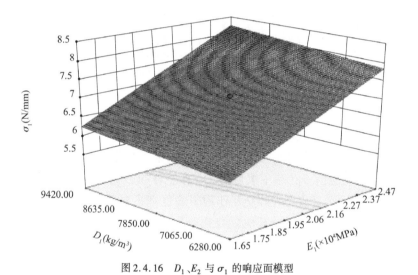

图 2.4.16　D_1、E_2 与 σ_1 的响应面模型

整体降温作用下显著性分析如图 2.4.17～图 2.4.19 所示。

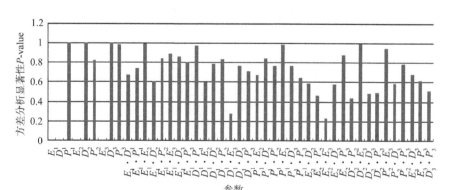

图 2.4.17　参数对 d_1 的显著性分析

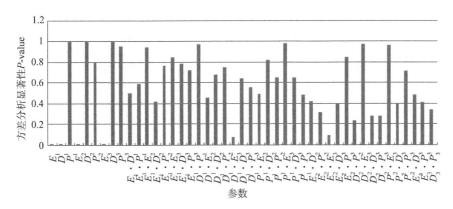

图 2.4.18　参数对 d_2 的显著性分析

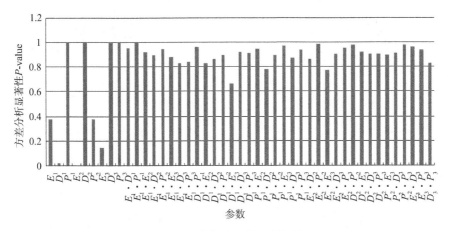

图 2.4.19　参数对 σ_1 的显著性分析

由图可知,通过在整体降温作用下方差分析,可以得到 9 个主效应的影响,其中参数 E_1、D_1、E_2、E_3 对响应值 d_1(跨中挠度)、响应值 d_2(塔柱顶点 X 方向最大位移),D_1、E_2 对响应值 σ_1(跨中梁底应力)有显著的影响,而其他参数的 P-value 大于 0.05,所以其影响不显著,参数之间的交互作用影响也都不显著。利用试验设计软件 Design Expert8.0 响应值 d_1、d_2、σ_1 进行响应面拟合,如图 2.4.20 ~ 图 2.4.32 所示,分别为显著参数对响应值的响应面模型。

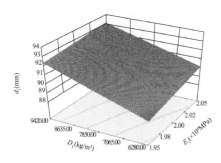

图 2.4.20　E_1、D_1 与 d_1 的响应面模型

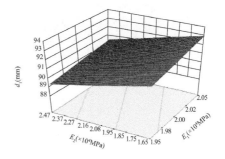

图 2.4.21　E_1、E_2 与 d_1 的响应面模型

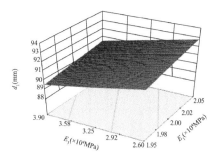

图 2.4.22　E_1、E_3 与 d_1 的响应面模型

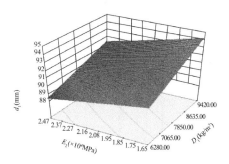

图 2.4.23　D_1、E_2 与 d_1 的响应面模型

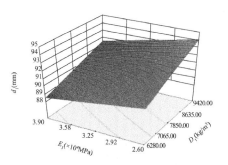

图 2.4.24　D_1、E_3 与 d_1 的响应面模型

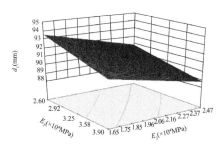

图 2.4.25　E_2、E_3 与 d_1 的响应面模型

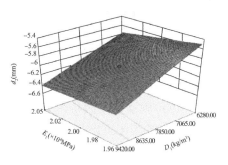

图 2.4.26　E_1、D_1 与 d_2 的响应面模型

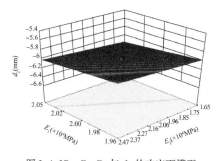

图 2.4.27　E_1、E_2 与 d_2 的响应面模型

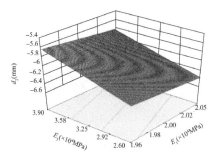

图 2.4.28　E_1、E_3 与 d_2 的响应面模型

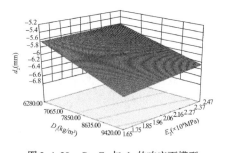

图 2.4.29　D_1、E_2 与 d_2 的响应面模型

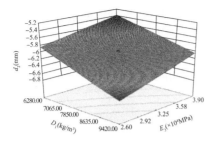

图 2.4.30 D_1、E_3 与 d_2 的响应面模型

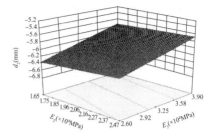

图 2.4.31 E_2、E_3 与 d_2 的响应面模型

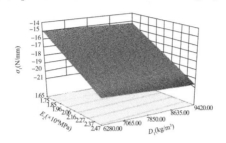

图 2.4.32 D_1、E_2 与 σ_2 的响应面模型

(1) 不同的主缆和吊杆弹性模量 E_1 对挠度的影响分析。

初始弹性模量 $E_1 = 1.95 \times 10^5 \mathrm{MPa}$,分别对初始弹性模量改变 $\pm 5\%$、$\pm 10\%$、$\pm 15\%$、$\pm 20\%$ 进行分析,分析计算的结果如图 2.4.33 所示。

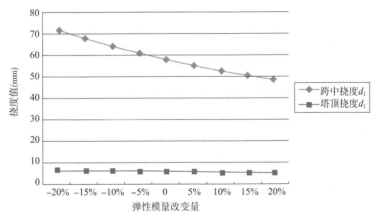

图 2.4.33 不同弹性模量 E_1 在自重作用下的挠度值

由表 2.4.4 和图 2.4.33 可以看出,随着弹性模量的增大,控制截面最大挠度逐渐减小,弹性模量在初始弹性模量的 $\pm 20\%$ 范围内,跨中截面挠度的改变量为 19.016mm,塔顶截面挠度的改变量为 1.165mm。

不同弹性模量 E_1 在自重作用下的挠度值表　　　表 2.4.4

弹性模量改变量	-20%	-15%	-10%	-5%	0	5%	10%	15%	20%
弹性模量($\times 10^5$ MPa)	1.56	1.6575	1.755	1.8525	1.95	2.0475	2.145	2.2425	2.34
跨中挠度 d_1(mm)	72.166	67.982	64.274	60.900	57.875	55.041	52.58	50.25	48.126
塔顶挠度 d_2(mm)	6.072	5.814	5.582	5.367	5.172	4.987	4.824	4.669	4.525

由表 2.4.5、图 2.4.34 可以看出，随着弹性模量的增大，控制截面最大挠度逐渐增大，弹性模量在初始弹性模量的 ±20% 范围内，跨中截面的挠度的改变量为 7.3mm，塔顶截面挠度的改变量为 1.06mm。

不同弹性模量 E_1 在整体降温作用下的挠度值　　　　　　表 2.4.5

弹性模量改变量	−20%	−15%	−10%	−5%	0	5%	10%	15%	20%
弹性模量（×10^5MPa）	1.56	1.6575	1.755	1.8525	1.95	2.0475	2.145	2.2425	2.34
跨中挠度 d_1（mm）	86.44	87.39	88.41	89.36	90.54	91.40	92.22	93.00	93.74
塔顶挠度 d_2（mm）	−5.33	−5.44	−5.58	−5.71	−5.91	−6.04	−6.16	−6.28	−6.39

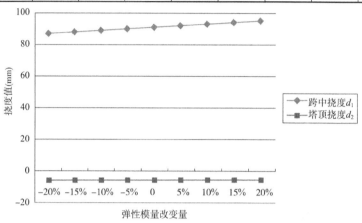

图 2.4.34　不同弹性模量 E_1 在整体降温作用下的挠度值

由表 2.4.6、图 2.4.35 可以看出，随着弹性模量的增大，控制截面最大挠度逐渐减小，弹性模量在初始弹性模量的 ±20% 范围内，跨中截面的挠度的改变量为 9.3mm，塔顶截面挠度的改变量为 0.84mm。

不同弹性模量 E_1 在移动荷载作用下的挠度值　　　　　　表 2.4.6

弹性模量改变量	−20%	−15%	−10%	−5%	0	5%	10%	15%	20%
弹性模量（×10^5MPa）	1.56	1.6575	1.755	1.8525	1.95	2.0475	2.145	2.2425	2.34
跨中挠度 d_1（mm）	−363.61	−362.02	−360.60	−359.30	−358.13	−357.05	−356.06	−355.15	−354.31
塔顶挠度 d_2（mm）	3.17	3.03	2.91	2.79	2.68	2.59	2.49	2.41	2.33

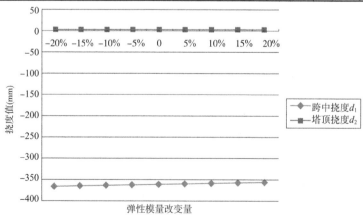

图 2.4.35　不同弹性模量 E_1 在移动荷载作用下的挠度值

(2)不同的密度 D_1 对挠度的影响分析。

初始密度 $D_1 = 7850\ \text{kg/m}^3$,分别对初始密度改变 $\pm 5\%$、$\pm 10\%$、$\pm 15\%$、$\pm 20\%$ 进行分析,分析计算的结果见表 2.4.6、图 2.4.36。

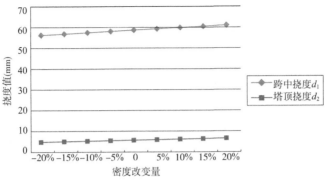

图 2.4.36　不同主缆和吊杆密度在自重作用下的挠度值

由表 2.4.7、图 2.4.36 可以看出,随着密度 D_1 的增大,控制截面挠度逐渐增大,密度在初始弹性模量的 $\pm 20\%$ 范围内,跨中截面的挠度的改变量为 5.179mm,塔顶截面挠度的改变量为 1.085mm。

不同主缆和吊杆密度在自重作用下的挠度值　　　表 2.4.7

密度改变量	-20%	-15%	-10%	-5%	0	5%	10%	15%	20%
密度(kg/m^3)	6280	6673	7065	7458	7850	8243	8635	9028	9420
跨中挠度 d_1(mm)	55.411	56.004	56.611	57.236	57.875	58.532	59.203	59.890	60.590
塔顶挠度 d_2(mm)	4.645	4.774	4.904	5.037	5.172	5.309	5.447	5.588	5.730

由表 2.4.8、图 2.4.37 可以看出,随着密度 D_1 的增大,控制截面挠度逐渐增大,密度在初始弹性模量的 $\pm 20\%$ 范围内,跨中截面的挠度的改变量为 8.72mm,塔顶截面挠度的改变量为 2.18mm。

不同主缆和吊杆密度在整体升温作用下的挠度值　　　表 2.4.8

密度改变量	-20%	-15%	-10%	-5%	0	5%	10%	15%	20%
密度(kg/m^3)	6280	6673	7065	7458	7850	8243	8635	9028	9420
跨中挠度 d_1(mm)	-68.43	-69.36	-69.95	-71.04	-72.01	-73.18	-74.39	-75.72	-77.15
塔顶挠度 d_2(mm)	5.32	5.56	5.70	5.97	6.21	6.50	6.80	7.14	7.50

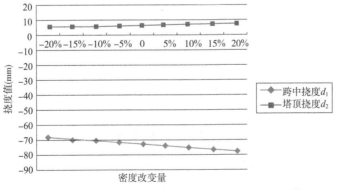

图 2.4.37　不同主缆和吊杆密度在整体升温作用下的挠度值

由表 2.4.9、图 2.4.38 可以看出,随着密度 D_1 的增大,控制截面挠度逐渐增大,密度在

初始弹性模量的 ±20% 范围内,跨中截面的挠度的改变量为 3.39mm,纵梁跨中截面挠度的改变量为 0.78mm。

不同主缆和吊杆密度在整体降温作用下的挠度值　　　　表2.4.9

密度改变量	-20%	-15%	-10%	-5%	0	5%	10%	15%	20%
密度(kg/m^3)	6280	6673	7065	7458	7850	8243	8635	9028	9420
跨中挠度 d_1(mm)	88.87	89.20	89.53	89.91	90.54	90.95	91.37	91.81	92.26
塔顶挠度 d_2(mm)	-5.52	-5.60	-5.67	-5.76	-5.91	-6.00	-6.10	-6.20	-6.30

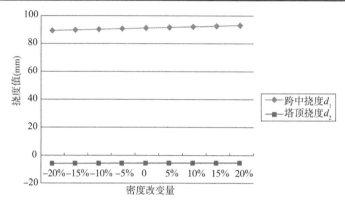

图2.4.38　不同主缆和吊杆密度在整体降温作用下的挠度值

(3)不同的加劲梁弹性模量 E_2 对挠度的影响分析。

初始弹性模量 $E_2 = 2.06 \times 10^5 \text{MPa}$,分别对初始弹性模量改变 ±5%、±10%、±15%、±20% 进行分析,分析计算的结果见表2.4.9、图2.4.39。

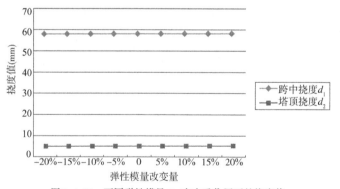

图2.4.39　不同弹性模量 E_2 在自重作用下的挠度值

由表2.4.10及图2.4.39可以看出,随着弹性模量的增大,控制截面最大挠度逐渐减小,弹性模量在初始弹性模量的 ±20% 范围内,跨中截面的挠度的改变量为 0.902mm,塔顶挠度的改变量为0。

不同加劲梁弹性模量在自重作用下的挠度值　　　　表2.4.10

弹性模量改变量	-20%	-15%	-10%	-5%	0	5%	10%	15%	20%
弹性模量($\times 10^5$MPa)	1.65	1.75	1.85	1.96	2.06	2.16	2.27	2.37	2.47
跨中挠度 d_1(mm)	57.412	57.526	57.640	57.764	57.875	57.985	58.103	58.021	58.314
塔顶挠度 d_2(mm)	5.172	5.172	5.172	5.172	5.172	5.172	5.172	5.172	5.172

由表 2.4.11 及图 2.4.40 可以看出,随着弹性模量的增大,控制截面最大挠度逐渐减小,弹性模量在初始弹性模量的 ±20% 范围内,跨中截面的挠度的改变量为 2.76mm,塔顶挠度的改变量为 0.19mm。

不同加劲梁弹性模量在整体降温作用下的挠度值   表 2.4.11

弹性模量改变量	-20%	-15%	-10%	-5%	0	5%	10%	15%	20%
弹性模量($\times 10^5$MPa)	1.65	1.75	1.85	1.96	2.06	2.16	2.27	2.37	2.47
跨中挠度 d_1(mm)	91.89	91.54	91.20	90.84	90.54	90.25	89.65	89.38	89.13
塔顶挠度 d_2(mm)	-5.97	-5.96	-5.94	-5.92	-5.91	-5.90	-5.81	-5.80	-5.78

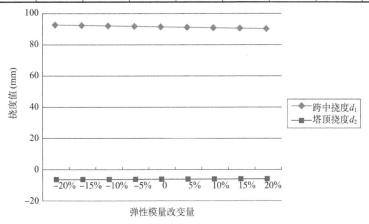

图 2.4.40   不同弹性模量 E_2 在整体降温作用下的挠度值

由表 2.4.12 及图 2.4.41 可以看出,随着弹性模量的增大,控制截面最大挠度逐渐减小,弹性模量在初始弹性模量的 ±20% 范围内,跨中截面的挠度的改变量为 61.35mm,塔顶挠度的改变量为 0.03mm。

不同加劲梁弹性模量在移动荷载作用下的挠度值   表 2.4.12

弹性模量改变量	-20%	-15%	-10%	-5%	0	5%	10%	15%	20%
弹性模量($\times 10^5$MPa)	1.65	1.75	1.85	1.96	2.06	2.16	2.27	2.37	2.47
跨中挠度 d_1(mm)	-391.76	-382.91	-374.49	-365.71	-358.13	-350.89	-343.30	-336.72	-330.41
塔顶挠度 d_2(mm)	2.70	2.70	2.69	2.69	2.68	2.68	2.68	2.68	2.67

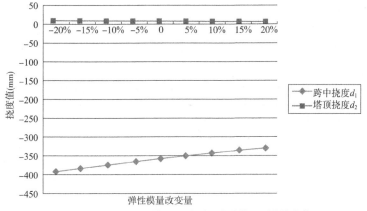

图 2.4.41   不同弹性模量 E_2 在移动荷载作用下的挠度值

(4)不同的加劲梁密度 D_2 对挠度的影响分析。

初始密度 $D_2 = 7698 \text{ kg/m}^3$,分别对初始密度改变 $\pm 5\%$、$\pm 10\%$、$\pm 15\%$、$\pm 20\%$ 进行分析,分析计算的结果见表 2.4.12、图 2.4.42。

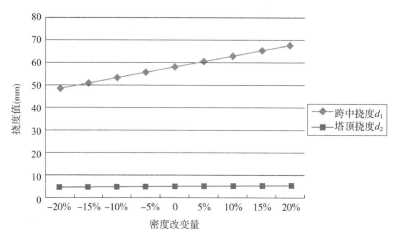

图 2.4.42　不同密度 D_2 在自重作用下的挠度值

由表 2.4.13、图 2.4.42 可以看出,随着加劲梁密度的增大,控制截面最大挠度逐渐减小,密度在初始弹性模量的 $\pm 20\%$ 范围内,跨中截面挠度的改变量为 18.556mm,塔顶位移的改变量为 1.081mm。

不同密度 D_2 在自重作用下的挠度值　　表 2.4.13

密度改变量	-20%	-15%	-10%	-5%	0	5%	10%	15%	20%
密度(kg/m³)	6158	6543	6928	7313	7698	8083	8468	8853	9238
跨中挠度 d_1(mm)	48.521	50.875	53.218	55.551	57.875	60.189	62.494	64.790	67.077
塔顶挠度 d_2(mm)	4.629	4.765	4.901	5.036	5.172	5.307	5.442	5.576	5.710

(5)不同的塔柱弹性模量 E_3 对挠度的影响分析。

初始弹性模量 $E_3 = 3.25 \times 10^4 \text{MPa}$,分别对初始弹性模量改变 $\pm 5\%$、$\pm 10\%$、$\pm 15\%$、$\pm 20\%$ 进行分析,分析计算的结果见表 2.4.14、图 2.4.43。

由表 2.4.14、图 2.4.43 可以看出,随着弹性模量的增大,控制截面最大挠度逐渐减小,弹性模量在初始弹性模量的 $\pm 20\%$ 范围内,跨中截面的挠度的改变量为 2.34mm,塔顶挠度的改变量为 0.58mm。

不同塔柱弹性模量 E_3 在整体降温作用下的挠度值　　表 2.4.14

弹性模量改变量	-20%	-15%	-10%	-5%	0	5%	10%	15%	20%
弹性模量($\times 10^5$ MPa)	2.60	2.76	2.93	3.09	3.25	3.41	3.58	3.74	3.90
跨中挠度 d_1(mm)	91.63	91.35	91.06	90.80	90.54	89.99	89.75	89.52	89.29
塔顶挠度 d_2(mm)	-6.18	-6.11	-6.04	-5.97	-5.91	-5.77	-5.71	-5.65	-5.60

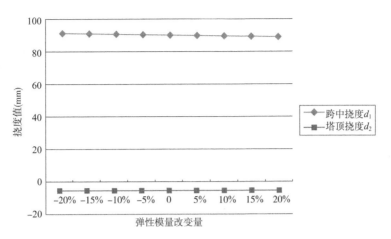

图 2.4.43　不同塔柱弹性模量 E_3 在温度梯度作用下的挠度值

由表 2.4.15、图 2.4.44 可以看出,随着弹性模量的增大,控制截面最大挠度逐渐减小,弹性模量在初始弹性模量的 ±20% 范围内,跨中截面挠度的改变量为 0.49mm,塔顶挠度的改变量为 0.18mm。

不同加劲梁弹性模量在移动荷载作用下的挠度值　　　　表 2.4.15

弹性模量改变量	−20%	−15%	−10%	−5%	0	5%	10%	15%	20%
弹性模量($\times 10^5$ MPa)	2.60	2.76	2.93	3.09	3.25	3.41	3.58	3.74	3.90
跨中挠度 d_1 (mm)	−358.38	−358.32	−358.25	−358.19	−358.13	−358.07	−358.01	−357.95	−357.89
塔顶挠度 d_2 (mm)	2.78	2.753	2.73	2.71	2.68	2.66	2.64	2.62	2.60

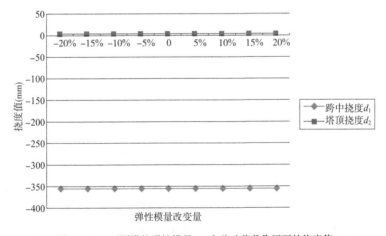

图 2.4.44　不同塔柱弹性模量 E_3 在移动荷载作用下的挠度值

(6) 不同的塔柱密度 D_3 对挠度的影响分析。

初始密度 $D_3 = 2549$ kg/m³,分别对初始密度改变 ±5%、±10%、±15%、±20% 进行分析,分析计算的结果见表 2.4.16、图 2.4.45。

由表 2.4.16、图 2.4.45 可以看出,随着横梁密度的增大,控制截面最大挠度逐渐增大,密度在初始弹性模量的 ±20% 范围内,跨中截面挠度的改变量为 0.208mm,塔顶挠度的改变量为 0.028mm。

不同塔柱密度下的挠度值　　表 2.4.16

密度改变量	-20%	-15%	-10%	-5%	0	5%	10%	15%	20%
密度(kg/m^3)	2039.2	2166.7	2294.1	2421.6	2549.0	2676.5	2803.9	2931.4	3058.8
跨中挠度 d_1 (mm)	57.771	57.797	57.823	57.849	57.875	57.901	57.927	57.953	57.979
塔顶挠度 d_2 (mm)	5.158	5.161	5.165	5.168	5.172	5.175	5.179	5.182	5.186

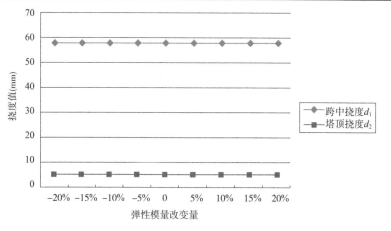

图 2.4.45　不同塔柱密度 D_3 下的挠度值

(7) 不同的主缆和吊杆密度 D_1 对挠度的影响分析。

初始密度 $D_1 = 7850 \text{ kg/m}^3$，分别对初始密度改变 ±5%、±10%、±15%、±20% 进行分析，分析计算的结果见表 2.4.16、图 2.4.46。

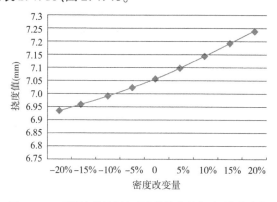

图 2.4.46　不同主缆吊杆密度在整体升温作用下的挠度值

由表 2.4.17、图 2.4.46 可以看出，随着密度 D_1 的增大，控制截面挠度逐渐增大，密度在初始弹性模量的 ±20% 范围内，跨中截面梁底挠度的改变量为 0.31mm。

不同主缆吊杆密度在整体升温作用下的挠度值　　表 2.4.17

密度改变量	-20%	-15%	-10%	-5%	0	5%	10%	15%	20%
密度(kg/m^3)	6280	6673	7065	7458	7850	8243	8635	9028	9420
跨中梁底挠度 d_1 (mm)	6.93	6.96	6.98	7.02	7.06	7.1	7.14	7.19	7.24

由表 2.4.18、图 2.4.47 可以看出,随着密度 D_1 的增大,控制截面挠度逐渐增大,密度在初始弹性模量的 ±20% 范围内,跨中截面的挠度的改变量为 0.4mm。

不同主缆吊杆密度在整体降温作用下的挠度值　　　　表 2.4.18

密度改变量	−20%	−15%	−10%	−5%	0	5%	10%	15%	20%
密度(kg/m³)	6280	6673	7065	7458	7850	8243	8635	9028	9420
跨中梁底挠度 d_1(mm)	−17.6	−17.6	−17.7	−17.7	−17.8	−17.9	−17.9	−18.0	−18.0

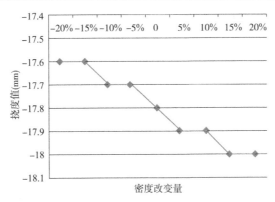

图 2.4.47　不同主缆吊杆密度在整体降温作用下的挠度值

(8)不同的加劲梁弹性模量 E_2 对应力的影响分析。

初始弹性模量 $E_2 = 2.06 \times 10^5 \mathrm{MPa}$,分别对初始弹性模量改变 ±5%、±10%、±15%、±20% 进行分析,分析计算的结果如表 2.4.18、图 2.4.48 所示。

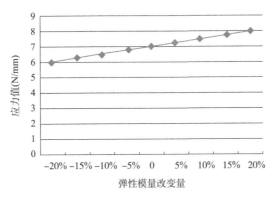

图 2.4.48　不同弹性模量 E_2 在整体升温作用下的应力值

由表 2.4.19、图 2.4.48 可以看出,随着弹性模量的增大,控制截面梁底应力逐渐增大,弹性模量在初始弹性模量的 ±20% 范围内,跨中截面梁底应力的改变量为 1.89N/mm。

不同加劲梁弹性模量在整体升温作用下的应力值　　　　表 2.4.19

弹性模量改变量	−20%	−15%	−10%	−5%	0	5%	10%	15%	20%
弹性模量(×10⁵MPa)	1.65	1.75	1.85	1.96	2.06	2.16	2.27	2.37	2.47
跨中梁底应力 σ_1(mm)	6.08	6.32	6.57	6.83	7.06	7.29	7.53	7.76	7.97

由表 2.4.20、图 2.4.49 可以看出,随着弹性模量的增大,控制截面梁底应力逐渐增大,弹性模量在初始弹性模量的 ±20% 范围内,跨中截面梁底应力的改变量为 5.2N/mm。

不同加劲梁弹性模量在整体降温作用下的应力值　　　　表 2.4.20

弹性模量改变量	−20%	−15%	−10%	−5%	0	5%	10%	15%	20%
弹性模量($\times 10^5$ MPa)	1.65	1.75	1.85	1.96	2.06	2.16	2.27	2.37	2.47
跨中梁底应力 σ_1 (mm)	−15.0	−15.7	−16.4	−17.2	−17.8	−18.4	−19.1	−19.6	−20.2

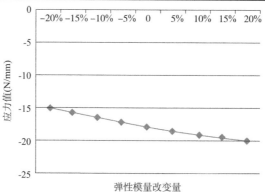

图 2.4.49　不同弹性模量 E_2 在整体降温作用下的应力值

由表 2.4.21、图 2.4.50 可以看出,随着弹性模量的增大,控制截面梁底应力逐渐增大,弹性模量在初始弹性模量的 ±20% 范围内,跨中截面梁底应力的改变量为 24N/mm。

不同加劲梁弹性模量在移动荷载作用下的应力值　　　　表 2.4.21

弹性模量改变量	−20%	−15%	−10%	−5%	0	5%	10%	15%	20%
弹性模量($\times 10^5$ MPa)	1.65	1.75	1.85	1.96	2.06	2.16	2.27	2.37	2.47
跨中梁底应力 σ_1 (mm)	144	148	151	154	157	160	163	165	168

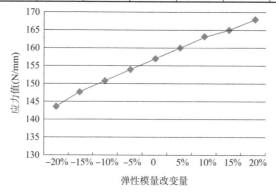

图 2.4.50　不同弹性模量 E_2 在移动荷载作用下的应力值

2.5　斜拉桥危险性分析

2.5.1　结构分析

斜拉桥又称斜张桥,属于组合体系桥梁,它由承压的索塔、受拉的索与承弯的梁体组合而成。拉索的作用相当于在主梁跨内增加了若干弹性支承,从而大幅减少了梁内弯矩、梁体尺寸和梁体重力,同时还使桥梁的跨越能力显著提高。与悬索桥相比,斜拉桥不需要很大的锚定装置,且抗风性能优于悬索桥。调整拉索的预拉力可以调整主梁的内力,使主梁的内力分布更均匀合理。

混凝土斜拉桥的主梁由钢筋混凝土或预应力混凝土建成。拉索的水平分力可对混凝土主梁产生轴向的预压作用,增强了主梁的抗裂性能并节省了高强度钢材。斜拉桥利用主梁、拉索、索塔三者的不同组合形成不同的结构体系,以适应不同的地形和地质条件;斜拉桥便于采用悬臂法施工和架设,且安全可靠。但是,斜拉桥是一种高次超静定的组合结构,包含较多的设计变量,全桥总的技术经济合理性不能单从结构体积小用料节省,或者满足应力来衡量。这给选定合理的桥型方案和经济合理的设计带来一定难度。

2.5.2 结构模拟

本小节以某斜拉桥为依托,进行结构模拟。主梁混凝土设计强度等级为C50,设计荷载为公路-I级。根据施工图纸利用 Midas/Civil 建立有限元模型,其中模型的材料参数为:主梁、索塔均采用 C50 的混凝土,弹性模量 $E=3.45\times10^4\mathrm{MPa}$,混凝土重度 $D=25\mathrm{kN/m^3}$,泊松比为 0.2;拉索采用钢绞线,其弹性模量 $E=1.95\times10^5\mathrm{MPa}$,材料密度 $D=78.5\mathrm{kN/m^3}$,泊松比为 0.3。有限元模型如图 2.5.1 所示。

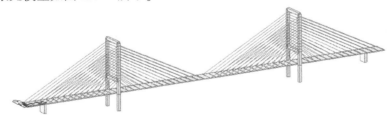

图 2.5.1 有限元模型

2.5.3 危险性分析

斜拉桥的危险性分析,参数选取为主梁的弹性模量(E_1)、重度(D_1)、泊松比(P_1),索塔的弹性模量(E_2)、重度(D_2)、泊松比(P_2)以及拉索的弹性模量(E_3)、重度(D_3)、泊松比(P_3)作为试验设计的输入参数,每个参数的上下界设为初始值的 ±20%,如表 2.5.1 所示。分别以该斜拉桥在自重作用下的边跨最大挠度(节点175)、中跨最大挠度(节点195)以及主塔塔顶的水平位移(节点17)作为输出响应值 d_1、d_2、d_3。

设计参数范围   表 2.5.1

参数	初值	下水平	上水平
弹性模量 E_1 ($\times10^4\mathrm{MPa}$)	3.45	2.76	4.14
密度 D_1 ($\mathrm{kN/m^3}$)	25	20	30
泊松比 P_1	0.2	0.16	0.24

续上表

参数	初值	下水平	上水平
弹性模量 E_2 ($\times 10^4$ MPa)	3.45	2.76	4.14
密度 D_2 (kN/m³)	25	20	30
泊松比 P_2	0.2	0.16	0.24
弹性模量 E_3 ($\times 10^5$ MPa)	1.95	1.56	2.34
密度 D_3 (kN/m³)	78.5	62.8	94.2
泊松比 P_3	0.3	0.24	0.36

通过 Design Expert8.0 进行中心复合试验设计。表 2.5.2 所示为中心复合设计表,将试验设计的各个试验样本代入 Midas/Civil 模型中,计算出各个样本的响应值。

中心复合设计　　　　　　　　　　　　　　　　　　　表 2.5.2

样本	输入参数									响应值		
	E_1	D_1	P_1	E_2	D_2	P_2	E_3	D_3	P_3	d_1	d_2	d_3
1	3.45	25	0.2	3.45	25	0.2	1.95	78.5	0.4	3.018	-84.307	23.381
2	4.14	20	0.24	4.14	20	0.16	2.34	94.2	0.36	2.197	-57.960	16.077
3	2.76	30	0.24	2.76	20	0.24	1.56	62.8	0.36	4.395	-123.251	34.197
4	4.14	20	0.16	2.76	20	0.16	2.34	62.8	0.36	2.280	-58.075	16.046
5	4.14	30	0.16	2.76	30	0.16	1.56	62.8	0.24	5.038	-119.877	32.972
6	4.14	20	0.16	4.14	30	0.24	1.56	94.2	0.24	3.224	-82.017	22.577
7	3.45	25	0.2	3.45	25	0.2	1.95	105.69	0.3	3.227	-86.056	23.871
8	4.14	30	0.24	4.14	20	0.16	2.34	94.2	0.24	3.078	-84.086	23.323
9	4.14	30	0.16	2.76	20	0.24	2.34	62.8	0.24	3.330	-84.883	23.457
10	3.45	25	0.13	3.45	25	0.2	1.95	78.5	0.3	3.020	-84.295	23.374
11	4.14	30	0.24	2.76	30	0.16	1.56	94.2	0.36	5.341	-122.305	33.652
12	2.76	20	0.16	4.14	20	0.24	1.56	94.2	0.24	2.790	-84.353	23.368
13	4.14	30	0.24	4.14	20	0.24	2.34	62.8	0.24	2.879	-82.402	22.851
14	3.45	25	0.2	3.45	25	0.2	1.95	78.5	0.2	3.018	-84.307	23.381
15	2.76	30	0.16	2.76	20	0.24	2.34	94.2	0.36	2.798	-89.668	25.154
16	3.45	25	0.2	3.45	25	0.2	1.95	78.5	0.3	3.018	-84.307	23.381
17	2.76	30	0.16	4.14	30	0.24	2.34	62.8	0.36	2.063	-85.627	24.049
18	4.14	30	0.16	4.14	30	0.24	1.56	62.8	0.36	4.255	-116.676	32.102

续上表

样本	输入参数									响应值		
	E_1	D_1	P_1	E_2	D_2	P_2	E_3	D_3	P_3	d_1	d_2	d_3
19	4.14	30	0.16	4.14	30	0.16	1.56	94.2	0.36	4.534	-119.021	32.758
20	2.76	30	0.16	2.76	20	0.16	1.56	94.2	0.24	4.699	-125.747	34.891
21	3.45	25	0.2	3.45	25	0.2	1.95	78.5	0.3	3.018	-84.307	23.381
22	3.45	25	0.2	2.25	25	0.2	1.95	78.5	0.3	3.465	-87.176	24.085
23	3.45	25	0.2	3.45	25	0.2	1.95	78.5	0.3	3.018	-84.307	23.381
24	3.45	33.66	0.2	3.45	25	0.2	1.95	78.5	0.3	3.941	-111.425	30.903
25	4.14	20	0.24	4.14	20	0.16	1.56	62.8	0.36	3.021	-79.357	21.844
26	4.14	30	0.16	2.76	20	0.16	2.34	94.2	0.24	3.543	-86.620	23.941
27	2.76	20	0.24	4.14	20	0.24	1.56	94.2	0.36	2.787	-84.367	23.376
28	2.76	30	0.16	4.14	30	0.16	1.56	62.8	0.24	3.481	-120.399	33.334
29	2.76	20	0.24	2.76	30	0.24	1.56	94.2	0.36	3.227	-87.180	24.186
30	2.76	20	0.24	4.14	20	0.16	2.34	62.8	0.24	1.500	-58.271	16.373
31	3.45	25	0.2	3.45	25	0.2	2.63	78.5	0.3	2.060	-65.794	18.386
32	3.45	25	0.2	4.65	25	0.2	1.95	78.5	0.3	2.635	-82.627	22.899
33	2.76	30	0.24	4.14	30	0.24	2.34	62.8	0.24	2.059	-85.648	24.062
34	2.76	20	0.16	4.14	30	0.16	2.34	62.8	0.36	1.419	-58.583	16.449
35	4.14	30	0.16	4.14	20	0.24	2.34	94.2	0.36	3.083	-84.073	23.315
36	4.14	20	0.24	2.76	30	0.24	1.56	62.8	0.24	3.440	-82.023	22.561
37	3.45	25	0.2	3.45	25	0.2	1.95	78.5	0.3	3.018	-84.307	23.381
38	3.45	25	0.2	3.45	25	0.2	1.95	51.31	0.3	2.809	-82.558	22.891
39	4.65	25	0.2	3.45	25	0.2	1.95	78.5	0.3	3.423	-82.334	22.688
40	3.45	25	0.2	3.45	25	0.13	1.95	78.5	0.3	3.016	-84.306	23.381
41	3.45	25	0.2	3.45	25	0.2	1.95	78.5	0.3	3.018	-84.307	23.381
42	3.45	25	0.2	3.45	16.34	0.2	1.95	78.5	0.3	3.105	-83.969	23.294
43	2.76	20	0.24	2.76	30	0.16	2.34	62.8	0.24	1.655	-60.616	16.991
44	2.76	30	0.24	2.76	20	0.16	1.56	94.2	0.36	4.695	-125.768	34.903
45	4.14	20	0.24	2.76	30	0.24	2.34	94.2	0.24	2.374	-60.317	16.663
46	3.45	25	0.2	3.45	25	0.27	1.95	78.5	0.3	3.020	-84.309	23.381
47	2.76	30	0.24	4.14	20	0.24	1.56	62.8	0.24	3.566	-120.099	33.263
48	2.25	25	0.2	3.45	25	0.2	1.95	78.5	0.3	2.248	-87.409	24.583
49	2.76	30	0.24	4.14	30	0.16	2.34	94.2	0.24	2.251	-87.406	24.559
50	2.76	20	0.16	2.76	20	0.16	1.56	62.8	0.24	3.049	-84.156	23.345

续上表

样本	输入参数									响应值		
	E_1	D_1	P_1	E_2	D_2	P_2	E_3	D_3	P_3	d_1	d_2	d_3
51	3.45	16.34	0.2	3.45	25	0.2	1.95	78.5	0.3	2.095	-57.190	15.859
52	4.14	20	0.16	2.76	20	0.24	2.34	62.8	0.36	2.282	-58.076	16.046
53	2.76	30	0.24	2.76	30	0.16	2.34	94.2	0.36	2.668	-90.182	25.295
54	4.14	30	0.24	2.76	30	0.24	1.56	62.8	0.36	5.039	-119.894	32.980
55	3.45	25	0.27	3.45	25	0.2	1.95	78.5	0.3	3.016	-84.319	23.388
56	2.76	20	0.16	2.76	30	0.16	2.34	62.8	0.36	1.657	-60.601	16.983
57	2.76	20	0.16	4.14	30	0.24	2.34	94.2	0.36	1.615	-60.344	16.947
58	2.76	20	0.16	2.76	20	0.24	1.56	94.2	0.24	3.354	-86.678	24.051
59	3.45	25	0.2	3.45	25	0.2	1.27	78.5	0.3	4.636	-120.901	33.278
60	4.14	20	0.16	4.14	30	0.16	1.56	94.2	0.24	3.221	-82.015	22.577
61	3.45	25	0.2	3.45	33.66	0.2	1.95	78.5	0.3	2.931	-84.645	23.469

方差分析结果见表2.5.3。

方差分析结果   表2.5.3

参数	d_1 P-value	d_2 P-value	d_3 P-value
E_1	<0.0001	0.3624	0.218
D_1	<0.0001	<0.0001	<0.0001
P_1	0.9847	0.9965	0.9925
E_2	0.001	0.413	0.4335
D_2	0.4084	0.9021	0.907
P_2	0.9847	0.9996	1.000
E_3	<0.0001	<0.0001	<0.0001
D_3	0.0590	0.5271	0.5161
P_3	1.000	1.000	1.000
$E_1 \cdot D_1$	0.9227	0.7927	0.7783
$E_1 \cdot P_1$	0.9347	0.8387	0.8302
$E_1 \cdot E_2$	0.9784	0.9932	0.9722
$E_1 \cdot D_2$	0.8684	0.7797	0.7817
$E_1 \cdot P_2$	0.9662	0.9945	0.9936
$E_1 \cdot E_3$	0.9459	0.9454	0.9682
$E_1 \cdot D_3$	0.9876	0.9827	0.9805
$E_1 \cdot P_3$	0.9927	0.9241	0.9311
$D_1 \cdot P_1$	0.9989	0.9193	0.9101

续上表

参数	d_1 P-value	d_2 P-value	d_3 P-value
$D_1 \cdot E_2$	0.7159	0.7897	0.793
$D_1 \cdot D_2$	0.9506	0.9074	0.9123
$D_1 \cdot P_2$	0.9386	0.8923	0.8947
$D_1 \cdot E_3$	0.1867	0.3102	0.3079
$D_1 \cdot D_3$	0.9327	0.8582	0.8615
$D_1 \cdot P_3$	0.8960	0.8451	0.8462
$P_1 \cdot E_2$	0.853	0.8098	0.8093
$P_1 \cdot D_2$	0.9184	0.9771	0.9905
$P_1 \cdot P_2$	0.9463	0.8913	0.8938
$P_1 \cdot E_3$	0.9769	0.9964	0.9958
$P_1 \cdot D_3$	0.9381	0.8875	0.8899
$P_1 \cdot P_3$	0.911	0.7622	0.765
$E_2 \cdot D_2$	0.845	0.9917	0.9969
$E_2 \cdot P_2$	0.8169	0.7853	0.7776
$E_2 \cdot E_3$	0.0621	0.716	0.6796
$E_2 \cdot D_3$	0.9117	0.8301	0.8226
$E_2 \cdot P_3$	0.9468	0.9277	0.915
$D_2 \cdot P_2$	0.8389	0.7689	0.7677
$D_2 \cdot E_3$	0.9548	0.8363	0.8189
$D_2 \cdot D_3$	0.8477	0.7878	0.7866
$D_2 \cdot P_3$	0.8809	0.7984	0.7971
$P_2 \cdot E_3$	0.9374	0.8717	0.8557
$P_2 \cdot D_3$	0.8816	0.8626	0.8614
$P_2 \cdot P_3$	0.8603	0.9759	0.9856
$E_3 \cdot D_3$	0.5841	0.9484	0.9466
$E_3 \cdot P_3$	0.884	0.8199	0.8133
$D_3 \cdot P_3$	0.9843	0.9689	0.9913

通过方差分析显著性，可以得到 9 个主效应的影响，其中参数 E_1、D_1、E_2、E_3 对主梁边跨的挠度 d_1 有显著的影响，而泊松比 P_1、P_2、P_3 的 P-value 均大于 0.05，对其影响不显著；参数 D_1、E_3 对主梁的主跨最大挠度 d_2 有显著的影响，而泊松比 P_1、P_2、P_3 对其影响不显著；参数 D_1、E_3 对主塔的水平位移 d_3 有显著的影响，而泊松比 P_1、P_2、P_3 对其影响不显著。此外，参数之间的交互作用对挠度的影响均不显著。综上所述，主梁、主塔以及拉索的弹性模量 E 和主梁的材料密度 D_1 为影响结构挠度的重要参数，对总方差有很大的贡献；泊松比 P 对桥梁

的挠度影响不显著,为非重要参数。

当危险性参数 E、D 发生较大变化时,结构的挠度将发生显著性变化,若结构的弹性模量 E 或密度 D 小于设计值,结构的挠度将显著增大,进而影响结构的安全性。

利用试验设计软件 Design Expert8.0 对重要参数与响应值 d_1、d_2、d_3 进行响应面拟合,其响应面模型如图 2.5.2~图 2.5.4 所示。

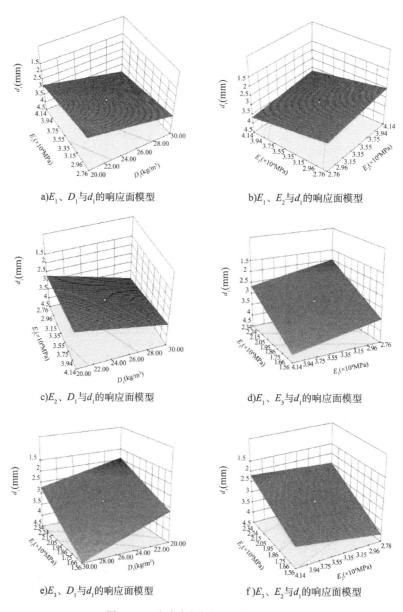

图 2.5.2 边跨跨中挠度 d_1 的响应面模型

1)不同的拉索弹性模量 E_3 对挠度 d_1、d_2、d_3 的影响分析

拉索的弹性模量初始值 $E_3 = 1.95 \times 10^5$ MPa,分别对 E_3 改变 ±5%、±10%、±15%、±20% 进行分析,分析计算的结果见表 2.5.4、图 2.5.5。

第2章 桥梁危险性分析

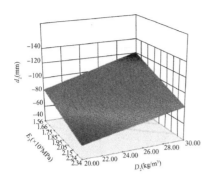 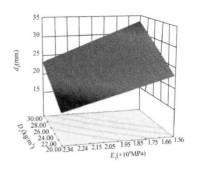

图2.5.3 中跨跨中挠度 d_2 的响应面模型　　图2.5.4 主塔塔顶水平位移 d_3 的响应面模型

不同弹性模量下的挠度值　　表2.5.4

弹性模量改变量	-20%	-15%	-10%	-5%	0	5%	10%	15%	20%
弹性模量($\times 10^5$MPa)	1.56	1.658	1.755	1.853	1.95	2.048	2.145	2.243	2.34
边跨最大挠度 d_1(cm)	3.835	3.604	3.394	3.198	3.018	2.850	2.694	2.548	2.412
中跨最大挠度 d_2(cm)	-101.806	-96.681	-92.140	-88.009	-84.307	-80.905	-77.828	-74.976	-72.378
主塔最大水平位移 d_3(cm)	28.112	26.726	25.498	24.382	23.381	22.462	21.631	20.862	20.161

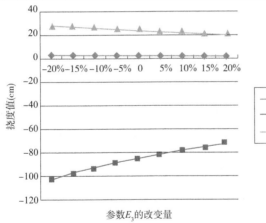

图2.5.5 不同弹性模量下的挠度值

由以上图表可以看出，随着斜拉索弹性模量 E_3 的增大，边跨与中跨控制截面的最大挠度以及主塔塔顶的水平位移均逐渐减小，弹性模量在初始弹性模量的 ±20% 范围内，边跨控制截面挠度的最大改变量为 0.817cm，其最大改变量为 27.1%；中跨控制截面挠度的最大改变量为 20.8cm，其最大改变量为 24.7%；主塔塔顶的水平位移最大改变量为 4.731cm，其最大改变量为 20.2%。由此可得斜拉索弹性模量 E_3 对边跨挠度、中跨挠度、主塔塔顶的水平位移的影响均较大。

2）不同的主梁重度 D_1 对挠度 d_1、d_2、d_3 的影响分析

主梁的重度初始值 $D_1 = 25\text{kN/m}^3$，分别对重度 D_1 改变 ±5%、±10%、±15%、±20% 进行分析，分析计算的结果见表2.5.5、图2.5.6。

不同密度下的挠度值 表2.5.5

密度改变量	-20%	-15%	-10%	-5%	0	5%	10%	15%	20%
重度(kN/m^3)	20	21.25	22.5	23.75	25	26.25	27.5	28.75	30
边跨最大挠度 d_1(cm)	2.485	2.618	2.752	2.885	3.018	3.151	3.285	3.418	3.551
中跨最大挠度 d_2(cm)	-68.651	-72.565	-76.479	-80.393	-84.307	-88.221	-92.135	-96.050	-99.964
主塔最大水平位移 d_3(cm)	19.038	20.124	21.209	22.296	23.381	24.467	25.552	26.638	27.724

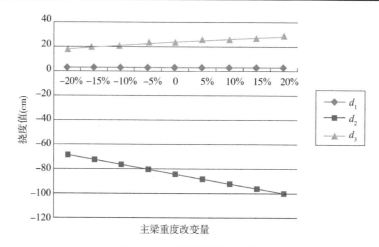

图2.5.6 不同重度下的挠度值

由以上图表可以看出,随着主梁密度 D_1 的增大,边跨与中跨控制截面最大挠度以及主塔塔顶的水平位移逐渐增大,正好与弹性模量的影响相反,密度在初始密度±20%范围内,边跨控制截面的挠度的最大改变量为0.533cm,其最大改变量为17.7%;中跨控制截面挠度的最大改变量为15.657cm,最大改变量约为18.6%;主塔塔顶的最大水平位移改变量为4.343cm,最大改变量约为18.6%。由此可得,主梁的密度对中跨挠度、主塔塔顶的水平位移的影响较大,而对边跨的挠度影响相对较小。

3) E_1、E_2 的变化对边跨挠度 d_1 的影响分析

主梁及索塔的初始弹性模量 $E = 3.45 \times 10^4$ MPa,分别对初始弹性模量改变±5%、±10%、±15%、±20%进行分析,分析计算的结果如表2.5.6、表2.5.7和图2.5.7所示。

不同的主梁弹性模量 E_1 下的挠度值 表2.5.6

弹性模量改变量	-20%	-15%	-10%	-5%	0	5%	10%	15%	20%
弹性模量($\times 10^4$ MPa)	2.76	2.9325	3.105	3.2775	3.45	3.6225	3.795	3.9675	4.14
边跨最大挠度 d_1(mm)	2.643	2.751	2.849	2.937	3.018	3.092	3.160	3.222	3.279

不同的索塔弹性模量 E_2 下的挠度值 表2.5.7

弹性模量改变量	-20%	-15%	-10%	-5%	0	5%	10%	15%	20%
弹性模量($\times 10^4$ MPa)	2.76	2.9325	3.105	3.2775	3.45	3.6225	3.795	3.9675	4.14
边跨最大挠度 d_1(mm)	3.270	3.205	3.142	3.079	3.018	2.958585	2.900	2.844	2.789

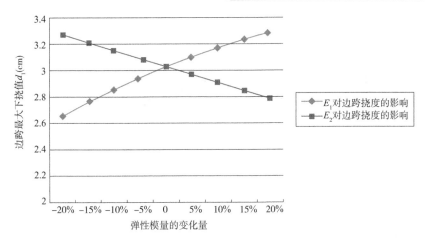

图 2.5.7　不同弹性模量下的挠度值

由上述图表可以看出,边跨挠度与主梁的弹性模量 E_1 是正相关关系,而与索塔的弹性模量 E_2 为负相关关系。主梁弹性模量 E_1 在初始弹性模量的 ±20% 范围内,边跨控制截面的挠度最大改变量为 0.375cm,最大改变量为 12.4%;索塔弹性模量 E_2 在初始弹性模量的 ±20% 范围内,边跨控制截面的挠度最大改变量为 0.252cm,最大改变量为 8.3%。因此,主梁弹性模量的改变对边跨挠度的影响较显著。

2.6　本章小结

本章对不同的桥型进行了桥梁的危险性分析。首先对每种桥型选择一个实例,应用有限元分析软件 Midas/Civil 进行结构的模拟与计算,计算结构在不同工况、不同荷载组合下的受力状况。最后应用响应面法对各桥型进行结构的危险性分析,其研究成果如下:

(1)采用响应面法对梁桥、拱桥、悬索桥、斜拉桥进行危险性分析,分别得到了对各种桥型的结构损伤影响较大的影响参数,并形成了各影响参数对响应值的响应面模型。

(2)针对某一影响显著的参数,在一定的取值区间内取不同值,绘制出了参数取不同值时对响应值的影响曲线。

第 3 章　桥梁安全状态监测技术研究

3.1　定义、范畴、难点

3.1.1　定义、范畴

桥梁结构健康监测是运用现代传感与通信技术,实时监测桥梁运营阶段在各种环境条件下的结构响应与行为,获取反映结构状态和环境因素的各种信息,由此分析结构的健康状态、评估结构的可靠性,为桥梁的管理与维护提供科学依据。针对一座具体的桥梁,由于其监测的侧重点不同,因此监测内容、监测规模、监测方式和手段以及监测效果也各不相同。从上述已建的国内外多座桥梁结构健康监测系统的监测目标、功能及系统运行等方面来看,取得了许多可喜的成果和经验:

(1)多类桥梁都安装了结构健康监测系统,并且有新建桥梁进行了施工和运营期监测系统的一体化研究和实施,从施工监控开始,力求连续、完整地记录结构信息。

(2)系统除了监测结构本身的状态和行为(应力、位移、倾角、加速度、动力特性等)以外,还强调对环境条件(风、地震、温度、车辆荷载等)的监测和记录分析。随着技术的发展,供监测的仪器也越发多样、先进;很多监测系统都采用当时较先进的传感器,如光纤传感器和全球定位系统(GPS)等。监测系统功能在不断完善,并且具有快速大容量的信息采集与通信能力。

(3)在车重、车速、路面及支承对桥梁模态参数的影响方面有深入的认识及理论上的依据,证明了用环境振动法进行桥梁自动检测的可行性。对用于桥梁监测的结构状态敏感参数积累了理论认识和试验基础,并且在一定程度上能够利用测试数据进行计算模型的修正。

(4)开发了各种基于频率、振型、振型曲率、应变、振型等参数的损伤检测和定位技术,在处理方法上探寻了模态保证标准(MAC)法、坐标模态保证标准(COMAC)法、柔度矩阵法、矩阵振动修正法、非线性迭代法以及神经网络法等。

3.1.2　难点

由于监测系统本身的多学科性和复杂性,以及桥梁的结构和环境的复杂性和不确定性,使得目前桥梁健康监测系统还存在诸多不足,有很多困扰学术界和工程界的难题还有待进一步的开发、探索和完善:

(1)大型桥梁的复杂结构和环境噪声给桥梁监测带来较大的困难,桥梁结构健康监测中还缺乏有效的传感器优化布置算法。

(2)实时监测带来的问题就是如何实时、有效地处理大量原始数据,提取有用参数和及时报警。目前大多系统都未很好地解决这一问题,导致数据大量积压、数据处理滞后以及延迟报警等;而且数据采集的远距离传输问题、自动损伤识别、报警等问题未得到很好的解决。

(3)系统本身的稳定性、可靠性和抗干扰性。由于监测系统硬件多是电子产品,由于测试环境恶劣,如何保证监测系统长期、稳定、可靠地工作,是难度很大的课题。目前有的监测系统已出现传感器破坏等严重问题。

(4)桥梁结构性能的变化对结构指纹的改变不敏感,如何评估结构损伤的方法和指标也有待进一步的研究。桥梁结构荷载中,恒载占相当大的比例,若仅着眼于整个结构的动力监测,而缺乏对恒载量值、分布及变化的了解,势必使反映结构状态的指纹变化淹没于恒载应力变化之中而失去意义。

(5)复杂环境的因素导致监测困难。复杂的环境因素(如基础沉降、支座失效、预应力损失等)引起的应力重分布都不可避免地对振动模态产生消极影响,从而降低识别精度。

(6)桥梁结构健康监测起步较晚,由于涉及多个行业及问题本身的复杂性,有关桥梁结构健康监测系统建设的问题目前尚无统一的规范和标准。

3.2 桥梁结构安全监测分析

桥梁安全监测属于结构安全监测范畴,结构的安全监测由结构的状态监测与病害诊断两个过程构成,两者既有密切的联系又互相区别。结构的状态监测是指通过某些方法对结构的特征参数,例如振动、应力、变形、温度等进行测量,将测定值与结构正常工作时的数值进行比较,以判别结构的工作状态是否正常。状态监测又称简易诊断,在这个过程中只对结构有无病害进行评判,而不作分析。

病害诊断是比状态监测更高层次的结构安全监测技术,它不但要对结构工作是否正常作出初步诊断,而且还要对结构产生病害的原因、部位和严重程度作出判断,从而为管理决策提供依据,这种诊断又称精密诊断。简易诊断的目的是对结构的状态作出迅速有效的概括性评价,再结合经验作出初步判断;精密诊断的目的是对简易诊断判定为有异常的结构进行专门的测量、分析和判别,最后确定采取哪些必要的技术措施。从全过程看,状态监测是基础,采集的数据应准确无误,而病害诊断是在状态监测基础上的深入和发展,病害的预防和控制是病害诊断的最终目的。

当结构出现病害时,结构的各种参量或其中部分参量表现出与正常状态不同的特征,这种差异包含着丰富的信息,如何找到这些病害的特征描述,并利用它进行病害的诊断和评估结构的安全度就是结构安全监测的任务。安全监测包括结构病害特征提取、病害分离与估计和病害评价与决策等几个方面的内容。

3.2.1 结构状态监测

桥梁结构状态监测有定期监测和连续监测,其主要的内容包括:
(1)振动监测:以结构的振动、冲击、机械阻抗以及模态参数为监测目标。

(2)声学监测:以噪声、声阻、超声、声发射为监测目标。

(3)温度监测:以温度、温差、温度场等为监测目标。

(4)性能趋向监测:以结构的各种主要性能指标为监测目标。

(5)强度监测:以力、应力、应变、扭矩为监测目标。

(6)表面形貌监测:以变形、裂纹、斑点、凹坑等为监测目标。

对于不同的监测对象,由于影响其工作性能的控制因素不同,所以监测的物理参数各不相同。振动和噪声的监测应用最为广泛,对于桥梁这种大型土木工程结构,通常以振动监测、强度监测和表面形貌监测为主要目标。

3.2.2 病害诊断

根据所采用的病害特征描述和决策方法的差异形成了不同的诊断方法,概括起来有依赖于模型的诊断方法和不依赖于模型的诊断方法两大类。对于这两大类诊断方法,通常所采用的决策与分离方法有:

(1)阈值逻辑法或对比诊断法。

这种方法简单明了,应用最广。首先通过初期的统计归纳、实验研究、分析计算,确定与各种状态一一对应的征兆(即基准模式或阈值),然后将获得的征兆与基准模式进行比较,可立即获得结构的状况。

(2)人工神经网络法。

人工神经网络法是20世纪80年代末90年代初才真正具有实用性的病害诊断方法。在实现病害诊断时分为两个阶段:学习阶段,选定合适的网络结构和模型,借助一定的学习算法,以能够反映系统的动态特性、建模误差和干扰影响的变量作为神经网络的输入,以对应的状态编码为期望输出,构成输入/期望输出样本对,对神经网络进行训练,确定神经网络的权值和阈值,当学习收敛后冻结神经网络的权值和阈值;诊断阶段:使训练好的神经网络处于回想状态,对于一个给定的输入,便产生一个相应的输出,由输出与状态编码进行比较即可方便地确定病害。

(3)专家系统法。

在桥梁使用过程中,若某时刻结构发生病害,领域专家往往可以凭视觉、听觉、嗅觉、触觉或测量设备得到一些客观事实,并根据对桥梁结构和结构病害历史的深刻了解很快就作出判断,确定病害的原因和部位。对于复杂结构的桥梁病害诊断,这种基于专家系统的诊断方法尤其有效。随着计算机科学和人工智能的发展形成的专家系统的方法,克服了基于模型的病害诊断方法对模型的过分依赖性,成为病害检测和隔离的有效方法,在许多领域得到应用。

(4)模式识别法。

这种诊断方法实现病害诊断分为两个阶段:离线分析,通过离线分析确定能够表达结构状态的特征向量集和以该特征向量集描述的病害模式向量,由此形成病害的基本模式集,并确定区分识别这些模式向量的判别函数;在线诊断,实时提取结构状态的特征向量,由判别函数对病害进行分离定位。

(5)模糊数学法。

系统的状态有时是不分明的、不确定的,因此可以用模糊集来描述。一个有效的方法是采用模糊聚类分析将模糊集分为不同水平的子集,由此判别病害最可能属于的子集。另一个有效的方法是首先建立起病害与成因的模糊关系矩阵 R,如果当前病害的成因向量的模糊隶属度为 C(Charactoristic),则病害 D(Disease)通过模糊合成加以确定,$D = R - C$。

3.2.3 桥梁结构安全监测的动力响应法

结构在各种激励下的动力响应是其整体状态的一种度量。由于结构的质量、刚度和阻尼特性在结构损伤而发生病害时会因此而改变,其动力响应也必将发生变化,这种变化可以通过振动测试方法得到。

1) 动力响应监测的振动模态法

如何准确地检测出结构参数(刚度、阻尼和内部荷载)的变化,为结构状态和病害程度的评估提供一个量化的方法,振动模态方法就是一个行之有效的方法。桥梁的振动模态通常可用常规的试验模态测试分析的方法得到,通过测量不同部位的振动响应,可获得桥梁结构振动模态参数的变化,以此确定结构的工作状态。

与其他无损监测方法相比,振动方法具有经济有效、使用起来比较安全的优点,而且在许多其他领域已经有几十年的发展历史,积累了丰富的成功经验。因此,振动模态测量方法在桥梁结构安全监测领域的发展非常迅速。

对结构病害敏感参数的选择是振动模态测量中的重要环节。这些敏感参数可分为两大类:一类是振动模态参数,如固有频率、阻尼比和模态振型;另一类是应力应变参数,如应力分布、应变能和应变模态。另外,还有诸如能量转换率(ETR)等其他的指标参数。其中,通过振动模态参数对结构病害的评估出现较早。下面给出一些常用于参数识别的诊断方法。

(1) 简易模态参数比较法。

一般说来,结构病害会使桥梁的整体固有频率降低而模态阻尼比升高。通过固有频率、阻尼比和振型的变化可以判断结构病害及病害的程度。这种诊断方法计算简便,但频率和阻尼比值的变化度较小,对桥梁局部微观结构病害的反应不灵敏,也难以确定结构病害的确切位置。因此,这种方法仅能作为初步诊断。

(2) MAC 和 COMAC 模式诊断法。

MAC(模态保证准则)是利用模态振型相关的原理来诊断结构是否发生病害。设 Ψ_A 表示结构未病害时的振型,Ψ_B 表示结构病害时的振型。它们两者之间的关系可用 MAC 值表示:

$$\mathrm{MAC}(\Psi_{A,i}, \Psi_{B,j}) = \frac{|\Psi_{A,i}, \Psi_{B,j}|^2}{\Psi_{A,i}^T \Psi_{A,i} \cdot \Psi_{B,j}^T \Psi_{B,j}} \tag{3.2.1}$$

MAC 的值在 0 与 1 之间。当值趋于 1 时,表示结构未发生病害;当值越趋于 0 时,表示结构的病害程度越严重。

2) 动力响应监测的动力系数法

当车辆在桥面上行驶时,桥梁会发生振动。当桥梁发生病害时,其动力响应值会增大。因此,在桥梁的关键部位底部布置一些诸如加速度传感器、速度传感器和应变传感器之类的拾振器,测量桥梁的动力响应,通过信号调理后记录分析,判断响应值是否超过允许值或超过多少,由此对桥梁的安全性进行评判。

动力系数是指桥梁由于振动而增加的应力或动挠度对于静载所增值的比值。当桥梁发生病害时,动力系数必然会增大。用电阻应变片或红外线挠度仪可测量桥梁的动、静应力和动、静挠度信号,然后利用信号采集系统采集信号,采用专用软件检测和记录车辆行驶引起的时程应力和时程挠度并计算动力系数,分析动力系数是否超过允许值,从而可对桥梁的局部或整座桥梁的安全状态作出评估。

动力系数法的特点是方法简单,传感器易于安装;可进行长期的在线监测和通过网络实现远距离操作;对环境无污染,成本较低。

3.2.4 桥梁结构的安全评估与寿命预测

1)安全评估

桥梁结构从正常到不正常的发展,导致缺陷发生的过程称为劣化过程(或损伤过程),由于桥梁的种类和结构形式多种多样,劣化过程的类型也各不相同。劣化过程大体上有以下几种基本类型:

(1)比例劣化型:劣化程度与使用时间成正比;
(2)加速劣化型:劣化程度与时间的关系为幂函数或指数函数;
(3)急剧加速劣化型:从某一时刻开始,结构状态急剧恶化;
(4)突发劣化型:没有预兆地在某一时刻突然损坏。

桥梁结构安全监测的目的是对结构的安全性进行客观评价,以此来指导车辆的通行,为桥梁的维护、加固提供科学依据。桥梁的安全评估是指利用特定的信息,对运营中的桥梁进行可靠性分析并作出决策的过程。桥梁结构安全评估流程如图3.2.1所示。

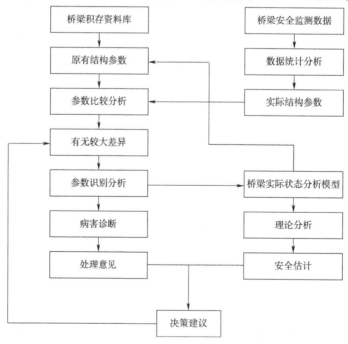

图 3.2.1　桥梁结构安全评估流程

桥梁安全评估的本质是,根据连续监测或周期性监测所得到的特征参数的历史数据来推断其发展的趋势,并确定结构的残存寿命。

2)结构寿命预测的常用方法

(1)理论模型法。

对所监测的结构研究得比较透彻,已建立了计算寿命的模型,可以推断其寿命。由于理论模型法受到很大的限制,故应用较少。

(2)累积应力跟踪法。

按照结构所受的应力的累计量来推断劣化程度,主要适合急剧加速劣化型和突发劣化型。

目前桥梁设计依据的是结构可靠度理论。因此,在桥梁安全评估与寿命预测中采用多个特征参量综合分析将得到更为合理的结果。

3.3 桥梁监测参数及关联性分析

桥梁结构的安全状态监测,通常以振动监测、强度监测和表面形貌监测为主要目标。本节以强度监测中的表面形貌监测为主要目标,选取结构的变形(挠度)和应力为监测参数对梁式桥、拱式桥、悬索桥以及斜拉桥进行结构的关联性分析。

3.3.1 梁桥监测参数及关联性分析

1)连续梁桥

以第2章中的梁桥模型为例进行连续桥的安全监测及关联性分析。对结构进行挠度以及应力的关联性分析时,以连续梁桥边跨控制截面在自重作用下的下挠值为上界,分析边跨控制截面发生强制下挠时,对中跨1/2截面、1/4截面挠度、应力的影响。

中跨控制截面在自重作用下的最大下挠值为6.730mm,对最大下挠值改变20%、40%、60%、80%进行关联性分析(表3.3.1);边跨控制截面发生不同下挠时,各个截面的挠度、应力变化如图3.3.1、图3.3.2所示。

中跨控制截面不同下挠时各个截面挠度、应力值　　表3.3.1

挠度改变量	0	20%	40%	60%	80%	100%
边跨截面强制下挠值(mm)	0	-1.346	-2.692	-4.038	-5.384	-6.730
中跨1/4截面挠度(mm)	0	0.334	0.667	1.001	1.335	1.668
中跨1/2截面挠度(mm)	0	0.345	0.691	1.036	1.381	1.727
边控制截面应力(MPa)	0	0.852	1.705	2.557	3.410	4.262
中跨1/4截面应力(MPa)	0	-0.241	-0.483	-0.724	-0.965	-1.206
中跨1/2截面应力(MPa)	0	-0.143	-0.286	-0.429	-0.572	-0.715

由以上图表可知,对于连续梁桥,当边跨控制截面发生强制位移时,中跨1/2截面、中跨1/4截面的挠度、应力均发生了变化。随着位移(下挠)的增大,中跨1/2截面的位移逐渐增

大,且变化方向与强制位移方向相反;中跨1/4截面的挠度随着边跨控制截面强制位移的增大而增大,变化方向与强制位移方向相反。此外,随着边跨控制截面位移的增大,中跨1/2、1/4截面底板的应力也逐渐增大,为压应力。

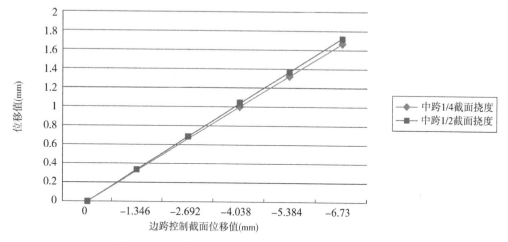

图 3.3.1 边跨控制截面发生强制下挠时各个截面挠度值变化

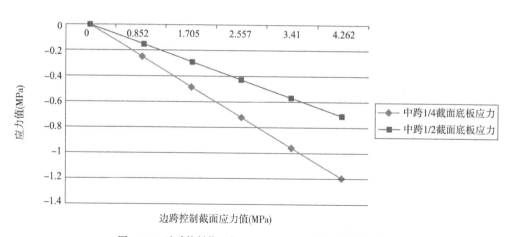

图 3.3.2 边跨控制截面发生强制下挠时各个截面应力值变化

2)连续刚构桥

以第 2 章中的连续刚构桥模型为例进行连续刚构桥的安全监测及关联性分析。对结构进行挠度以及应力的关联性分析时,以连续刚构桥中跨控制截面在自重作用下的下挠值为上界,分析中跨控制截面发生强制下挠时,对边跨控制截面、中跨 1/4 截面挠度、应力的影响。

中跨控制截面在自重作用下的最大下挠值为 3.310cm,对最大下挠值改变 20%、40%、60%、80% 进行关联性分析;中跨控制截面发生不同下挠时各个截面的挠度、应力变化如表 3.3.2 和图 3.3.3、图 3.3.4 所示。

中跨控制截面不同下挠时各个截面挠度、应力值　　　　　表3.3.2

挠度改变量	0	20%	40%	60%	80%	100%
中跨截面强制下挠值(cm)	0	-0.662	-1.324	-1.986	-2.648	-3.310
中跨1/4截面挠度(cm)	0	-0.366	-0.731	-1.097	-1.463	-1.828
边跨控制截面挠度(cm)	0	0.131	0.261	0.392	0.522	0.653
中跨控制截面应力(MPa)	0	1.943	3.887	5.831	7.774	9.718
中跨1/4截面应力(MPa)	0	0.042	0.084	0.126	0.168	0.210
边跨控制截面应力(MPa)	0	-0.501	-1.003	-1.505	-2.007	-2.508

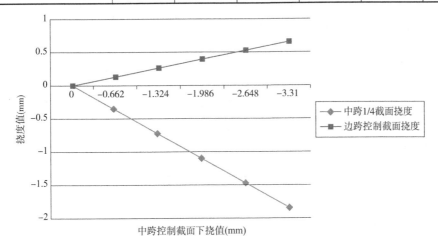

图3.3.3　中跨控制截面发生强制下挠时各个截面挠度值变化

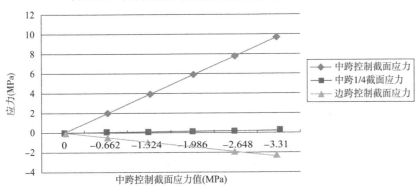

图3.3.4　中跨控制截面发生强制下挠时各个截面应力值变化

由以上图表可知,对于连续刚构桥,当中跨控制截面发生强制位移时,中跨1/4截面、边跨控制截面的挠度、应力均发生了变化。随着位移(下挠)的增大,中跨1/4截面的位移逐渐增大,且变化方向与强制位移方向一致;边跨控制截面的挠度随着中跨控制截面强制位移的增大而增大,变化方向与强制位移方向相反。此外,随着中跨控制截面位移的增大,边跨及中跨各部位的应力也逐渐增大,且边跨和中跨的应力方向相反。综上所述,在对连续刚构桥进行结构的安全状态监测时,要对中跨控制截面的下挠进行重点监测,随时观测其下挠量。

3.3.2 拱桥监测参数及关联性分析

以第 2 章中的拱桥模型为例进行拱桥的安全监测及关联性分析。对结构进行挠度以及应力的关联性分析时,以一侧纵梁跨中截面在自重作用下的下挠值 d_1 为上界,分析该截面发生强制下挠时,对其他控制截面的位移和应力的影响。

纵梁 1/2 截面在自重作用下的最大下挠值为 27.787mm,对最大下挠值改变 20%、40%、60%、80% 进行关联性分析;边跨控制截面发生不同下挠时各个截面的挠度、应力变化如表 3.3.3～表 3.3.7、图 3.3.5～图 3.3.9 所示。

中跨控制截面不同下挠时各个截面位移值 表 3.3.3

挠度改变量	0	20%	40%	60%	80%	100%
纵梁 1/2 截面强制下挠值 d_{z1}(mm)	0	-5.557	-11.115	-16.672	-22.230	-27.787
纵梁 1/2 截面位移 d_{z2}(mm)	0	-1.711	-3.422	-5.133	-6.845	-8.556
拱肋 1/2 截面位移 d_{g1}(mm)	0	-2.987	-5.974	-8.960	-11.947	-14.934
拱肋 1/2 截面位移 d_{g2}(mm)	0	-0.973	-1.947	-2.920	-3.893	-4.867
纵梁 1/4 截面位移 d_{z3}(mm)	0	-1.528	-3.057	-4.585	-6.113	-7.641
纵梁 1/4 截面位移 d_{z4}(mm)	0	0.751	1.501	2.252	3.003	3.753
拱肋 1/4 截面位移 d_{g3}(mm)	0	-0.781	-1.563	-2.344	-3.126	-3.907
拱肋 1/4 截面位移 d_{g4}(mm)	0	0.042	0.083	0.125	0.166	0.208

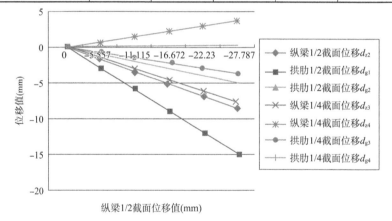

图 3.3.5 纵梁 1/2 截面发生强制下挠时各个截面挠度值变化

中跨控制截面不同下挠时各个截面应力值 表 3.3.4

挠度改变量	0	20%	40%	60%	80%	100%
纵梁 1/2 截面应力 σ_{z1}(MPa)	0	1.63	3.25	4.88	6.51	8.13
纵梁 1/2 截面应力 σ_{z2}(MPa)	0	1.57	3.14	4.71	6.27	7.84
拱肋 1/2 截面应力 σ_{g1}(MPa)	0	0.514	1.03	1.54	2.06	2.57
拱肋 1/2 截面应力 σ_{g2}(MPa)	0	0.344	0.687	1.03	1.38	1.72
纵梁 1/4 截面应力 σ_{z3}(MPa)	0	-0.241	-0.482	-0.723	-0.964	-1.21
纵梁 1/4 截面应力 σ_{z4}(MPa)	0	-0.531	-1.06	-1.59	-2.13	-2.66
拱肋 1/4 截面应力 σ_{g3}(MPa)	0	-0.587	-1.17	-1.76	-2.35	-2.93
拱肋 1/4 截面应力 σ_{g4}(MPa)	0	-0.192	-0.384	-0.576	-0.767	-0.958

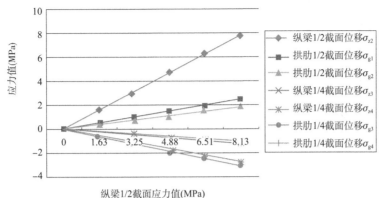

图 3.3.6　纵梁 1/2 截面发生强制下挠时各个截面应力值变化

中跨控制截面不同下挠时各个截面索力值　　　　　　　　　　表 3.3.5

挠度改变量	0	20%	40%	60%	80%	100%
吊杆 1 索力(N)	0	12350.5	24702.5	37051.6	49402.1	61749.6
吊杆 2 索力(N)	0	20575.5	41154.2	61728.8	82306.6	102880.3
吊杆 3 索力(N)	0	33699.9	67405.9	101105.9	134812.1	168512.3
吊杆 4 索力(N)	0	50426.0	100861.7	151289.2	201726.4	252155.3
吊杆 1 索力(N)	0	63996.2	128005.4	192004.4	256016.4	320018.2
吊杆 1 索力(N)	0	78796.3	157608.7	236408.9	315225.2	394029.2
吊杆 1 索力(N))	0	94308.1	188635.2	282947.4	377278.5	471594.7

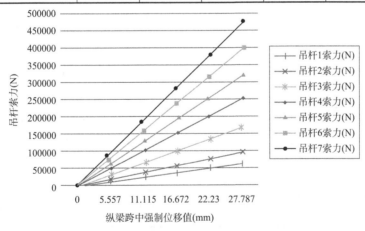

图 3.3.7　纵梁 1/2 截面发生强制下挠时各个截面索力值变化

拱肋 1/2 截面发生强制下挠时各个截面位移变化　　　　　　　　表 3.3.6

挠度改变量	0	20%	40%	60%	80%	100%
纵梁 1/2 截面强制下挠值 d_{z1} (mm)	0	2.06	4.13	6.19	8.26	10.32
纵梁 1/2 截面位移 d_{z2} (mm)	0	1.79	3.58	5.36	7.15	8.94
拱肋 1/2 截面位移 d_{g1} (mm)	0	−2.99	−5.97	−8.96	−11.95	−14.93
拱肋 1/2 截面位移 d_{g2} (mm)	0	−0.49	−0.98	−1.46	−1.95	−2.44

续上表

挠度改变量	0	20%	40%	60%	80%	100%
纵梁 1/4 截面位移 d_{z3} (mm)	0	1.33	2.66	3.98	5.31	6.64
纵梁 1/4 截面位移 d_{z4} (mm)	0	1.07	2.14	3.21	4.28	5.36
拱肋 1/4 截面位移 d_{g3} (mm)	0	-0.47	-0.95	-1.42	-1.89	-2.37
拱肋 1/4 截面位移 d_{g4} (mm)	0	-0.12	-0.24	-0.35	-0.47	-0.59

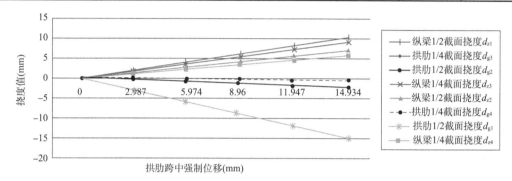

图 3.3.8　拱肋 1/2 截面发生强制下挠时各个截面挠度变化

中跨控制截面不同下挠时各个截面应力值　　　　表 3.3.7

挠度改变量	0	20%	40%	60%	80%	100%
纵梁 1/2 截面应力 σ_{z1} (MPa)	0	2.99	5.97	8.96	11.95	14.93
纵梁 1/2 截面应力 σ_{z2} (MPa)	0	0.10	0.21	0.31	0.42	0.52
拱肋 1/2 截面应力 σ_{g1} (MPa)	0	0.13	0.26	0.40	0.53	0.66
拱肋 1/2 截面应力 σ_{g2} (MPa)	0	-1.39	-2.77	-4.16	-5.55	-6.94
纵梁 1/4 截面应力 σ_{z3} (MPa)	0	-0.43	-0.86	-1.29	-1.72	-2.15
纵梁 1/4 截面应力 σ_{z4} (MPa)	0	0.05	0.10	0.14	0.19	0.24
拱肋 1/4 截面应力 σ_{g3} (MPa)	0	0.06	0.13	0.19	0.25	0.31
拱肋 1/4 截面应力 σ_{g4} (MPa)	0	0.14	0.27	0.41	0.55	0.68

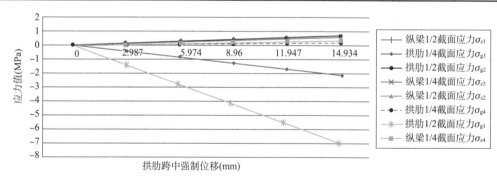

图 3.3.9　拱肋 1/2 截面发生强制下挠时各个截面应力值变化

由以上图表可知,对于该混凝土系杆拱桥,当纵梁 1/2 截面发生强制位移时,中跨 1/2

截面、中跨1/4截面其他测点位置的挠度、应力均发生了变化。随着位移(下挠)的增大,中跨1/2截面的位移逐渐增大,且变化方向与强制位移方向一致;中跨1/4截面的挠度随着强制位移的增大而增大,但是,与发生强制位移的梁体位移变化方向与强制位移方向一致,而另一侧梁体位移变化方向与强制位移方向相反。此外,随着纵梁1/2截面位移的增大,中跨1/2底板的应力也逐渐增大,为拉应力;中跨1/4底板的应力也逐渐增大,为压应力。

3.3.3 悬索桥监测参数及关联性分析

以第2章中的悬索桥模型为例进行悬索桥的安全监测及关联性分析。对结构进行挠度以及应力的关联性分析时,以悬索桥跨中截面在自重作用下的下挠值 d_1 为上界,分析该截面发生强制下挠时,对其他控制截面的位移和应力的影响。

悬索桥加劲梁1/2截面在自重作用下的最大下挠值为 -57.979mm,对最大下挠值改变20%、40%、60%、80%进行关联性分析;中跨控制截面发生不同下挠时各个截面的挠度、应力变化如表3.3.8和图3.3.10所示。

中跨控制截面不同下挠时各个截面位移值　　　　表3.3.8

挠度改变量	0	20%	40%	60%	80%	100%
加劲梁1/2截面强制位移(mm)	0	-11.596	-23.192	-34.787	-46.383	-57.979
主缆1/2截面位移(mm)	0	-10.570	-21.134	-31.690	-42.240	-52.784
加劲梁1/4截面位移(mm)	0	3.387	6.767	10.140	13.505	16.864
主缆1/4截面位移(mm)	0	3.422	6.837	10.244	13.644	17.036
塔顶纵向位移(mm)	0	0.058	0.116	0.175	0.233	0.291

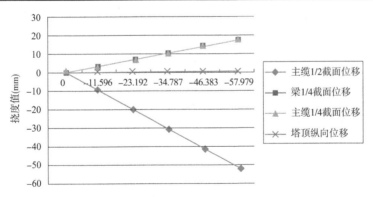

图3.3.10　加劲梁1/2截面发生强制下挠时各个截面挠度值变化

由表3.3.9和图3.3.11可知,对于该悬索桥,当加劲梁1/2截面发生强制位移时,中跨1/2截面、中跨1/4截面其他测点位置的挠度、应力均发生了变化。随着位移(下挠)的增大,中跨1/2截面的位移逐渐增大,且变化方向与强制位移方向一致;中跨1/4截面的挠度随着强制位移的增大而增大,但是,与强制位移方向相反;塔顶纵向位移也逐渐增大。此外,随着加劲梁1/2截面位移的增大,1/2截面主缆的应力、1/4截面加劲梁和主缆的应力也逐渐增大,为拉应力;塔顶的应力变化较小,塔梁固结处的应力变化也较小,为压应力。

中跨控制截面不同下挠时各个截面应力值　　表3.3.9

挠度改变量	0	20%	40%	60%	80%	100%
加劲梁1/2截面强制位移(mm)	0	-11.596	-23.192	-34.787	-46.383	-57.979
加劲梁1/2截面强制应力(MPa)	0	26.6	53.3	80.2	107	134
主缆1/2截面应力(MPa)	0	0.3281	0.6581	0.9898	1.323	1.659
加劲梁1/4截面应力(MPa)	0	1.02	2.05	3.06	4.08	5.09
主缆1/4截面应力(MPa)	0	0.3363	0.6745	1.015	1.356	1.7
塔顶应力(MPa)	0	1.52×10^{-4}	3.01×10^{-4}	4.47×10^{-4}	5.91×10^{-4}	7.33×10^{-4}
塔梁固结处应力(MPa)	0	-0.0126	-0.0252	-0.0378	-0.0504	-0.063

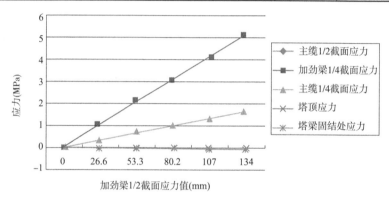

图3.3.11　加劲梁1/2截面发生强制下挠时各个截面应力值变化

中跨控制截面发生不同下挠时,各个截面的吊杆索力变化如表3.3.10和图3.3.12所示。

中跨加劲梁1/2截面不同下挠时各截面吊杆索力　　表3.3.10

挠度改变量	0	20%	40%	60%	80%	100%
加劲梁1/2截面强制位移(mm)	0	-11.596	-23.192	-34.787	-46.383	-57.979
1号吊杆索力(N)	0	28.68	57.17	85.47	113.57	141.47
2号吊杆索力(N)	0	34.75	69.32	103.71	137.9	171.91
3号吊杆索力(N)	0	102.58	205.55	308.9	412.64	516.77
4号吊杆索力(N)	0	309.59	622.63	939.13	1259.17	1582.76

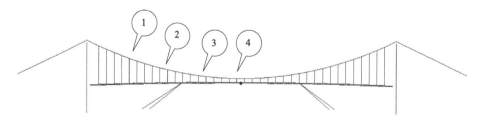

图3.3.12　中跨加劲梁1/2截面发生强制下挠时各个截面挠度值变化

由表 3.3.10、图 3.3.13 可知,对于该悬索桥,当加劲梁 1/2 截面发生强制位移时,吊杆索力均发生了变化。随着位移(下挠)的增大,吊杆的索力逐渐增大,且变化方向与强制位移方向一致。

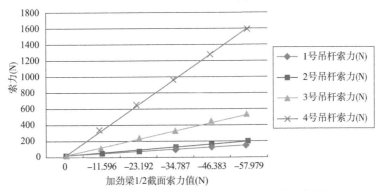

图 3.3.13　加劲梁 1/2 截面发生强制下挠时各吊杆索力值变化

悬索桥主缆 1/2 截面在自重作用下的最大下挠值为 -58.917 mm,对最大下挠值改变 20%、40%、60%、80% 进行关联性分析,主缆 1/2 控制截面发生不同下挠时各个截面的挠度、应力变化如表 3.3.11 和图 3.3.14 所示。

主缆 1/2 截面不同下挠时各截面挠度值　　　　表 3.3.11

挠度改变量	0	20%	40%	60%	80%	100%
主缆 1/2 截面强制位移(mm)	0	-11.783	-23.567	-35.350	-47.134	-58.917
加劲梁 1/2 截面位移(mm)	0	-4.05428	-8.11137	-12.1706	-16.2325	-20.2966
加劲梁 1/4 截面位移(mm)	0	1.070941	2.140958	3.209851	4.277782	5.344551
主缆 1/4 截面位移(mm)	0	2.340923	4.680231	7.017491	9.353066	11.68652
塔顶纵向位移(mm)	0	-8.5×10^{-5}	-0.00017	-0.00026	-0.00034	-0.00043

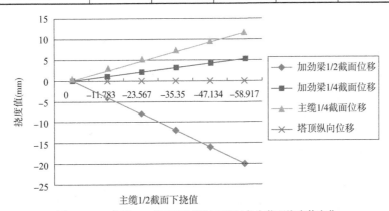

图 3.3.14　主缆 1/2 截面发生强制下挠时各个截面挠度值变化

由表 3.3.12、表 3.3.13 和图 3.3.15、图 3.3.16 可知,对于该悬索桥,当主缆 1/2 截面发生强制位移时,中跨 1/2 截面、中跨 1/4 截面其他测点位置的挠度、应力均发生了变化。随着位移(下挠)的增大,中跨 1/2 截面的位移逐渐增大,且变化方向与强制位移方向一致;中跨 1/4 截面的挠度随着强制位移的增大而增大,但是,与强制位移方向相反;塔顶纵向位移也逐渐增大。此外,随着加劲梁 1/2 截面位移的增大,1/2 截面主缆的应力、1/4 截面加劲梁和主缆的应力也逐渐增大,为拉应力;塔顶的应力变化较小,塔梁固结处的应力变化也较小,为压应力。

主缆1/2截面不同下挠时各个截面应力值 表3.3.12

挠度改变量	0	20%	40%	60%	80%	100%
主缆1/2截面强制位移(mm)	0	-11.783	-23.567	-35.350	-47.134	-58.917
主缆1/2截面应力(MPa)	0	0.248	0.498	0.749	1.00	1.26
加劲梁1/2截面应力(MPa)	0	1.79	3.58	5.37	7.17	8.96
加劲梁1/4截面应力(MPa)	0	-5.77×10^{-1}	-1.15	-1.73	-2.31	-2.88
主缆1/4截面应力(MPa)	0	2.54×10^{-1}	5.10×10^{-1}	7.68×10^{-1}	1.03	1.29
塔顶应力(MPa)	0	$7.98E \times 10^{-3}$	1.60×10^{-2}	2.41×10^{-2}	3.21×10^{-2}	4.03×10^{-2}
塔梁固结处应力(MPa)	0	-7.05×10^{-3}	-1.41×10^{-2}	-2.12×10^{-2}	-2.84×10^{-2}	-3.56×10^{-2}

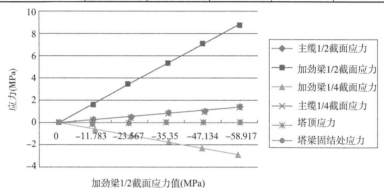

图3.3.15 主缆1/2截面发生强制下挠时各个截面应力值变化

中跨主缆1/2截面不同下挠时各截面吊杆索力 表3.3.13

挠度改变量	0	20%	40%	60%	80%	100%
加劲梁1/2截面强制位移(mm)	0	-11.783	-23.567	-35.350	-47.134	-58.917
1号吊杆索力(N)	0	13.70	27.33	40.89	54.38	67.79
2号吊杆索力(N)	0	17.69	35.32	52.88	70.37	87.78
3号吊杆索力(N)	0	67.40	135.03	202.87	270.95	339.24
4号吊杆索力(N)	0	0	0	0	0	0

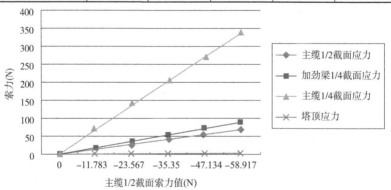

图3.3.16 主缆1/2截面发生强制下挠时各个截面应力值变化

3.3.4 斜拉桥监测参数及关联性分析

以第 2 章中的斜拉桥模型为例进行斜拉桥的安全监测及关联性分析。对结构进行挠度以及应力的关联性分析时,分别以斜拉桥中跨控制截面($L/2$ 截面)在活载作用下的下挠值、主塔塔顶在活载作用下的水平位移为界,分析中跨控制截面、主塔塔顶分别发生强制位移时,对边跨控制截面、中跨 1/4 截面挠度值、应力以及斜拉索位移、索力的影响。

1)中跨控制截面发生强制位移对结构的影响

中跨控制截面在活载作用下的最大下挠值为 15.744 cm,对最大下挠值改变 20%、40%、60%、80% 进行关联性分析;中跨控制截面发生不同下挠时各个截面的挠度、应力变化如表 3.3.14 和图 3.3.17 所示。

中跨控制截面不同下挠时各个截面挠度值　　表 3.3.14

挠度改变量	0	20%	40%	60%	80%	100%
中跨跨中截面下挠值(cm)	0	−3.149	−6.298	−9.446	−12.595	−15.744
塔顶水平位移(cm)	0	0.985	1.971	2.956	3.941	4.926
边跨控制截面挠度值(cm)	0	1.411	2.823	4.234	5.645	7.057
中跨 1/4 截面挠度值(cm)	0	−1.422	−2.844	−4.266	−5.688	−7.112

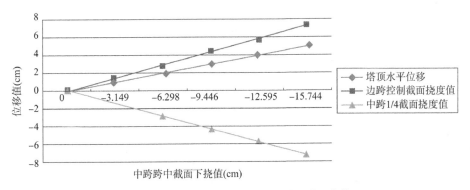

图 3.3.17　中跨控制截面不同下挠时各个截面挠值

由表 3.3.15、图 3.3.18 可知,对于斜拉桥,当中跨控制截面发生强制位移时,中跨 1/4 截面、边跨控制截面的挠度值、应力以及索塔塔顶的水平位移、索塔底部的应力均受到影响。随着位移(下挠)的增大,中跨 1/4 截面的位移逐渐增大,且变化方向与强制位移方向一致;边跨控制截面的挠度随着中跨控制截面强制位移的增大而增大,变化方向与强制位移方向相反;索塔塔顶的水平位移也发生了明显变化,两个索塔的塔顶均向主跨方向倾斜,且塔顶的水平位移达到中跨控制截面强制位移值的 30%。此外,随着中跨控制截面位移的增大,边跨、中跨各部位的应力以及塔底的应力也逐渐增大。其中,跨中截面的下挠对边跨控制截面的应力影响最大较大,其次是索塔塔底。综上所述,在对斜拉桥进行结构的安全状态监测时,要对中跨控制截面的下挠重点监测,随时观测其下挠量,以防发生较大的下挠,影响结构的安全使用。

中跨跨中截面不同下挠时各个截面应力值　　　　表 3.3.15

挠度改变量	0	20%	40%	60%	80%	100%
中跨跨中截面下挠值(cm)	0	-3.149	-6.298	-9.446	-12.595	-15.744
索塔底部应力(MPa)	0	-0.256	-0.512	-0.768	-1.02	-1.28
边跨控制截面应力(MPa)	0	-0.495	-0.990	-1.484	-1.979	-2.474
中跨1/4截面应力(MPa)	0	-0.207	-0.414	-0.621	-0.827	-1.034
中跨跨中截面应力(MPa)	0	1.220	2.44	3.656	4.874	6.093

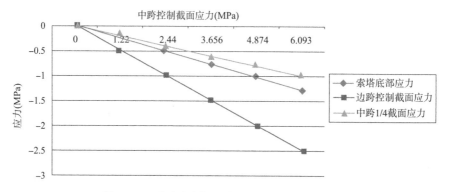

图 3.3.18　中跨跨中截面不同下挠时各个截面应力值

2）主塔塔顶发生水平强制位移对结构的影响

主塔塔顶在活载作用下的水平位移为 4.926cm，主塔塔顶的强制位移分别为水平位移的 20%、40%、60%、80% 时进行关联性分析，各个截面的挠度值如表 3.3.16 和图 3.3.19 所示。

主塔塔顶发生不同位移时各个截面挠度值　　　　表 3.3.16

挠度改变量	0	20%	40%	60%	80%	100%
塔顶水平位移(cm)	0	0.985	1.971	2.956	3.941	4.926
边跨控制截面挠度值(cm)	0	0.561	1.123	1.685	2.246	2.807
中跨1/4截面挠度值(cm)	0	-0.924	-1.850	-2.774	-3.698	-4.623
中跨跨中截面下挠值(cm)	0	-1.159	-2.319	-3.478	-4.637	-5.796

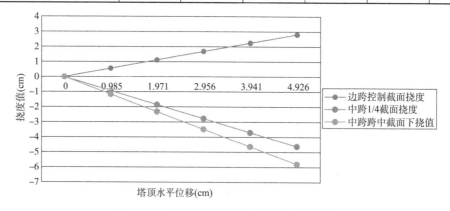

图 3.3.19　塔顶发生水平位移时各个截面挠度值

由表 3.3.17、图 3.3.20 可知,对于斜拉桥,当主塔塔顶发生强制水平位移时,中跨跨中截面、中跨 1/4 截面、边跨控制截面的应力均受到影响。随着塔顶水平位移的增大,边跨控制截面发生上挠,且上挠值随着塔顶水平位移的增大而增大;中跨跨中截面、中跨 1/4 截面均发生不同程度的下挠,中跨跨中截面的下挠值比较大,其下挠值为塔顶水平位移的 1.18 倍,且下挠值的绝对量明显大于边跨控制截面上挠值的绝对量,即塔顶发生水平位移时对中跨跨中截面的影响最大;此外,塔顶发生水平位移时各个截面的应力也逐渐增大,其中对中跨跨中截面的应力影响最大。综上所述,在对斜拉桥进行结构的安全状态监测时,除了对主梁下挠值重点监测外,还要对塔顶的水平位移重点监测,随时观测其水平位移,以防发生较大的主梁下挠,影响结构的安全使用。

主塔塔顶发生不同位移时各个截面应力值   表 3.3.17

挠度改变量	0	20%	40%	60%	80%	100%
塔顶水平位移(cm)	0	0.985	1.971	2.956	3.941	4.926
边跨控制截面应力(MPa)	0	0.017	0.033	0.050	0.067	0.083
中跨 1/4 截面应力(MPa)	0	0.024	0.048	0.073	0.097	0.121
中跨跨中截面应力(MPa)	0	0.176	0.352	0.528	0.787	0.880

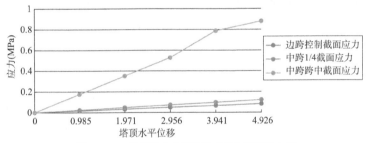

图 3.3.20 塔顶发生水平位移时各个截面应力值

为了研究主塔塔顶发生水平强制位移时各个截面的斜拉索位移、索力变化,此处取 1 号、2 号、3 号、4 号拉索进行分析,其拉索位置如图 3.3.21 所示。

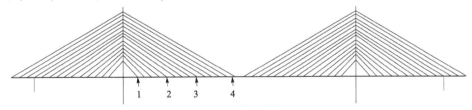

图 3.3.21 拉索位置图

各个截面的拉索位移如表 3.3.18、图 3.3.22 所示。

塔顶发生水平位移时不同截面处拉索位移值   表 3.3.18

挠度改变量	0	20%	40%	60%	80%	100%
塔顶水平位移(cm)	0	0.985	1.971	2.956	3.941	4.926
1 号拉索位移(cm)	0	0.217	0.435	0.652	0.869	1.087
2 号拉索位移(cm)	0	0.672	1.343	2.014	2.685	3.357
3 号拉索位移(cm)	0	1.158	2.316	3.474	4.632	5.789
4 号拉索位移(cm)	0	1.160	2.322	3.482	4.642	5.802

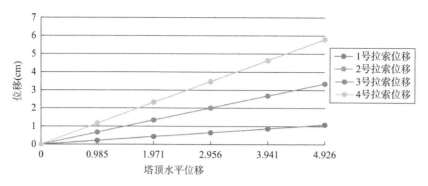

图 3.3.22　塔顶发生水平位移时各个截面拉索位移

由表 3.3.19、图 3.3.23 可知,对于斜拉桥,当主塔塔顶发生强制水平位移时,各拉索的索力均受到影响。随着塔顶水平位移的增大,中跨处的拉索均发生不同程度的位移;随着拉索与主塔距离的增大,其位移逐渐增大,靠近跨中处的拉索位移达到最大,最大为主塔水平位移的 1.2 倍;靠近主塔的拉索位移变化较小。因此,塔顶发生水平位移时对中跨跨中截面附近拉索的影响最大。此外,塔顶发生水平位移时各拉索的索力会发生明显变化,各拉索依然承受拉力,其中靠近主塔的拉索承受的拉力较小,远离索塔的拉索承受的拉力较大。综上所述,在对斜拉桥进行结构的安全状态监测时,除了对主梁下挠值重点监测外,还要重点监测塔顶的水平位移,随时观测其水平位移,以防拉索发生较大的位移或索力发生较大的变化,影响结构的安全使用。

塔顶发生水平位移时不同截面处拉索索力　　表 3.3.19

挠度改变量	0	20%	40%	60%	80%	100%
塔顶水平位移(cm)	0	0.985	1.971	2.956	3.941	4.926
1 号拉索索力(kN)	0	0.072	0.145	0.217	0.289	0.361
2 号拉索索力(kN)	0	7.720	15.448	23.168	30.888	38.608
3 号拉索索力(kN)	0	4.587	9.178	13.764	18.351	22.937
4 号拉索索力(kN)	0	−76.777	−153.631	−230.408	−307.185	−383.961

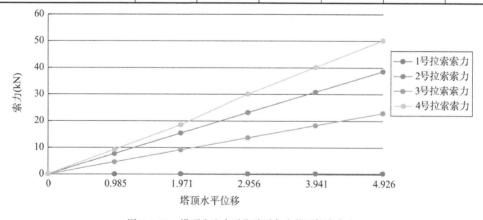

图 3.3.23　塔顶发生水平位移时各个截面拉索索力

3.4 传感器阵列优化技术

3.4.1 传感器类别

传感器的作用是按一定的规律把特定的信息变换成某种可用信号,通俗地说,就是转换成可以识别的电信号。传感器一般由三个部分组成:敏感部分、转换部分及基本电路部分。传感器的大致工作方法是:将外界的信息首先通过敏感元件,然后将所获得的信息传递给转换部分,经过变换后,成为基本电路可以识别的参量,最后通过基本电路转换成电量。在整个结构健康监测系统中,位于最前端的是传感器系统,传感器的选择将对测量结果有较大影响。通过明确监测项目的要求和内容来针对传感器的类型和数量进行选择,确定合理的传感器系统。

通常来讲,传感器的选择要考虑许多因素,一般按以下原则进行:

(1)先进性:选择的传感器应具有精度较高、使用方便、技术领先的特点。

(2)可靠性:传感器系统的可靠性对于整个结构健康监测系统十分重要,选择的传感器必须要有较强的抗干扰能力,保证数据获取的安全顺利。

(3)实用性:选择的传感器应该不易损坏,经久耐用,并且其维护和更换也应十分方便快捷。

(4)经济性:在保证精度的情况下,传感器的选择还需要考虑到节约成本的目的,尽量选择经济性较好的传感器。

随着技术的不断革新以及适应工程实际的要求,传感器的种类越来越多,但是一般工程中常用的主要有以下四种:

(1)光纤光栅传感器:在工程中应用十分广泛,属于光纤传感器的一种,其具有灵敏度高、体积小、耐腐蚀等优点。其主要原理是:通过感受外界变化,光纤波长产生移动,经过波长调制而获取信息。一般来讲,光纤光栅传感器可以贴在结构的表面,或者在施工过程中预先埋入结构物中。

(2)静力水准仪:常用于对于挠度的测量,其本质大致如下。向连通的管道中充入液体,液体可以在管道中自由流动,在重力加速度的作用下,连通器液面高度在不同位置下依然保持统一。要使得静力水准系统能够正常工作,必须要保证有两个或者两个以上的静力水准仪一同工作。一般情况下,静力水准仪的布置如下:一个布置在相对确定的已知高程位置,如桥头、桥墩;而另一个则是位于需要测量的地方。两个静力水准仪中间有液管,在其中加入水或其他流动性好的液体,这样连成连通器。需要注意的是,为保证足够测量范围,液面高度应尽量处于中间位置,便于上下移动测量。开始测量后,观测点发生挠度变化,液面位置会发生变化,通过测量这种变化,加以计算可以得到测量点挠度的变化量。这就是静力水准仪的工作原理,从而精确检测桥梁某一观测点的挠度变化。

(3)风速仪:能测量脉动风,进行风谱分析,按照桥梁的设计风速确定精度和量程,可以适用于风吹雨淋的环境,工作温度满足桥梁建设地点的冬季和夏季的最低和最高温度。

(4)加速度传感器:在实际的桥梁工程中,桥梁结构动力试验中通常是采用加速度传感器来测量桥梁的动力特性。加速度传感器的工作环境和工作温度不仅需要考虑加速度传感器的选择(单轴、双轴或三轴)、测量精度和测量范围,还需要考虑测试桥梁施工现场的历史环境条件以及桥梁自身的自振特性。

3.4.2 传感器阵列优化模型

在桥梁的结构健康监测系统中,传感器无疑占有重要的位置,对于整个结构健康监测系统来说,其作用相当于感知人体复杂感觉的神经末梢。只有传感器采集到准确反映结构工作状态和必要的参数信息,才能依据实际情况判断结构目前的健康状况,识别可能发生或者已经发生的损伤信息,并在此基础上进行安全性、可靠性评价,作出相应的预警和补救措施。

本书主要是通过分析各种基于动力性能的传感器优化配置方法,寻找一种兼顾模态的可观测性和损伤的可识别性的传感器优化方法,使优化后的结果既满足上述要求,又减少迭代次数,提高监测水平和质量。

1)基于动力性能的传感器优化布置方法

基于动力性能的传感器优化布置理论相对于其他两种理论研究得比较早,也相对成熟,容易被大家接受,在适用性和准确性上都较好一些,更适合对桥梁这种复杂结构的健康监测传感器优化布置。在此仅分析目前较为流行的几种方法,为后续工作提供必要依据。

(1)有效独立法。

有效独立法最早是由 Kammer 提出的一种优化方法,主要思想可以总结为四个字"抓大放小"。考虑从所有待测点出发,逐步消除那些对目标模态振型向量线性无关贡献最小的自由度,以保证优化布置后的传感器最大限度地获得所需参数信息。

假设离散后的有限元模型共有 n 个节点,要从中选取 m 个布置传感器,并且保证这 m 个点布置的传感器测得的振型线性无关且包含完整的信息。依据模态可叠加理论,传感器信息输出表达式为:

$$y_s = \Phi q \tag{3.4.1}$$

式中:y_s——传感器的输出信息,$y_s = (y_1, y_2, \cdots, y_s)^T$;

Φ——监测模态振型矩阵;

q——模态振型的坐标向量。

若假设传感器输出的信息线性无关,则可以用这些输出的有限信息来估计结构其他未布置传感器的节点的响应信息。$\hat{q}$ 可通过下式求得:

$$\hat{q} = [\Phi^T \Phi]^{-1} \Phi^T \Phi q = [\Phi^T \Phi]^{-1} \Phi^T y_s \tag{3.4.2}$$

考虑到环境中存在噪声的因素和节点响应的线性叠加理论,Udwadia 对传感器信息输出表达式(3.4.1)修改为:

$$y_s = \Phi q + \omega \tag{3.4.3}$$

式中:ω——方差为 σ^2 的静态高斯白噪声。

则可得到模态振型坐标 $\hat{q}$ 的协方差矩阵 J：

$$J = E[(q-\hat{q})(q-\hat{q})^T] = \left[\frac{1}{\sigma^2}\Phi^T\Phi\right]^{-1} = Q^{-1} \tag{3.4.4}$$

协方差是描述两个变量之间"线性独立性"的度量，当其结果为 0 时，表示变量间相互独立。

式(3.4.4)中 Q 表示 Fisher 信息矩阵，Fisher 信息矩阵是基于概率分布函数的对未知参数更加准确的估计，当 Q 最大时，协方差 J 最小，则表示对 q 的最小二乘估计为最佳估计状态。如果令 $\Phi^T\Phi = A_0$，那么 $Q = \frac{1}{\sigma^2}A_0$，若 Q 取得最大值，A_0 也相应地取得最大值。又假定每一个传感器的噪声都是相互独立且包含同样的统计信息，就可以称 A_0 为 Fisher 信息矩阵。按单个自由度，可以将 A_0 分解为：

$$A_0 = \sum_{i=1}^{N}[\Phi^i]^T[\Phi^i] \tag{3.4.5}$$

式中：Φ^i——监测模态第 i 个自由度所对应的模态矩阵。

已经假定任一监测模态振型矩阵 Φ 相对于所有传感器监测模态振型线性无关，则可知 Fisher 信息矩阵 A_0 是正定的。首先求出 A_0 的特征值矩阵 Ψ_A，因为 A_0 正定，所以其特征值 λ_A 为实常数，Ψ_A 可单位正交向量。即有：

$$(A_0 - \lambda_A I)\Psi_A = 0 \tag{3.4.6}$$

$$\Psi_A^T A_0 \Psi_A = \lambda_A, \Psi_A^T \Psi_A = I \tag{3.4.7}$$

因为 Ψ_A 是正交矩阵，所以令：

$$G = [\Phi\Psi_A] \otimes [\Phi\Psi_A] \tag{3.4.8}$$

在式(3.4.8)中，符号 $\otimes$ 表示矩阵元素与元素的乘积，所以矩阵 G 包含 Φ 的每一行的元素和 Ψ_A 每一列的元素，把 G 中的每一列的元素加起来就正好等于 A_0 的特征值 λ_A。令矩阵：

$$F_E = G\lambda_A^{-1} \tag{3.4.9}$$

可得 F_E 的各列元素之和为 1，将 F_E 的各行的元素相加得到下式：

$$E_D = \left[\sum_{j=1}^{N}F_{E1j}, \sum_{j=1}^{N}F_{E2j}, \cdots, \sum_{j=1}^{N}F_{Enj}\right]^T \tag{3.4.10}$$

式中：E_D——有效独立矩阵，其列向量是待选传感器位置的有效独立分布，然后计算 E_D 的对角元素，通过迭代实现传感器位置优化。在迭代过程中，如果待测点的有效独立矩阵 E_D 的对角元素均为 0，则表示该点对模态矩阵线性无关的贡献度为 0，可以排除该点；若结果为 1，就表示传感器必须布置在此点。有效独立法就是通过判断 E_D 对角元素的大小对待选测点进行排序，排除对角元素最小的待测点，再进行下一次迭代，直到达到监测要求的测点数后停止。

该方法不需要大量集中计算和复杂的搜索技术，仅依赖于建立的结构有限元模型。可以识别目标模态的振型，优化后的传感器位置按照对目标振型的线性无关的贡献度排列，贡献最小的位置首先从候选集合中删除。采用迭代的方式对候选点的传感器优化布置，能迅速把候选传感器位置减少到最初假定的传感器数目。有效独立法的缺点是得到的传感器不一定分布在模态应变能较大的位置，从而可能造成信息的丢失。

(2)灵敏度系数法。

灵敏度系数法应用于传感器优化布置的前提是待监测结构为小阻尼系统,当结构的损伤发生变化时,只引起刚度变化,而阻尼和质量特性均不发生变化。当具有 n 个自由度的动力系统刚度发生少许变化时,忽略阻尼的振动控制方程为:

$$[(K + \Delta K) - (\lambda_i + \Delta \lambda_i)M](\Phi_i + \Delta \Phi_i) = 0 \tag{3.4.11}$$

式中: K——结构的刚度;

M——结构的质量矩阵;

λ_i、Φ_i——振动方程的第 i 个特征值、振型向量;

ΔK、$\Delta \lambda_i$、$\Delta \Phi_i$——由损伤引起的结构刚度,待测振型的特征值和振型向量的细微变化,振型的变化 $\Delta \Phi_i$ 可以表述成待选测点模态的线性组合:

$$\Delta \Phi_i = \sum_{j=1}^{n} d_{ij} \Phi_j \tag{3.4.12}$$

式中: d_{ij}——权重系数。

$\Delta \Phi_i$ 存在两种可能的结果:如果 $i \neq r$ 时,r 为模态阶数,把式(3.4.12)代入式(3.4.11),不考虑二次项,并同时乘以 Φ_r^T,得到:

$$\sum_{i=1}^{n} d_{ij} \Phi_r^T (K - \lambda_i M) \Phi_j = \Delta \lambda_i \Phi_r^T M \Phi_i - \Phi_r^T \Delta K \Phi_i \tag{3.4.13}$$

由于振型的正交特性,则有 $\Phi_r^T K \Phi_i = 0$,$\Phi_r^T M \Phi_i = 0$;$\Phi_r^T K \Phi_r = \lambda_r$,$\Phi_r^T M \Phi_r = I$。代入式(3.4.13),得:

$$d_{ir} \Phi_r^T (K - \lambda_i M) \Phi_r = d_{ir} (\lambda_r - \lambda_i I) = -\Phi_r^T \Delta K \Phi_i \tag{3.4.14}$$

进而得到:

$$d_{ir} = \frac{-\Phi_r^T \Delta K \Phi_i}{\lambda_r - \lambda_i} \tag{3.4.15}$$

将式(3.4.15)代入式(3.4.12),得到:

$$\Delta \Phi_i = \sum_{\substack{r=1 \\ r \neq i}}^{n} \frac{-\Phi_r^T \Delta K \Phi_i}{\lambda_r - \lambda_i} \Phi_r \tag{3.4.16}$$

如果 $i = r$,则可以把因为损伤引起的结构刚度的变化看成是发生损伤单元的线性叠加,表示为:

$$\Delta K = \sum_{j=1}^{n} \Delta a_k K_j \quad (-1 \leq \Delta a_j \leq 0) \tag{3.4.17}$$

式中: Δa_k——损伤向量的系数;

K_j——第 j 个单元的刚度矩阵。

将式(3.4.17)代入式(3.4.16),得到:

$$\Delta \Phi_i = \sum_{j=1}^{n} \left\{ \Delta a_j \sum_{\substack{r=1 \\ r \neq i}}^{n} \frac{-\Phi_r^T K_n \Phi_i}{\lambda_r - \lambda_i} \Phi_r \right\} = \delta_j S_{ij} \tag{3.4.18}$$

$$S_{ij} = \left\{ \sum_{\substack{r=1 \\ r \neq i}}^{n} \frac{-\Phi_r^T K_1 \Phi_i}{\lambda_r - \lambda_i} \Phi_r, \sum_{\substack{r=1 \\ r \neq i}}^{n} \frac{-\Phi_r^T K_2 \Phi_i}{\lambda_r - \lambda_i} \Phi_r, \cdots, \sum_{\substack{r=1 \\ r \neq i}}^{n} \frac{-\Phi_r^T K_n \Phi_i}{\lambda_r - \lambda_i} \Phi_r \right\} \tag{3.4.19}$$

$$\delta_i = (a_1, a_2, \cdots, a_n)^T \tag{3.4.20}$$

式中: S_{ij}——第 i 阶模态的损伤灵敏度系数;

δ_j——损伤单元向量。

如果在此考虑环境噪声影响,则式(3.4.18)可修改为:

$$\Delta \Phi_i = \delta_i S_{ij} + \omega \tag{3.4.21}$$

式中:ω——方差为σ^2的高斯白噪声。

我们可以构造基于灵敏度系数的Fisher信息矩阵,为了区别上节中的Fisher信息矩阵Q,将基于灵敏度系数的Fisher信息矩阵命名为Q_S,则有:

$$Q_S = S^T S \tag{3.4.22}$$

Q_S反映了结构各单元对损伤的敏感程度。此种方法通过结构刚度的变化建立结构的不完整模态来解决损伤定位问题,包含了结构损伤的敏感度信息。但是它要测试模态对结构的损伤具有足够的灵敏度,这就局限了该方法的使用范围。

(3)运动能量法。

运动能量法首先计算出每一个目标模态的应变能分布,然后依据较大应变能对应的自由度上的响应也较大这一原理,将传感器布置在具有较大应变能上所处的节点上,理论上认为这样做将更利于获得结构的模态参数,提高模态识别的信噪比。Heo等用有限元模型质量阵定义结构运动能分布公式为[17]:

$$KE = \Phi^T M \Phi \tag{3.4.23}$$

第i个测点对所监测的结构第n阶模态的运动能的贡献为:

$$KE_{in} = \Phi_{in} \sum_j M_{ij} \Phi_{jn} \tag{3.4.24}$$

第i个测点对整个待监测模态的运动能贡献为:

$$KE_i = \sum_{k=1}^{m} \Phi_{ik} \sum_j M_{ij} \Phi_{jk} \tag{3.4.25}$$

式中:m——所测试的模态总数。

从而,建立一种以模态最大运动能或者平均运动能最大为目标的优化,然后对各个候选测点对平均运动能的贡献大小排序,排在前面的即需要布置传感器的测点。

(4)奇异值分解法。

奇异值分解法类似于有效独立法,首先需要建立有限元模型,并以此为基础构造Fisher信息矩阵,然后通过对目标模态矩阵进行奇异值分解,以达到传感器优化布置目的。下面介绍用奇异分解法进行传感器优化布置的原理和主要过程。

首先奇异值分解目标模态矩阵Φ:

$$\Phi = H \wedge^{1/2} G^T \tag{3.4.26}$$

分解之后,对$\bar{q}$估计,并将奇异分解代入:

$$\bar{q} = [\Phi^T \Phi]^{-1} \Phi^T y_s = g \wedge^{1/2} H^T y_s \tag{3.4.27}$$

而 $\mathrm{Var}[\bar{q}] = \sigma^2 [\Phi^T \Phi]^{-1} = \sigma^2 G \wedge^{-1} G^T$

$$\mathrm{Var}[\bar{q}] = \sigma^2 \sum_{i=1}^{N} g_i g_i^T \tag{3.4.28}$$

g_i表示正交阵G的第i列向量。再将奇异分解后的目标模态矩阵代入方程$y_s = \Phi q + \omega$,得到:

$$y_s = H \wedge^{1/2} G^T q + \omega \tag{3.4.29}$$

令$\wedge^{1/2} G^T q = a$,则传感器输出方程修改为:

$$y_s = Ha + \omega \quad (3.4.30)$$

其中，H 为列满阵。由于 $H^TH = I$，所以 H 的各列 $(h_1,\cdots,h_N)$ 是正交的，并以 $(h_1,\cdots,h_N)$ 作为模态矩阵 Φ 的主坐标，则 y_s 与 Φ 的第 i 主坐标之间的相关系数为：

$$R_{Y\Phi} = \frac{h_i Y}{(Y^TY)^{1/2}} \quad (3.4.31)$$

其中 $(Y^TY)^{1/2} = \|Y\|$ 为 Y 的欧式长度，此时：

$$SSR = y_s \Phi (\Phi^T\Phi)^{-1} \Phi^T y_s \quad (3.4.32)$$

其中 $SSR = \|\Phi q\|^2$ 为基于回归的平方和，由于 $\Phi = H \wedge^{1/2} G^T, G^TG = I, H^TH = I$

$$SSR = y_s^T \Phi \bar{q} = \Phi^T HH^T \Phi \quad (3.4.33)$$

其中，HH^T 为 $n \times n$ 阵，它不是单位阵，所以：

$$R = \frac{SSR}{SSE} = \frac{\Phi^T HH^T \Phi}{\Phi^T \Phi} = \sum_{i=1}^{n} \Phi^T h_i h_i^T \Phi / \|Y\|^2 \quad (3.4.34)$$

此处，$SSE = \|\hat{e}\|^2$ 为基于残差的平方和，$\hat{e} = y_s - \Phi \bar{q}$，$h_i$ 为 H 的第 i 行向量。

由此可知，Φ 中的奇异值分解使 R^2 分解为几个分量之和，每个分量代表 H 矩阵的行对于总体 R 的贡献。根据 HH^T 对角元素的大小，可以衡量每个行向量对复相关系数 R^2 的贡献。如果某一值很小，表示对应的行对目标振型贡献很小，可以首先删除。

(5) 遗传算法。

遗传算法是求解复杂系统优化问题的通用算法，它不依赖问题的具体领域。采用遗传算法进行参数优化时，并不直接对待优参数进行操作，而是通过待优参数的编码进行选择、交叉、变异等步骤，完全依据概率进行迭代，具有良好的全局搜索性能，可以避免局限于某处，而陷入死循环。完整的遗传算法包括：个体编码设计、目标函数设计、遗传算子及参数运行设计，主要步骤有：

①对待优参数进行编码，得到种群 1。编码的方法很多，可以依据参数的类型选择适合的编码形式。

②对种群 1 进行初始化。

③定义遗传目标函数。

④按照优胜劣汰的自然法则，对种群 1 进行选择、交叉和变异算子，得到种群 2。

⑤在遗传目标函数下判断种群 2，剔除不适合遗传的编码。

⑥重复步骤④、⑤，进行下一轮迭代，直到得到最优解。

⑦解码，完成参数优化。

该算法有很多优点，但是在迭代过程中经常出现未成熟收敛、振荡、随机性太大和迭代过程缓慢等问题。

2) 各种传感器优化算法比较

综上所述，每一种传感器优化方法都有其优点和缺点。任何单一方法或单一的目标函数难以完善地对传感器的位置进行优化，使得传感器系统能够为结构状况预测提供准确的信息。因此，需要在优化时综合考虑多种参数信息，将不同的信息综合起来作为优化的目标函数是未来传感器优化布置的发展趋势。各种算法比较见表 3.4.1。

各种算法比较　　　　　　　　　　　　　　表3.4.1

算法	优点	缺点
有效独立法	不依赖于集中复杂的搜索技术	优化后的传感器不一定布置在模态应变能较大的位置
灵敏度系数法	避免了模态扩阶	对仪器灵敏度要求高
运动能量法	可观性和可控性较高	高度依赖有限元网格划分
奇异分解法	稳定性较好	对模态分析有要求
遗传算法	不易陷入局部最优解	迭代次数较多,容易出现振荡、随机性较强

对比各种方法的优缺点,提出一种综合传感器优化布置方法,即基于模态可观测性和损伤可识别性的综合方法,在有效独立法分析的基础上,考虑损伤引起的结构振型的变化,将振型变化值等价为损伤灵敏度,以此作为优化的 Fisher 信息矩阵,然后参照有效独立法的有效独立矩阵进行传感器位置的优化。该方法由于考虑了损伤的影响,可以避免有效独立法和灵敏度系数法的局限性。

3) 基于灵敏度有效独立的传感器优化布置算法

研究发现,不论是哪一种算法,都存在自身的缺陷和不足,并且在相同条件下任意两种优化方法得出的结论也可能是不相同的,甚至是矛盾的。比如采用有效独立法和灵敏度系数法计算出来的传感器布置方案,前者满足模态的可观测性,后者满足损伤的可识别性,但前者的要求后者不一定满足,后者的要求前者也未必达到。因此,建立一种协调模态可观测性和损伤可识别性的传感器优化布置方法,对于结构健康监测有着十分重要的意义。

(1) 基本思路。

设 $y(x_1),y(x_2),\cdots,y(x_n)$ 为 n 个传感器测的数据,传感器位置 $x_1,x_2,\cdots,x_n$ 是由 $y(x_1),y(x_2),\cdots,y(x_n)$ 确定的,则有 $y=p[y(x_1),y(x_2),\cdots,y(x_n)]$,令 $\delta_1,\delta_2,\cdots,\delta_n$ 分别代表 $y(x_1),y(x_2),\cdots,y(x_n)$ 的误差,Δy 代表由 $\delta_1,\delta_2,\cdots,\delta_n$ 引起的 y 的误差,则有[24]:

$$y+\Delta y=p[y(x_1)+\delta_1,y(x_2)+\delta_2,\cdots,y(x_n)+\delta_n] \quad (3.4.35)$$

对不同的监测项目和目的,$p(*)$ 意义不同,将式(3.4.35)按泰勒级数展开并省略高阶无穷小,得到:

$$\Delta y=\frac{\partial p}{\partial y(x_1)}\delta_1+\frac{\partial p}{\partial y(x_2)}\delta_2+\cdots+\frac{\partial p}{\partial y(x_n)}\delta_n \quad (3.4.36)$$

最大误差为:

$$f(x)=\Delta y_{max}=\pm\left[\left|\frac{\partial p}{\partial y(x_1)}\delta_1\right|+\left|\frac{\partial p}{\partial y(x_2)}\delta_2\right|+\cdots+\left|\frac{\partial p}{\partial y(x_n)}\delta_n\right|\right] \quad (3.4.37)$$

所谓传感器布置方案是指传感器数目 n 的选取及各个传感器的位置选择,不同的传感器布置方法,均有一个差值与之相对应,传感器位置优化的目标为:

$$\begin{cases} \min f(x) \\ g(x)\geq 0 \end{cases} \quad (3.4.38)$$

式中:$f(x)$——目标函数;

$g(x)$——约束条件,在此方程下完成传感器的优化配置。

(2) 理论依据。

对于桥梁工程结构来说,损伤会引起结构的刚度和阻尼矩阵产生明显变化,一般情况

下,结构的质量矩阵是不会发生变化的,或者变化很小,可以忽略。当不考虑结构阻尼时,自由振动的特征值可以表述为:

$$(K - \omega^2 M)\phi = 0 \quad (3.4.39)$$

式中:K——结构的刚度矩阵;

M——结构的质量矩阵;

ϕ——正定矩阵;

ω——结构的固有频率。

当结构的某一部位发生损伤时,必然会引起结构刚度变化,同时也使结构振动的特征值和特征向量发生改变。假设损伤前由特征向量组成模态矩阵为 Φ,那么由振型的叠加原理,损伤后的模态矩阵应该为 $\Phi + \Delta\Phi$,其中 $\Delta\Phi$ 是因损伤引起的振型的变化。在忽略损伤引起的结构质量矩阵发生改变的情况下,自由振动结构动力方程可以修改为:

$$[(K + \Delta K) - (\omega^2 + \Delta\omega^2)M](\Phi + \Delta\Phi) = 0 \quad (3.4.40)$$

式中:ΔK、$\Delta\omega$——结构发生损伤时的刚度矩阵和特征值的改变量。

由此可以看出,当结构发生损伤时,振型必定发生改变,若在传感器优化过程中不考虑振型的变化,势必会引起优化的结果对损伤不敏感,进而丢失损伤信息,导致传感器系统无法准确完善地监测结构实际的工作状况。

(3)实现过程。

传感器信息输出表达式为 $y_s = \Phi q$,基于此公式我们推导出了有效独立的 Fisher 信息矩阵,但是在推导过程中,并没有考虑损伤引起的监测振型的变化。如果在有效独立 Fisher 信息矩阵中加入损伤信息,就可以建立起协调模态可观测性和损伤可识别性的传感器优化布置方法。

假设由于损伤引起的结构监测振型变化为 $\Delta\Phi$,由于分析模态的可叠加原理,考虑损伤的传感器输出表达式为:

$$y_d = (\Phi + \Delta\Phi)q \quad (3.4.41)$$

式中:y_d——结构损伤时传感器输出信息。

上文中已经给出了 $\Delta\Phi$ 与损伤信息的关系表达式。将式(3.4.18)代入式(3.4.41),得到:

$$y_d = (\Phi + \delta S + \omega)q \quad (3.4.42)$$

因为 ω 是方差为 σ^2 的静态高斯白噪声,可以将噪声影响从上式中独立出来。式(3.4.42)改写为:

$$y_d = (\Phi + \delta S)q + \omega \quad (3.4.43)$$

通过矩阵变换可得:

$$y_d = (\Phi \quad S)(q \quad \beta q)^T + \omega \quad (3.4.44)$$

上式中 β 为对角阵,$\beta = \mathrm{diag}(\delta_1, \delta_2, \cdots, \delta_n)$,令 $\Gamma = (\Phi \quad S)$,$p = (q \quad \beta q)^T$,则式(3.4.44)可以写成:

$$y_d = \Gamma p + \omega \quad (3.4.45)$$

接下来我们可以参照上节中的方式继续构造 Fisher 信息矩阵 Q_Γ,当 Q_Γ 最大时,p 的最小二乘估计最小,则使得 p 获得最佳估计。令 M 为 p 的最小二乘估计的协方差矩阵,则有:

$$M = E[(p - \hat{p})(p - \hat{p})^T] \quad (3.4.46)$$

由式(3.4.45)近似可得：

$$\Gamma = \frac{\partial y_d}{\partial p} \tag{3.4.47}$$

将式(3.4.47)代入式(3.4.46)，得：

$$M = E\left[\left(\frac{\partial y_d}{\partial p}\right)^{-1}\left(\frac{\partial y_d}{\partial p}p - \frac{\partial y_d}{\partial p}\hat{p}\right)\left(\frac{\partial y_d}{\partial p}p - \frac{\partial y_d}{\partial p}\hat{p}\right)^{\mathrm{T}}\left[\left(\frac{\partial y_d}{\partial p}\right)^{\mathrm{T}}\right]^{-1}\right] \tag{3.4.48}$$

令 $\frac{\partial y_d}{\partial p}p - \frac{\partial y_d}{\partial p}\hat{p} = K$，将 K 代入式(3.4.48)得到：

$$\begin{aligned}
M &= E\left[\left(\frac{\partial y_d}{\partial p}\right)^{-1}KK^{\mathrm{T}}\left[\left(\frac{\partial y_d}{\partial p}\right)^{\mathrm{T}}\right]^{-1}\right] = \left(\frac{\partial y_d}{\partial p}\right)^{-1}E(K,K^{\mathrm{T}})\left[\left(\frac{\partial y_d}{\partial p}\right)^{\mathrm{T}}\right]^{-1} \\
&= \Gamma^{-1}\theta^2(\Gamma^{\mathrm{T}})^{-1} = [[\Gamma^{-1}\theta^2(\Gamma^{\mathrm{T}})^{-1}]^{-1}]^{-1} \\
&= \left[\frac{\Gamma^{\mathrm{T}}\Gamma}{\theta^2}\right]^{-1}
\end{aligned} \tag{3.4.49}$$

其 Fisher 矩阵为：

$$Q_\Gamma = \Gamma\Gamma^{\mathrm{T}} \tag{3.4.50}$$

此时，即可得到综合考虑模态可观测性和损伤可识别性的 Fisher 信息矩阵 Q_Γ，接下来与有效独立法的计算步骤相类似，可以写出有效独立分布矩阵：

$$E_{\mathrm{D}\Gamma} = \Gamma[\Gamma^{\mathrm{T}}\Gamma]^{-1}\Gamma^{\mathrm{T}} \tag{3.4.51}$$

可以证明 $E_{\mathrm{D}\Gamma}$ 为等幂矩阵，其特征值为 1 或者 0，然后删除斜对角元素最小值对应的传感器自由度，将剩余的传感器自由度组成新的模态矩阵，重复上述过程，直到得到需要的传感器数目。

3.4.3 传感器阵列优化计算

一个成熟的优化算法必须用于解决实际问题才能验证其正确性和完备性，通过应用过程不仅可以发现不足和偏差，还能够在使用过程中不断完善、改良。本书中提出的基于模态可观测性和损伤可识别性的综合算法及基于度量的模态数目筛选方法在理论上已经具有可行性，但是采用该方法优化的结果是否能够达到令人满意并符合监测的要求，还有待进一步考察。本书将对某桥梁结构进行健康监测传感器优化布置，对比本书方法与其他方法优化的结果，运用 MAC 准则和最小均方差准则评判本课题方法的优点和不足，并且反向评价基于模态数目筛选方法与依靠经验取得的模态数目优化的结果，完成上述比较和评价，才能初步说明本书提出的方法在实际使用中的效果。

在解决了模态数目的选取和算法分析之后，就可以采用本书提出的综合算法进行传感器布置了，其完整过程主要包括以下步骤：

(1) 建立结构有限元模型，并进行模态分析。

(2) 提取足够多的振型矩阵 Φ，并求 Φ 的二范数，然后比较相邻振型矩阵的二范数之差，筛选模态。

(3) 根据所选模态振型矩阵求解相应的灵敏度系数 S_i，然后构造综合模态可观测性和损伤可识别性的 Fisher 信息矩阵 Q_Γ。

(4)参照有效独立法,给出相应的有效独立分配矩阵,以此为基准,将对角线上的元素按从小到大的顺序排列,删除等于 0 的元素所在位置的自由度。

(5)按剩余自由度重复步骤(3)、(4),直到得到预定数目的传感器位置。

在优化过程中,因为节点较多,相应的总自由度数将成倍增长,为了计算的便利,可以考虑将模态振型矩阵 Φ 改写成包含总自由度数的列向量,但节点与节点自由度的对应关系不能改变,以便在后续的优化结果中准确找到自由度所在节点的位置。

1)有限元模型与模态数目选取

(1)有限元模型分析。

桁架桥因其受力明确、安装方便和简单的结构组成,在公路和铁路桥梁中被广泛使用,目前大部分仍然处在服役期,较为出名的桁架桥有:修建于 1888 年的上海外白渡大桥、1957 年的武汉长江大桥、1969 年南京长江大桥和 1993 年的九江长江大桥,这些桁架桥梁已经不仅是跨越河流和天然屏障的途径,更成为时代的标志。随着时间的推移,对这些桥梁采取结构健康监测已经成为保证桥梁安全服役的唯一途径,但是与其他结构形式桥梁健康监测面临的问题一样,首先必须解决传感器的优化配置问题。

某一跨简支桁架桥,由 24 个连节点、54 个杆件组成,如图 3.4.1 所示。建立有限元模型如图 3.4.2 所示,全桥共用 24 个节点,组成 54 个桁架单元,与结构实际相符合。单元结构材料特性为:上弦杆截面面积为 107.4cm^2,腹杆截面面积为 84.6cm^2,下弦杆截面面积为 119.4cm^2,杆件重度为 76.9kN/m^3,弹性模量为 $2.06\times10^8\text{kN/m}^2$,其中,上、下弦杆长 5.0m,直腹杆长 7.0m,斜腹杆长 8.60m,水平连接杆长 9.0m,制作误差 0.05m。

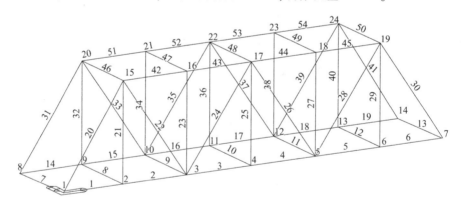

图 3.4.1 桁架桥单元节点示意图

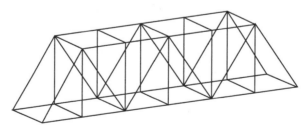

图 3.4.2 桁架桥有限元模型图

(2)模态数目选取。

提取有限元模型前 40 阶模态振型矩阵,采用 MATLAB 编写程序计算各阶振型矩阵的二范数并对相邻矩阵二范数作差,见表 3.4.2、表 3.4.3,绘制差值变化表如图 3.4.3 所示。

模型前 40 阶振型向量二范数值　　　　　　　　　　　　　　　　表 3.4.2

模态数目	$\|\Phi\|_2$	模态数目	$\|\Phi\|_2$	模态数目	$\|\Phi\|_2$
1	2.56650	15	0.12323	29	0.00945
2	2.30470	16	0.17270	30	0.12574
3	3.56500	17	0.12768	31	0.08538
4	0.22502	18	0.12273	32	0.03556
5	0.13163	19	0.18491	33	0.07881
6	0.20098	20	0.13482	34	0.11445
7	1.02280	21	0.10415	35	0.08033
8	0.46257	22	0.16610	36	0.11274
9	0.21123	23	0.11585	37	0.14284
10	0.25832	24	0.11060	38	0.11690
11	0.20899	25	0.12522	39	0.09532
12	0.16550	26	0.16303	40	0.07408
13	0.12259	27	0.12958	—	—
14	0.17559	28	0.10463		

相邻振型二范数差值统计表　　　　　　　　　　　　　　　　　　表 3.4.3

模态数目	$\|\Phi\|_2$	模态数目	$\|\Phi\|_2$	模态数目	$\|\Phi\|_2$
1	0.26183	14	0.05236	27	0.02495
2	1.26030	15	0.04947	28	0.02111
3	3.33990	16	0.04502	29	0.04036
4	0.09339	17	0.00495	30	0.04982
5	0.06935	18	0.06218	31	0.04325
6	0.82183	19	0.05009	32	0.03564
7	0.56024	20	0.03067	33	0.03412
8	0.25133	21	0.06195	34	0.03241
9	0.04709	22	0.05025	35	0.03010
10	0.04933	23	0.00525	36	0.02594
11	0.04349	24	0.01462	37	0.02158
12	0.04291	25	0.03781	38	0.02124
13	0.05300	26	0.03345	39	0.02047

由表 3.4.3 及图 3.4.3 可知,相邻模态二范数的差值在第 8 次做差之后,变化越来越小,并且差值趋于 0,故选取该结构的前 8 阶作为传感器优化布置的计算模态数较为合适。前 8 阶的振型和频率如图 3.4.4 所示。

2)算法分析

从本章所选取的结构自身特点出发,分析在综合算法下的计算过程,理顺各变量之间的关系和继承顺序,为下一步编写计算程序做好逻辑准备。

模态数目选取的算法分析较为简单,并且在上一章已经得到解决,下面主要分析本课题提出的综合算法所涉及的计算参数。

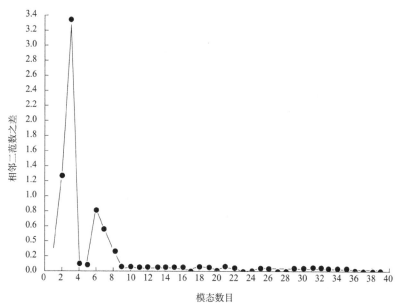

图 3.4.3　相邻振型向量二范数差值统计图

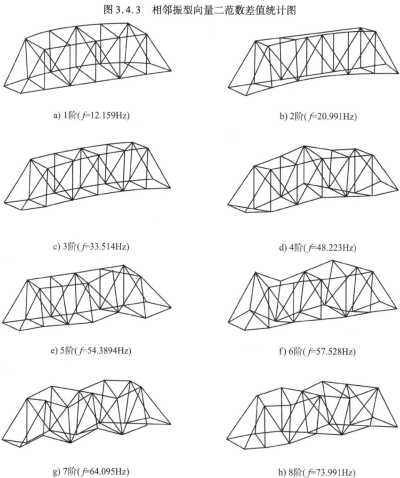

图 3.4.4　前 8 阶模态振型和频率

(1)参数分析。

①m 表示待选节点数,$m=24$;n 表示结构总自由度,$n=48$;k 表示单元总个数,$k=54$。

②Φ_i 是第 i 阶模态的振型向量,为了计算方便将各元素按节点编号从小到大排成一列,组成一个 48 行的列向量。

③Φ 是由所选模态振型列向量组成的矩阵,这里 Φ 为 48×8 矩阵。

④K_k 表示第 k 个单元的单元刚度矩阵,本篇中的 K_k 是按照整体刚度扩大改写的单元刚度矩阵,为 48 阶方阵。

⑤λ 是振动方程的特征值,即结构的振动频率。

⑥S_i 是第 i 阶模态的灵敏度系数,S 是所选模态的灵敏度系数组成的矩阵,为 48×432 矩阵。

⑦Γ 是由 Φ 和 S 组成的 48×440 矩阵,Γ 的表达式为 $\Gamma=[\Phi\quad S]$。

⑧$E_{D(\Gamma)}$ 为有效独立分配矩阵,为 48 阶方阵,表达式为 $E_{D(\Gamma)}=\Gamma[\Gamma^T\Gamma]^{-1}\Gamma^T$。

(2)算法介绍。

本书中的综合算法不但考虑振型的可观测性,而且包含损伤识别的信息,所以在计算时相对复杂,但逻辑性强,算法明确。如此多的模态矩阵和参数矩阵,若采用人工计算,是不可能在短时间完成的,MATLAB 软件作为矩阵计算工具,能够很好地解决本课题所涉及的矩阵运算,但是在算法编写时需要一定的计算机语言知识和逻辑思维能力。在掌握必须的相关计算机语言知识后,需要做的下一步不是急于编写计算程序,而是整理算法中各参数间的逻辑顺序和参数传递的过程。本书所进行的矩阵运算中包含大量循环,如何控制循环的逻辑性是编写计算程序的难点。下面将逐一介绍计算所需的参数和中间量的程序编写工作。

①模态振型的转化,从有限元软件提取出来的振型通常为矩阵而非向量,为了便于后续计算,且不影响优化结果,可将振型矩阵按节点数目排成列向量,这时同一节点的不同自由度按列排在一起,第 $2n$ 行和第 $2n-1$ 行为同一节点的两个不同自由度,其中 n 为结构有限元离散后的节点数。本章中的结构振型矩阵将转化为 48 行列向量,如第 4 行表示结构第 2 个节点的第二个自由度,第 33 行表示结构第 17 个节点的第一个自由度。编写转化程序时,首先调用读取命令读入振型文件,然后将振型文件中的节点自由度赋给一个 48 行的空白列向量,并写入文本文档,以便检查转化结果的正确性,重复该过程,直到将前 60 阶振型矩阵转化为向量。

②单元刚度计算,桁架单元为 4 自由度构件,其单元刚度矩阵为 4 阶方振,在计算时,为了按照叠加法组成整体刚度矩阵,必须把各单元刚度矩阵作适当的扩大改写,使得所有单元的刚度矩阵具有统一的格式。桁架单元刚度矩阵组成如下所示:

$$k=\frac{EA}{L}\begin{bmatrix} C^2 & CS & -C^2 & -CS \\ CS & S^2 & -CS & -S^2 \\ -C^2 & CS & C^2 & CS \\ -CS & -S^2 & CS & S^2 \end{bmatrix} \quad (3.4.52)$$

式中:k——桁架单元刚度矩阵;

E——材料弹性模量;

A、L——单元的截面面积和长度。

$C=\cos\theta$,$S=\sin\theta$,θ 为单元与整体 X 坐标轴正方向的逆时针角度。将提前计算好的系

数 $\frac{EA}{L}$ 和角度 θ 分别组合成两个包含 54 个元素的列向量或者行向量（文中组合为列向量），然后调用 MATLAB 有限元工具箱（MATLAB Finite Element Toolbox）中的 PlaneTrussElementStiffness 函数计算单元的刚度矩阵 k，然后重复调用 PlaneTrussAssemble 函数求解扩大改写后的单元刚度矩阵 $K_a(a=1,2,\cdots,54)$，并按顺序放置在相应的文件里，以备调用。在单元刚度矩阵扩大的过程中包含了单元的连通性，因此还必须在程序运行之前事先准备好单元连通性矩阵，见表 3.4.4。扩大后的单元刚度矩阵为 48 阶方阵，将每个单元的扩大刚度矩阵相加，就得到结构的整体刚度矩阵，本书计算中未涉及结构整体刚度，故此步暂不进行。

单元连通性表　　　　　　　　　　　　　　　表3.4.4

单元编号	节点 i	节点 j	单元编号	节点 i	节点 j
1	1	2	28	5	19
2	2	3	29	6	19
3	3	4	30	7	19
4	4	5	31	8	20
5	5	6	32	9	20
6	6	7	33	20	10
7	1	8	34	10	21
8	2	9	35	10	22
9	3	10	36	11	22
10	4	11	37	22	12
11	5	12	38	12	23
12	6	13	39	12	24
13	7	14	40	13	24
14	8	9	41	14	24
15	9	10	42	15	16
16	10	11	43	16	17
17	11	12	44	17	18
18	12	13	45	18	19
19	13	14	46	15	20
20	1	15	47	16	21
21	2	15	48	17	22
22	15	3	49	18	23
23	3	16	50	19	24
24	3	17	51	20	21
25	4	17	52	21	22
26	17	5	53	22	23
27	5	18	54	23	24

③灵敏度系数矩阵,由式(3-19)可知,第 i 阶模态的灵敏度系数矩阵为 $S_i = \left\{ \sum\limits_{\substack{r=1\\r\neq i}}^{n} \dfrac{-\Phi_r^T K_1 \Phi_i}{\lambda_r - \lambda_i}\Phi_r, \sum\limits_{\substack{r=1\\r\neq i}}^{n} \dfrac{-\Phi_r^T K_2 \Phi_i}{\lambda_r - \lambda_i}\Phi_r, \cdots, \sum\limits_{\substack{r=1\\r\neq i}}^{n} \dfrac{-\Phi_r^T K_N \Phi_i}{\lambda_r - \lambda_i}\Phi_r \right\}$,这是一个较为复杂的函数问题,复杂问题的求解总是可以拆分成多个简单问题单元,然后逐步解决各个单元,最终达到求解目的。第一步,参数准备,读入振型向量、单元刚度扩大矩阵和频率数值。第二步,控制循环,分为外部循环、内部循环、次循环,外部循环共 8 次,每一次得出相应阶数的灵敏度矩阵,内部循环在外部循环的控制下,以单元数目为循环控制变量,逐个调用单元刚度矩阵,每进行一次外部循环,需进行 54 次内部循环。次循环共 8 次,每次将得到一个列向量,作为第 i 阶模态的第一个列向量。第三步,组合矩阵,将得到的前 i 阶模态的灵敏度系数矩阵相加,组成前 8 阶的灵敏度矩阵 S。完成上述过程后,问题就得到解决。

④$\Gamma = [\Phi \quad S]$,此步相对简单,是将相同行数的矩阵分别作为分块行矩阵的两个元素组合在一起,按照该思路,首先构造 48×62 空白矩阵,空白矩阵的所有元素均为 0,然后将 Φ 按列读入空白矩阵的前 8 列,再将 S 按列读入空白矩阵的其余列。

⑤有效独立分布矩阵,完成 Γ 矩阵以后,按照式 $E_{D(\Gamma)} = \Gamma [\Gamma^T \Gamma]^{-1} \Gamma^T$ 可以很轻松地得到 E_{DF},然后逐次迭代,每一次消除有效独立矩阵斜对角线上的最小元素所在的节点自由度,直到得到满足监测需要的传感器个数。

3)优化结果及评价

(1)优化结果。

由前文结论可知,当选取前 8 阶振型作为优化模态时,能够很好地代表结构实际的动力特性水平。使用编写好的 MATLAB 命令,将有效独立法、灵敏度系数法和本书所采用的综合算法优化后的各自由优先顺序排列出来,得到表 3.4.5 ~ 表 3.4.7。

有效独立法测点布置优先顺序 表 3.4.5

优先顺序	节点号	自由度方向	优先顺序	节点号	自由度方向
1	U6	Z	15	U11	Z
2	U19	X	16	U14	X
3	U10	X	17	U8	X
4	U15	Z	18	U17	Z
5	U21	Z	19	U12	X
6	U18	X	20	U13	Z
7	U3	X	21	U8	Z
8	U22	Z	22	U17	X
9	U4	X	23	U1	X
10	U24	X	24	U4	Z
11	U10	Z	25	U6	X
12	U15	X	26	U9	X
13	U5	X	27	U9	Z
14	U20	Z	28	U12	Z

续上表

优先顺序	节点号	自由度方向	优先顺序	节点号	自由度方向
29	U13	X	39	U11	X
30	U16	X	40	U14	Z
31	U16	Z	41	U2	X
32	U19	Z	42	U23	Z
33	U21	X	43	U7	X
34	U24	Z	44	U18	Z
35	U5	Z	45	U3	Z
36	U20	X	46	U22	X
37	U2	Z	47	U1	Z
38	U23	X	48	U7	Z

灵敏度系数法测点布置优先顺序 表3.4.6

优先顺序	节点号	自由度方向	优先顺序	节点号	自由度方向
1	U10	X	25	U6	X
2	U21	Z	26	U9	X
3	U22	X	27	X9	Z
4	U15	Z	28	U12	Z
5	U12	X	29	U13	X
6	U14	Z	30	U16	X
7	U23	X	31	U16	Z
8	U15	X	32	U19	Z
9	U3	Z	33	U21	X
10	U18	X	34	U24	Z
11	U5	X	35	U8	Z
12	U18	Z	36	U13	Z
13	U11	Z	37	U19	X
14	U20	Z	38	U8	X
15	U5	Z	39	U24	X
16	U20	X	40	U2	Z
17	U7	X	41	U1	Z
18	U10	Z	42	U11	X
19	U6	Z	43	U17	X
20	U4	X	44	U17	Z
21	U14	X	45	U22	Z
22	U3	X	46	U23	Z
23	U1	X	47	U7	Z
24	U4	Z	48	U23	X

综合算法测点布置优先顺序 表3.4.7

优先顺序	节点号	自由度方向	优先顺序	节点号	自由度方向
1	U11	X	25	U13	X
2	U18	X	26	U16	X
3	U4	X	27	U16	Z
4	U2	Z	28	U19	Z
5	U10	X	29	U21	X
6	U11	Z	30	U24	Z
7	U17	Z	31	U19	X
8	U23	Z	32	U20	Z
9	U5	X	33	U17	X
10	U2	X	34	U20	X
11	U15	Z	35	U3	Z
12	U21	Z	36	U6	Z
13	U13	Z	37	U22	Z
14	U7	X	38	U24	X
15	U10	Z	39	U14	Z
16	U22	X	40	U5	Z
17	U8	Z	41	U18	Z
18	U3	X	42	U8	X
19	U1	X	43	U14	X
20	U4	Z	44	U23	Z
21	U6	X	45	U15	X
22	U9	X	46	U12	X
23	U9	Z	47	U7	X
24	U12	Z	48	U1	Z

从表3.4.5~表3.4.7中可以看出,本书提出的综合法在进行传感器优化布置时,得到的结果明显比有效独立法和灵敏度系数法更加合理,比较排在前十的测点自由度发现,本书提出的综合算法更多地是将测点布置在跨中位置的节点,这与结构实际情况较为符合,从而说明综合算法是一种有效的传感器优化算法。当事先假定的传感器数目为10个时,优化后的传感器布置图如图3.4.5所示。

(2)优化评价。

为了验证传感器优化布置结果的优劣性,需使用传感器优化准则对其评价,第2章详细介绍了两种评价准则,其中模态保证准则评价的依据是:完备结构的模态向量是正交向量,虽然不能保证所有向量的正交性,但可以通过其空间夹角的大小判断其相关性。经过优化后的传感器测点个数相对于总自由度数已经减少,所组成的振型向量元素个数也相应地减少,新生成的不同模态的振型向量如果其空间夹角较大,则认为在监测时两个模态可以很容易分辨;若空间夹角较小,则认为不容易识别,这也是模态可识别性的要求。MAC 可以很好地衡量振型之间的关系。当 MAC 等于 0 时,可以判断两振型夹角正交;当 MAC 等于 1 时,可以判断两振型夹角为 0。实际计算出来的夹角值在 0~1 之间,一般认为大于 0.9 时,两向量相关,不可分辨;小于 0.25 时,两向量无关,可以很容易分辨。比较优化后的测点振型向量,能够明确评价不同优化结果的模态可识别性。最小均方差准则:传感器优化布置的最终的目的是使用较少测点的测量值预测未知位置的效应值,以达到监测结构的健康状况的目的。评价一个传感器优化布置结果的优劣,一个重要方面就是判断方案对未知位置的预测水平,通过已有传感器测点扩展结构所有测点的自由度效应,然后与有限元计算的结果进行比较,用均方差衡量布置结果的优劣。

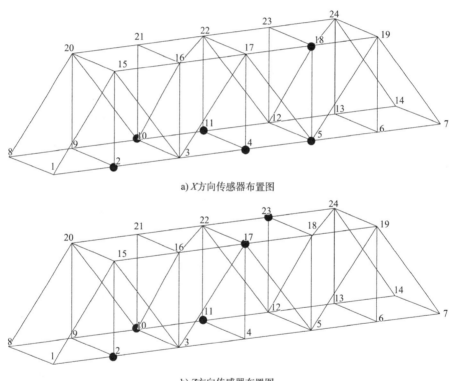

a) X 方向传感器布置图

b) Z 方向传感器布置图

图 3.4.5 优化后的传感器布置图

①模态保证准则(MAC)。

将优化后的自由度重新组合成新的振型向量,将任意两个向量代入式中,用编写好的MATLAB 计算程序求解,求解结果如表 3.4.8~表 3.4.10 所示。分别得到三种方法优化后振型向量的 MAC 均值,见图 3.4.6。

其中,有效独立法的 MAC 均值为 0.08355,灵敏度系数法的 MAC 均值为 0.17359,本书提出的综合算法的 MAC 均值为 0.07213,可见本书提出的优化算法得到的传感器布置总体水平相对于其他两种算法,更满足振型的可识别性。

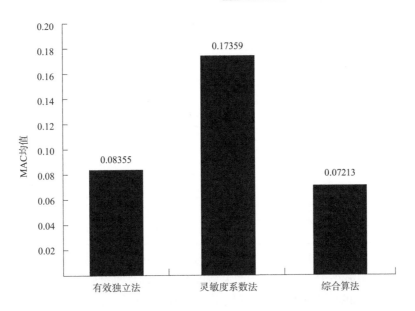

图 3.4.6 MAC 均值比较

有效独立法 MAC 值　　　　　　　　　　　　　　　　　　　　　　　　表 3.4.8

(i,j)	1	2	3	4	5	6	7	8
1	1	0.01401	0.08154	0.09174	0.09704	0.05126	0.02165	0.02077
2		1	0.24385	0.25672	0.01385	0.14753	0.01602	0.21596
3			1	0.24794	0.03937	0.05150	0.04246	0.01383
4				1	0.01201	0.07099	0.02687	0.07346
5					1	0.04089	0.03361	0.05560
6						1	0.02850	0.22497
7							1	0.10542
8								1

灵敏度系数法 MAC 值　　　　　　　　　　　　　　　　　　　　　　　表 3.4.9

(i,j)	1	2	3	4	5	6	7	8
1	1	0.07623	0.06610	0.09715	0.40400	0.08502	0.33360	0.02563
2		1	0.19604	0.18306	0.22303	0.36620	0.10007	0.11468
3			1	0.12428	0.10689	0.13233	0.27633	0.23652
4				1	0.15461	0.12474	0.11879	0.10003
5					1	0.22411	0.11866	0.22201
6						1	0.17380	0.30862
7							1	0.16808
8								1

综合算法 MAC 值　　　　　　　表 3.4.10

(i,j)	1	2	3	4	5	6	7	8
1	1	0.03402	0.08049	0.09794	0.14044	0.01445	0.06256	0.05247
2		1	0.04631	0.05456	0.04800	0.03708	0.02460	0.02492
3			1	0.01048	0.09061	0.01957	0.02309	0.02296
4				1	0.01509	0.05316	0.03244	0.03238
5					1	0.00122	0.00274	0.00227
6						1	0.00078	0.00096
7							1	0.09941
8								1

比较表 3.4.8~表 3.4.10 可知,本书提出的综合优化法优化后的自由度振型向量 MAC 值均小于 0.25,且明显小于有效独立法和灵敏度系数法的计算结果,可以判断综合算法优化的测点可以保证模态的可识别性,并明显优于其他两种算法优化的结果,能够为健康监测提供更加准确的采集信息。

②最小均方差准则。

采用三次样条插值法对采用三种不同方法优化的传感器自由度进行插值,然后与有限元分析的振型进行比较,求出它们之间的均方差,见表 3.4.11。通过这个准则来评价各种优化布置的传感器对结构响应的监测能力。

三种算法的最小均方差　　　　　　　表 3.4.11

优化算法	均方差							
	1 阶模态	2 阶模态	3 阶模态	4 阶模态	5 阶模态	6 阶模态	7 阶模态	8 阶模态
有效独立法	0.00562	0.00745	0.01472	0.01315	0.00786	0.01358	0.01489	0.00751
灵敏度系数法	0.01436	0.01874	0.01245	0.01741	0.02567	0.02145	0.01529	0.03684
综合算法	0.01341	0.00236	0.00159	0.00235	0.00147	0.00181	0.00045	0.00968

由表 3.4.11 和图 3.4.7 可知,本书提出的综合算法优化布置的传感器在进行扩阶后,与有限元模型比较,无论是单个模态的均方差,还是整体模态的均方差,都比其他两种方法布置的传感器扩阶后的小,可以说明本书提出的综合算法能够较完整地预测结构实际的状况,满足健康监测使用较少传感器预测未知测点的要求。

(3) 传感器优化配置结论。

上述两种评价方法的验证,都说明了本书提出的综合算法能够有效地对结构健康监测传感器进行优化配置,不论是从模态的可观测性,还是损伤的可识别性,都能很好地满足优化要求,并且在对未知测点的预测一项中具有明显的优势。总体来说,综合算法优化配置的结果是令人满意的。

4) 基于度量的模态数目选取方法评价

一个成熟的方法不仅需要严密的理论支撑,更不可缺少的是对比和验证,只有对比才会发现优点和不足。在上一章中仅通过实例验证了方法的可操作性,并没有对其实际效果作出评价,在完成上节的传感器优化布置后,接下来通过与经验选取法对比,对基于度量的模态数目选取方法作出评价。

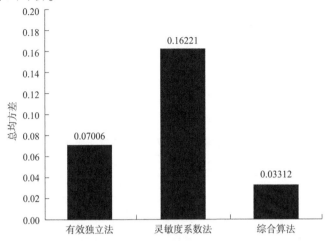

图 3.4.7　总均方差比较

以往研究者对同类型结构传感器进行优化布置时,依靠经验选取的模态数目一般为前 5 阶。以 3.4.3 节 1)中的有限元模型为分析基础,采用本书提出的综合传感器优化方法进行传感器优化布置,为了不失一般性,同时选取前 10 阶模态作为对比,得到的优化结果如表 3.4.12、表 3.4.13 所示。

以前 5 阶模态为参数测点布置优先顺序　　　　　　　　　　　　　　表 3.4.12

优先顺序	节点号	自由度方向	优先顺序	节点号	自由度方向
1	U7	Z	19	U19	Z
2	U18	X	20	U11	X
3	U2	X	21	U13	Z
4	U7	X	22	U22	X
5	U23	Z	23	U10	X
6	U21	Z	24	U5	Z
7	U3	Z	25	U2	Z
8	U15	X	26	U3	X
9	U14	X	27	U8	X
10	U14	Z	28	U1	X
11	U6	Z	29	U4	Z
12	U15	Z	30	U6	X
13	U22	Z	31	U9	X
14	U18	Z	32	U9	Z
15	U23	X	33	U12	Z
16	U5	X	34	U13	X
17	U8	Z	35	U16	X
18	U12	X	36	Y16	Z

续上表

优先顺序	节点号	自由度方向	优先顺序	节点号	自由度方向
37	U19	Z	43	U19	X
38	U21	X	44	U4	X
39	U24	Z	45	U24	X
40	U20	X	46	U20	Z
41	U1	Z	47	U11	Z
42	U17	Z	48	U17	X

以前 10 阶模态为参数测点布置优先顺序　　　　表 3.4.13

优先顺序	节点号	自由度方向	优先顺序	节点号	自由度方向
1	U11	X	25	U13	X
2	U18	X	26	U18	Z
3	U4	X	27	U16	Z
4	U3	Z	28	U19	Z
5	U10	X	29	U21	Z
6	U11	Z	30	U24	Z
7	U17	Z	31	U19	X
8	U23	Z	32	U20	Z
9	U5	X	33	U17	X
10	U2	X	34	U20	X
11	U24	Z	35	U2	Z
12	U21	Z	36	U6	Z
13	U12	Z	37	U22	Z
14	U7	Z	38	U15	X
15	U10	Z	39	U14	Z
16	U22	X	40	U5	Z
17	U8	Z	41	U16	X
18	U3	X	42	U8	X
19	U1	Z	43	U14	X
20	U4	Z	44	U23	X
21	U6	X	45	U15	X
22	U9	X	46	U12	X
23	U9	Z	47	U7	X
24	U12	Z	48	U1	Z

通过对比可得到，当采用前 5 阶模态作为优化参数时得到的测点优先顺序明显不同于前 8 阶优化的结果，以前 10 阶模态作为优化参数时得到的传感器布置优先顺序果与前 8 阶模态除个别点不同之外，其余基本相同，说明本书采用的基于度量的模态数目选取方法得到的优化结果不会损失基本模态信息。然后通过优化评价准则评价前 5 阶模态作为优化参数

得到的传感器布置结果,其 MAC 均值为 0.07452,最小均方差之和为 0.09567。对比发现,以前 5 阶模态优化得到 MAC 均值略大于前 8 阶模态优化得到的 MAC 均值,均方差之和明显较大。由此说明,本书提出的模态数目选取方法选取的模态数,能够更好地完成传感器的优化配置,并且不会引起信息的丢失。

3.5 桥梁关键监测点辨识技术

3.5.1 关键监测点定义

依据不同桥型的受力特点、有限元分析结果,全桥存在几处相对危险部位,并结合现场实际情况,将传感器布置在位移、应变和动力反应较大及易出现损伤的位置。这些位置即关键测点。

关键测点布置应根据桥梁结构设计资料、有限元分析、结构特点以及实际环境等因素决定,其布置原则应为以尽量少的传感器获得较为全面和精确的桥梁结构参数;参数识别结果能很好地与有限元模型匹配起来;能够在感兴趣的位置布置更多的传感器进行重点采集;监测数据的时程记录要对结构响应及外部荷载较为敏感;监测数据要具有良好的可视性以及鲁棒性。

3.5.2 关键监测点类别

一个大型桥梁健康系统监测项目往往种类繁多,一般可按输入与输出、静力与动力、整体与局部、研究方向划分,如图 3.5.1 所示。目前实际应用和研究中,桥梁健康监测项目多根据经验确定,文献《确保大型桥梁安全性与耐久性的综合监测系统》通过对多座运营中的斜拉桥进行大量病害调查与监测分析,总结了用于斜拉桥状态监控与评估的颇具代表性的监测项目。文献《桥梁健康监测技术的适用性》总结了多座斜拉桥病害特点,调查典型桥梁健康监测方法的适用性,对传感器监测项目的设计具有重要的指导意义。

监测项目的确定依据,从来源上来说主要包括病害数据库、风险分析、易损性分析 3 个方面,具体考虑的内容包括局部与整体的关系、动力与静力分析的需要、健康监测与人工巡检如何相结合等方面。理论分析数据如何与习惯经验数据融合是监测项目中健康监测系统与人工巡检是否可以良好衔接的关键性问题。

设计大型桥梁结构监测系统首先要综合考虑桥梁的结构特点和各个方面对系统功能的要求,确定系统需要获取哪些信息以及系统的实施目的;其次应当结合监测费用,从效益最大化和科学经济实用的角度确定监测项目。通过分析,明确哪些项目需要进行长期连续监测,哪些作为周期监测或日常监测项目,哪些项目需要通过专门的检测设备获取需要的数据等。在健康监测系统的实际应用中,由于与理论研究相关的监测项目可以根据待研究问题的性质来确定,具有较大的随意性,实施效果难以保证。因此,一些学者认为,监测系统的设计必须遵循功能要求和效益-成本分析两大准则。首先,监测系统的设计应考虑建立该系统的目的和功能。对于特定的桥梁,建立健康监测系统的目的可以是进行桥梁监控与评估,或是设计的验证,甚至是研究发展。因此,一旦系统的目的和功能确定,系统的监测项目也就能确定。其次,监测系统中各监测项目的规模以及所采用的传感器种类,需要与采集传输系统等综合考虑,再根据目的、功能要求和效益-成本分析将监测项目和测点数设计到所需范围之内。

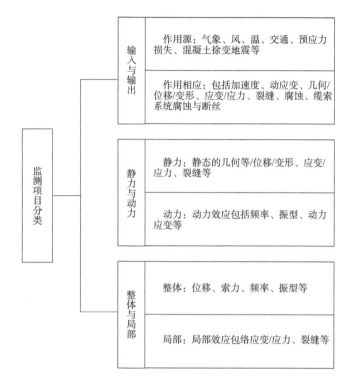

图 3.5.1　关键监测点类别

3.5.3　关键监测点辨识模型以及控制策略

确定关键监测点的类别之后,接下来的工作就是从关键测点的数量和位置两方面来控制关键测点。对传感器数量及传感器位置进行优化理论研究,不但可以有效地降低监测成本,而且可以提高监测系统处理信息的效率,因而具有重要的研究意义。目前实际应用中传感器的数量大多以经验和经济等方面因素来考虑和确定,具有较大的随意性和不确定性,单独针对传感器数量优化的研究并不多。在设计监测系统模态监测时,传感器的初始优化数量多由经验确定,或是按照振动理论,根据所测试的模态数确定,也有学者依据弹性波传播原理确定特定结构的传感器布置极限间距并初步确定检测所需传感器数量。传感器初始优化数量确定之后,通常的做法是按照优化布置准则,在确定布置测点的同时,结合经济要求考虑传感器最终数量。部分学者针对模态可观测性和损伤识别性的不同要求,对最小化传感器数目进行了研究,该方面的研究多局限于理论分析和数值模拟。

利用实时健康监测系统实现对桥梁结构健康状况的评估是近年来桥梁健康监测领域的发展趋势,它综合现代传感技术、网络通信技术、信号处理与分析、数据管理方法、计算机视觉、知识挖掘、预测技术、结构分析理论和决策理论等多个领域的知识,极大地延拓了桥梁检测领域的内涵,提高了预测评估的可靠性。

由于许多桥梁规模宏大,可以预见其检查、养护和维修费用将是昂贵的。随着桥龄的增加,大桥健康状态将逐渐退化,相应的检查、维修和加固工作会日渐加重。为保证桥梁在整个设计使用寿命内的安全运营,同时尽量减少大桥的管理维护费用,必须建立一套功能全面、性能优良、稳定耐久、经济合理的结构健康监测与安全评价系统。且桥梁健康监测与安全评价系统的建立对于提升桥梁工程的设计、施工和管理水平亦具有十分重要的意义。

1)连续刚构桥的测点辨识模型

连续刚构桥需要注意以下几个方面的监测:

(1)挠度的监测,变形是桥梁健康状况评价的重要参数之一,尤其是大跨径连续刚构桥的下挠更是桥梁健康监测的重要指标。结构的变形主要分为结构部件的整体变形和局部变形两种。桥梁结构的整体工作状态主要反映在结构整体变形上,它往往是通过各个部件的分位移表现出来,是桥梁正常使用极限状态必不可少的检验内容,同时也是承载能力的一项重要评估标准。

(2)裂纹的监测:现役桥梁中混凝土桥梁占绝对大多数,随着时间的增加,这些桥梁的病害发展、结构性能退化等也伴随着出现,究其结构失效的原因通常源于裂缝的发生和发展,所以,裂缝问题是混凝土桥梁健康监测中最重要的内容之一。

(3)温度的监测:温度监测系统分别在桥箱内外设置了传感器,箱内的温度传感器安装于桥箱一侧桥墩附近,通过U形钉将传感器探头固定在结构表侧;监测箱外温度的传感器探头由桥箱内通风口伸到桥箱外。

(4)应变的监测:对于桥梁的长期应变监测,要求应变传感器的本身稳定性好、易于保护,且具有测量分辨率高、测量范围宽、不受电磁干扰、耐腐蚀、抗冲击振动、抗疲劳、使用寿命长等优点。

由上可以知道,连续刚构主要在以下截面上:刚构的墩梁结合处;边跨的端部、1/4L处;中跨的1/4L、1/2L、3/4L处。具体见图3.5.2。

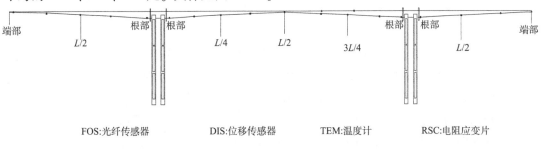

FOS:光纤传感器　　　DIS:位移传感器　　　TEM:温度计　　　RSC:电阻应变片

图 3.5.2　连续刚构桥的测点布置图

2)拱桥

钢管混凝土拱桥健康监测系统监测的内容,需要根据其结构特点和使用部门对系统功能的要求进行确定,涉及系统需要获取哪些信息、系统的建设规模、系统自身要求等方面。监控内容还要考虑到测试手段的可行性、分析方法的可靠性等因素。钢管混凝土拱桥主要受力结构是钢管混凝土拱肋,拱肋钢管和混凝土的损伤直接影响到整个结构的安全,吊杆和

主梁等结构的状态也影响到桥梁的安全性能和使用性能,所以主要从这几个部分进行建设健康监测系统。总体监测内容有:

(1)环境因素(实时):主要是风和温度。

(2)交通荷载(实时):桥面交通和桥下通航情况。

(3)主拱肋和桥梁线性(实时):主拱肋的位移和纵梁竖向位移。

(4)桥梁墩台(人工定期检测)。

(5)结构振动(实时):拱肋、吊杆和纵梁。

(6)结构动(静)应变(实时):拱肋、纵梁。

(7)吊杆(实时):索力和动应变。

拱桥的传感器测点布置图如图3.5.3所示。

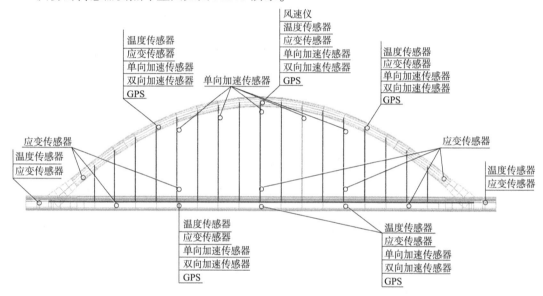

图3.5.3 拱桥的传感器测点布置图

3)斜拉桥的测点辨识模型

(1)模型设计。

根据斜拉桥的结构特点和地理环境、系统的建设规模和造价要求等,拟定斜拉桥结构健康监测与安全评价系统的设计目标、预期功能、总体框架和运作流程;根据传感器系统方案,结合具体斜拉桥的地理环境,合理经济地确定数据采集与传输系统方案,如数据采集设备的选型、布置和保护以及数据传输网络的选型和布置等。斜拉桥结构健康监测与安全评价系统的组成如图3.5.4所示,包括下列四个子系统:

①传感器系统(SS):由固定式传感器系统和便携式传感器系统组成,用于监测桥梁的荷载(包括环境因素)及响应,为结构健康监测与安全评价系统提供信号输入。

②数据采集与传输系统(DATS):由数据采集单元、数据传输网络、便携式数据采集系统和相应的软件系统组成,用于采集传感器信号并将其传输给数据处理与控制系统。本系统包含便携式采集系统,由便携式数据采集器、便携式电缆或无线网络和相应的软件系统组成。

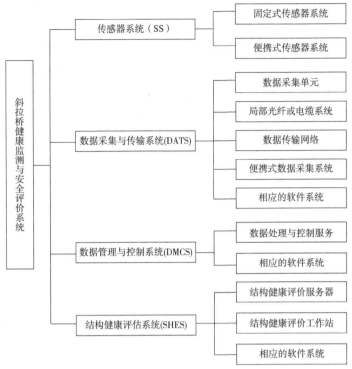

图 3.5.4　斜拉桥健康监测与安全评价系统

③数据管理与控制系统(DMCS)：由数据管理与控制服务器和相应的软件系统组成，用于控制数据采集系统以及数据的预处理、显示、归档和存储等。

④结构健康评估系统(SHES)：由结构健康评价服务器、结构健康评价工作站和相应的软件系统组成，用于数据库管理、数据分析和结构健康状况评价等。

(2) 斜拉桥传感器测点布置截面。

①支座截面处。支座截面位于桥墩与主梁的连接处，类似于连续梁的中间支承，无论有无外荷载作用，该处都会有较大的弯矩，造成此类截面处会出现应力应变较大的点。

②跨中截面处。此类截面在桥梁受集中荷载作用时，往往会出现较大的弯矩，另一方面，在这些位置位移变化幅度较大，容易发生损伤，故监测此类截面的应变状况非常重要。

③反弯点处。反弯点处的应力应变一般不大，但该处的应变情况反映了整个桥梁的健康状况。

④斜拉索锚固区。桥梁施工过程中，对斜拉索要进行预张拉，张拉力使得斜拉索锚固区往往会出现较大的拉应力，而混凝土承受拉应力的能力相对较差，所以，斜拉索锚固区是斜拉桥非常重要的应力控制截面。

⑤索塔根部。由于索塔与主梁固结，在塔根处会出现较大的附加弯矩。

⑥索塔的偏位和裂缝是斜拉桥的主要病害之一，对索塔的关键部位进行应变监测，可以实时地了解索塔应力状态，从而有效防止病害的发生。

⑦应对拉力较大的斜拉索的索力进行监测，这些斜拉索较易发生损伤。一根斜拉索的索力的变化不仅可以反映自身特性的变化，还有可能意味着其他斜拉索或者主梁的结构特性发生变化，所以应在索力不是太大的斜拉索中间适当布置一些传感器，以获取整体索力分

布情况,为斜拉桥损伤识别提供参考。

任何一个桥梁结构健康监测系统,其传感器数量都是有限的。如何合理布设传感器,以期利用有限数量的传感器获得尽量多的有用信息,是一个值得研究的课题。监测系统中监测项目的选择主要依据对斜拉桥的力学性能和结构参数的分析,同时也兼顾桥梁所处的环境、项目经费限制等因素。传感器的数量和测点位置经过仔细分析,在满足结构健康评估需要的前提下,做到尽量简洁(表3.5.1)。某斜拉桥主桥传感器总体布置图如图3.5.5所示。

传感器汇总表　　　　　　　　　　　　　　　　　　表3.5.1

序号	名称	代码	
1	三向超声风速仪		ANE
2	温度传感器	钢	TEM-ste
		混凝土	TEM-con
		路面	TEM-pav
3	空气温湿度传感器		RHS
4	车轴车速仪系统		WIM
5	腐蚀传感器		COR
6	全球定位系统	参考站	GPS-Ref
		接收站	GPS-Rov
7	双向倾斜仪		TILT
8	位移传感器		DIS
9	加速度传感器	双向	ACC2
		三向	ACC3
10	焊接式电阻应变片		RSG
11	振弦式应变传感器		VSG
12	无应力传感器		DSG
13	光纤温度传感器		FOS
14	磁感应测力仪		EM

4)悬索桥

良好的传感器布置方案应根据桥梁结构设计资料、有限元分析、结构特点以及实际环境等因素决定,其布置原则应为以尽量少的传感器获得较为全面和精确的桥梁结构参数;参数识别结果能很好地与有限元模型匹配起来;能够在感兴趣的位置布置更多的传感器进行重点采集;监测数据的时程记录要对结构响应及外部荷载较为敏感;监测数据要具有良好的可视性以及鲁棒性。

依据自锚式悬索桥的受力特点、有限元分析结果,并结合现场实际情况将传感器布置在位移、应变和动力反应较大及易出现损伤的位置。

(1)全桥主要结构的几何位置观测。

几何位置观测必须选在温度场稳定(一般选在0:00—6:00),桥上没有活载的情况下进行。测量工作须利用桥位处的测量控制网(可以是施工时的控制网,也可以建立专门的健康观测控制网)。高程的测量采用全站仪按照三角高程观测法4测回测量。平面位置测量用全站仪按极坐标法4测回观测。

第3章 桥梁安全状态监测技术研究

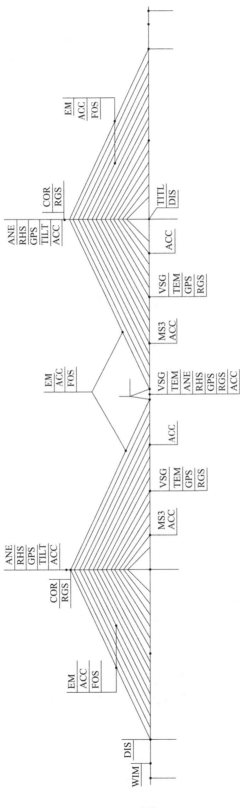

图 3.5.5 斜拉桥的传感器测点布置图

ANE: 风速仪; WIM: 车速车轴仪系统; TILT: 倾斜仪; RGS: 电阻应变片; FOS: 光纤传感器; COR: 腐蚀传感器; TEM: 温度传感器; DIS: 位移传感器; VSG: 振弦式应变传感器; EM: 磁感应侧仪; RHS: 空气温湿度传感器; GPS: 全球定位系统; ACC: 加速度传感器

①主缆线形观测。

选定每根主缆中跨 $L/4$、中跨 $L/2$、中跨 $3L/4$、边跨跨中 5 个点,两根主缆共 10 个点($S1$ ~ $S10$)作为监测目标,每次健康观测测量这 10 个点的高程。温度场、索塔偏位等的影响后,与设计理想状态作比较,得到偏差值。根据偏差值的大小确定主缆线形几何状态。并将测量值与先前测量值比较,找出主缆高程变化规律,分析原因,确定主缆线形变化规律是否合理。主缆线形监测测点布置示意图见图 3.5.6。

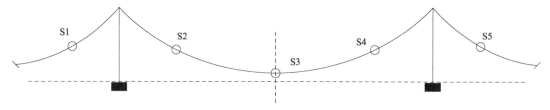

图 3.5.6　主缆线形监测测点布置示意图

②桥面线形观测。

在桥面上选定上下游侧主缆吊点附近的八分点(全桥共 14 个点)作为健康监测的测量点,桥面线形观测测点布置见图 3.5.7。进行健康观测时测量这些点位的高程。在考虑温度场、索塔偏位等的影响后,与设计理想状态作比较,得到偏差值。根据偏差值的大小确定桥面线形几何状态,并将测量值与先前测量值比较,找出桥面线形的变化规律,分析原因,确定桥面线形变化规律是否合理。

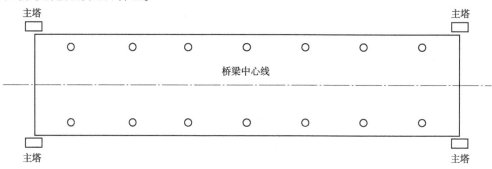

图 3.5.7　桥面线形观测测点布置示意图

③索塔位置观测。

在塔顶各选择一个固定的监测点(共 4 个点),该点必须与测量控制网中的某一测站点通视。通过对该点的测量,可以确定索塔的偏位情况,从而可以和理论理想状态比较,确定偏差值的大小及偏差的变化规律。

④散索鞍位置观测。

在索鞍上确定一个固定的监测点(共 4 个点),通过对该点的测量,可以确定索鞍的位置变化情况,从而可以和理论理想状态比较,确定偏差值的大小及偏差的变化规律。

(2)全桥主要结构的静力观测。

①主缆锚跨张力测试。

在悬索桥的锚室(共 4 个)内采用动测法(测试振动频率)测试索股的张力,并将测试结果与理论计算值及先前测试结果比较,确定锚跨张力情况。

②吊索索力测试。

每次健康观测时对全桥 312 个吊点、1248 根吊索的索力进行全面测试,确定各个吊索的索力大小是否正常、受力是否均匀、有无异常变化,以此作为吊索索力状况的判断依据。

③索塔应力测试。

利用施工控制时预埋于索塔内的钢筋传感器,用寻检仪测试索塔内混凝土应变的大小,再通过理论计算得到索塔应力。

(3)温度场测试。

温度场测试须在夜晚温度稳定时进行,一般选在 0:00—6:00。在温度测试的同时进行全桥主要结构的几何位置观测。利用多路温度测试系统 MCTI,在全桥主要结构上布设温度测点。主缆上共 10 个测试断面(每根主缆选取中跨 $L/4$、中跨 $L/2$、中跨 $3L/4$、边跨跨中 5 个点),40 个测点(主缆每个测试断面上布设 4 个测点),测点布置见图 3.5.8。索塔上 8 个测试断面(每个索塔分别设置于中横梁及上横梁),32 个测点(索塔每个测试断面上 4 个测点)。钢箱梁设置 2 个测试断面,每个断面上 4 个测点。

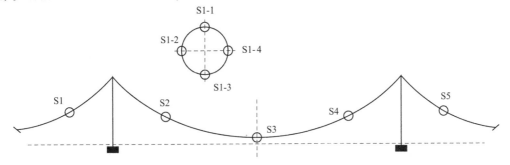

图 3.5.8　全桥主要结构温度测点布置示意图

(4)全桥结构分析。

依据实测的温度场情况及相关设计文件,使用交通运输部公路科学研究所编制的悬索桥结构分析软件 SBCC 及自行开发的悬索桥施工控制软件,对结构进行全桥分析,计算理想状态下各个主要构件的几何位置及静力理论值,作为实测值的对比依据。

(5)动力特性监测。

大桥结构的动力特性与桥梁结构的刚度、质量、阻尼值及其分布有关。

例如在其他条件不变的情况下,若发现大桥振动频率降低,则表示大桥的整体刚度在退化;若大桥某阶振型的频率变化不大,但发现局部振型有变化,则表示大桥局部部位有缺陷或损坏而引起的局部刚度退化等。用环境随同振动方法测量大桥振动特性,如自振频率、振型和阻尼值等。其中,振型包括:

①悬吊结构(加劲梁)的横向弯曲振型、竖向弯曲振型及扭转振型。

②桥塔的顺桥向弯曲振型、横桥向弯曲振型及扭转振型。

③索和吊杆的面内和面外弯曲振型。

传感器总体布置图如图 3.5.9 所示。

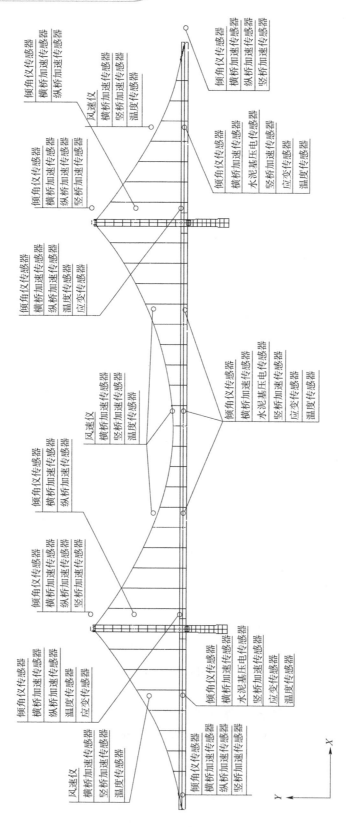

图 3.5.9 传感器总体布置图

3.6 本章小结

本章详细介绍了桥梁安全状态监测技术的定义与难点。桥梁结构的安全状态监测由结构的状态监测与病害诊断两个过程构成,两者既有密切的联系,又互有区别。本章还详细介绍了传感器优化布置技术以及布置方法,对于不同桥型介绍了不同位置处各传感器所发挥的作用。

第4章 桥梁安全状态传感网络构建

4.1 总体架构

4.1.1 系统基本架构

根据各系统功能所处层次的不同,桥梁安全状态监测系统的功能实现可分为以下四层:

(1)数据采集层。

安装于桥梁各关键部位的传感器获取到的信号,通过电缆或光缆接入采集系统。数据采集层的主要工作是采集这些接入采集系统的数字信号或模拟信号。数字信号一般是RS485/RS422/RS232等数字信号;模拟信号一般是电压、电流以及光信号。

(2)数据预处理及传输层。

一般而言,传感器信号激励较弱,特别是毫伏级别的信号在传输过程中更容易受到干扰。同时,还需要将电压或电流信号转化成具有工程单位量纲的值,所以在数据采集层后需要进行数据预处理,预处理一般包括信号放大、信号调理、信号转换和工程单位转换等,通常这些工作都是在数据采集系统中完成的。数据采集系统将传感器系统采集的各种传感器信号通过预处理将之转换成数字信号,然后再通过数据传输网络将预处理后的数据传输至数据处理与控制系统中。

(3)系统控制与数据处理层。

系统的控制和数据处理工作由数据处理与控制系统来完成,内容包括:

①对传感器系统和数据采集系统的运行进行控制、管理。

②对所有来自数据采集系统的数据进行选择、处理、分析、显示。

③数据的入库和出库操作。

④管理系统数据库。

(4)安全状态评价层。

安全状态评价工作由安全状态评价系统来完成,内容包括:

①分析、解释监测数据,并将其与定期的历史检测、监测数据和设定的标准数据进行对比。

②对监测的结构进行高级有限元分析,如结构的非线性静动力分析、抗风抗震分析、结构的稳定性分析和结构损伤分析。

③显示、存档/存储所有分析结果。

④生成安全状态监测报告和评估报告。

4.1.2 整体结构设计

针对拉索桥梁的结构特性和受力情况布设一个小型桥梁安全状态监测系统,预期监测项目包括:主梁挠度;桥梁裂缝位移;桥梁应力;桥梁振动;关键构件温度;索力应力。根据桥自身特性设置测点,并在桥梁上建立采集点,进行数据采集;各个采集点采集到的数据传送到监控中心,进行集中管理。该监测系统由传感器子系统、数据采集与传输子系统、数据处理与控制子系统和结构安全评估子系统组成。

1)传感器系统

该桥梁监测系统共安装以下 7 种传感器:无线加速度传感器、无线应变传感器、无线裂缝监测仪、高精度倾角传感器(RS485)、光纤加速度传感器、光纤应变传感器、光纤温度传感器。

2)数据采集与传输系统

数据采集与传输系统由数据采集子系统和数据传输子系统组成。

数据采集子系统包括无线网关(无线接口模块)和光纤光栅解调仪。无线网关用于采集无线加速度信号、无线应变信号、无线裂缝位移信号以及倾角传感器信号输出的数据;光纤光栅解调仪用于采集光纤振动传感器、光纤应变传感器和光纤温度传感器输出数据。

数据传输子系统由桥址通信网络、骨干光缆和监控中心局域网构成。桥址通信网络包括局部通信网络、子网通信网络。局部通信网络用于连接传感器系统与相应的数据采集设备;子网通信网络用于将无线网关、光纤光栅解调仪等接入桥址交换机;骨干光缆用于连接桥址交换机与监控中心交换机;监控中心局域网则用于监控中心设备间的数据通信。

3)数据处理与控制系统

数据处理与控制子系统由监控中心和数据库服务器组成,用于对现场采集设备和传感器进行控制,并对采集回来的数据进行处理。

4)结构安全评估系统

结构安全评估子系统由服务器及相应的评估软件组成,用于对桥梁的安全状态情况进行评估。系统整体结构设计如图 4.1.1 所示。

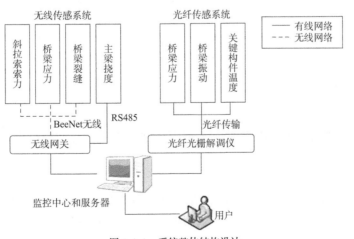

图 4.1.1 系统整体结构设计

4.2 传感器

4.2.1 监测内容

桥梁安全状态监测的基本监测功能将通过传感器系统来实施,传感器的测点布置决定了系统的功能和效率,应从大桥结构特点和实现系统功能的角度出发进行传感器的测点布置,同时考虑系统的经济性和可靠性。基于上述布点原则,本系统设计的监测项目包括挠度监测、位移监测、应力/应变和振动监测等。监测项目见表4.2.1。

监测项目表　　　　　　　　　　　　　　　　　　　表4.2.1

监测项目	传感器种类	功能	工作方式
挠度监测	倾角传感器	监测主梁挠度	动态连续监测
索力监测	无线加速度传感器	监测斜拉索索力变化	动态连续监测
裂缝监测	无线裂缝监测仪	监测桥梁已有裂缝变形情况	周期性监测
应力/应变	无线应变传感器	监测测点处应变时程	动态连续监测
	光纤应变传感器		
振动监测	光纤加速度传感器(单向)	监测桥梁振动	动态连续监测
温度监测	光纤温度传感器	监测关键构件温度	静态连续监测

4.2.2 测点布置

各类传感器的测点布置见表4.2.2。

测点布置表　　　　　　　　　　　　　　　　　　　表4.2.2

传感器种类	安装位置	传感器种类	安装位置
倾角传感器	跨中截面	光纤应变传感器	边跨和中跨
无线加速度传感器	跨中截面	光纤加速度传感器	边跨
无线裂缝监测仪	桥墩	光纤温度传感器	桥面
无线应变传感器	边跨和中跨		

4.2.3 倾角传感器

1)监测内容

倾角传感器主要用于桥梁挠度监测。挠度反映主梁在环境和外荷载作用下的变形,是结构桥梁健康监测的重要内容之一。

2)监测方法

挠度的定义:弯曲变形时横截面形心沿与轴线垂直方向的线位移称为挠度,用 y 表示。简言之就是指梁、桁架等受弯构件在荷载作用下的最大变形,通常指竖向方向 y 轴的,就是构件的竖向变形。

假定在待测桥梁的第 i 跨上布设 k 个倾角传感器,通过倾角传感器可以测得这 k 个测点的倾角,通过最小二乘方法可以拟合出桥梁的挠曲线。当梁体在荷载作用下产生挠曲时,选用适当的挠度曲线 $y(x)$,使它满足该跨桥梁的边界约束条件:

$$y(x) = A(x)\sum_{j=1}^{k-1}X_j g_j(x) \tag{4.2.1}$$

式中:$g_j(x)$——适当选取的函数组,是 $k-1$ 维线性空间的一组基函数;

X_j——函数常数项;

$A(x)$——满足边界条件的函数,比如,假定该跨的长度为 L,则 $A(x)$ 可取为:

$$A(x) = x(x-L) \tag{4.2.2}$$

为了得到挠度与倾角的函数关系,对方程式关于 x 求导得:

$$\left[A'(x)\sum_{j=1}^{k-1}X_j g_j(x) + A(x)\sum_{i=1}^{k}X_i g'_i(x)\right]\Bigg|_{x=x_j} = \theta(x_j) \tag{4.2.3}$$

这样就得到一个只有 $k-1$ 的未知数,而方程有 k 个,显然不可能存在一个精确的 x_j ($j=1,k-1$) 使它满足所有的方程,而只能求一组最佳解 $x_j(j=1,k-1)$,利用最小二乘法,把各点实测倾角值代入方程得:

$$\sum_{j=1}^{k-1}(\theta(x_j) - \theta_j)\frac{\partial \theta(x_j)}{\partial x} = 0 \tag{4.2.4}$$

求解该方程就可以得到唯一的一组解 x_j,将这组解代入式第一个方程式就可以得到桥梁的挠度曲线。

$$y(x) = A(x)\sum_{j=1}^{k-1}X_j^* g_j(x) \tag{4.2.5}$$

理论上讲,倾角传感器设置越多,测量结果越精确。而两端支座倾角最大,所以这两个倾角传感器必须安装。

3)测点布设

如图 4.2.1 所示,左小跨布置 1 个传感器,桥塔之间的中跨布置 2 个传感器,总计 3 个,将传感器安装于主梁下部轴线位置。安装时,应保持传感器安装面与被测目标面平行,安装方式请参考图 4.2.2。

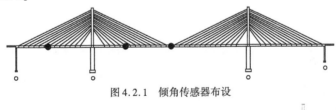

图 4.2.1 倾角传感器布设

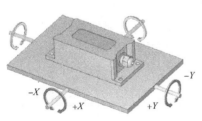

图 4.2.2 倾角传感器安装方式

4)技术参数

技术参数见表 4.2.3。

技术参数　　　　　　　　　　　　　　　　　　　　　　表4.2.3

供电电压	9~36V
测量范围	±10°
零点温度漂移	±0.008°/℃
灵敏度温度系数	≤100 ppm/℃
频率响应	100Hz
分辨率	0.001°
精度	0.01°
长期稳定性	<0.013°
上电启动时间	0.2s
响应时间	0.01s
速率	5Hz输出、15Hz、35Hz、50Hz可设置
输出信号	RS485（其他可选）
平均工作时间	≥45000 h/次
抗冲击	20000g，0.5ms，3次/轴
抗震动	10grms，10~1000Hz
绝缘电阻	≥100MΩ
防水等级	IP67

4.2.4　无线加速度传感器

1）监测内容

无线加速度传感器（图4.2.3）主要用于测量斜拉索大桥的索力。斜拉索是大桥最重要的受力构件，斜拉索索力的变化直接反映桥梁结构受力状态的变化，关系到整座大桥的安全。

图4.2.3　无线加速度传感器

2）监测方法

对于桥梁缆索体系索力的监测，系统采用环境激励的频率测试方法，通过测量安装在斜拉索上的加速度振动传感器的振动频率，就可以知道其索力。

3）测点布设

如图4.2.4所示，桥塔之间的中跨布置3个传感器，总计3个，并将传感器安装于主梁下部轴线位置。

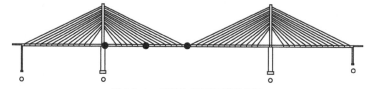

图4.2.4　无线加速度传感器布设

4）技术参数

技术参数见表4.2.4。

技术参数 表4.2.4

类别	参数	值
动态特性	量程范围	±2.0g
	频率响应(-3dB)	0~200Hz
	宽带分辨率(0.1~1000Hz)	7μg/$\sqrt{Hz}$
	幅值线性度	±1%
采集	A/D分辨率	24 bit
	采样率	2000点/s
	触发方式	阈值触发(高于、低于),上升沿,下降沿阈值触发
	同步精度	0.1 ms
	数据存储器容量	2M Flash
射频特性	数据包格式	IEEE802.15.4
	无线射频频率	2.4G DSSS
	支持网络拓扑结构	点对点,星形,线形,树形
	通信距离	100m可视(可定制更远距离)
	实时传输速率	单通道2k SPS
	空中最大数据传输率	250kb/s
	天线	外置天线
环境	冲击极限	1000g
	工作温度范围	-20~60℃
	零点温度漂移	±0.1mg/℃
	灵敏度温度漂移	±100ppm FS/℃
机械尺寸	外壳	PPS塑料
	充电接口	标准单孔插座
	安装螺孔	M4
	重量	85g(外壳重量50g)
	尺寸(长×宽×高)	60mm×52mm×33mm

4.2.5 无线应变传感器

1)监测内容

无线应变传感器与光纤应变传感器结合使用,用于监测主梁的应力。

2)监测方法

主梁混凝土材料的应力是桥梁健康的重要标志,应力也是最直接与安全有关的因素,但是一般无法直接测量材料的应力,只能通过测量应变来反映应力。该系统拟使用无线传感器系统和光纤光栅传感系统来实现对主梁关键部位应变的监测,通过应变来推算此处应力。

3)测点布设

如图4.2.5所示,右侧3个标记点为光纤应变传感器,左侧3个标记点为无线应变传感器,共计6个监测点。

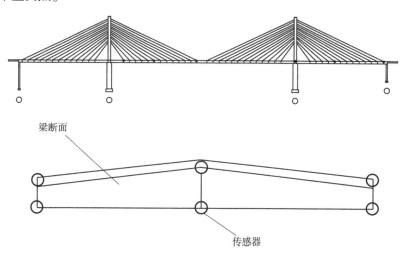

图4.2.5 无线应变和应变传感器布设

4)技术参数

技术参数见表4.2.5。

技术参数　　　　　　　　　　表4.2.5

名称	单位	最小	典型	最大
测量范围	$\mu\varepsilon$	-2000	—	2000
测量精度	$\mu\varepsilon$	—	0.2	0.5
重复精度	$\mu\varepsilon$	—	0.2	—
采集频率	Hz	0.05	0.5	2

4.2.6 无线裂缝监测仪

1)监测内容

无线裂缝监测仪(图4.2.6)主要用来对大桥的已存在的裂缝进行长期监测,实时掌握裂缝的变化情况。

2)监测方法

本系统中使用的无线裂缝监测仪的传感器拉杆与被测物体通过专用结构体(必创选配)进行固定连接,用于测试位移量,反映裂缝的变化情况。无线裂缝监测仪探测的数据存储在自带的FLASH存储空间,同时无线发送给无线网关用于上位机监测和桥梁健康评估。

图4.2.6 无线裂缝监测仪

3)测点布设

如图4.2.7所示,针对桥梁现有裂缝进行布设监测,本次预配置3个无线裂缝监测仪。

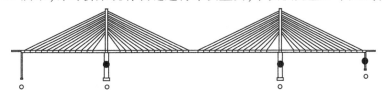

图4.2.7　无线裂缝监测仪布设

4)技术参数

技术参数见表4.2.6。

技术参数　　　　　　　　　　表4.2.6

供电电压	3.6V
量程	10mm/50mm 可选
单次采集点数	1
采样间隔	1s～12h 可选
精度	±0.1FS
功耗	休眠＜0.1mA,待机＜25mA,传输＜35mA
工作温度	-40～85℃
存储温度	40～85℃
防护等级	IP66

4.2.7　光纤加速度传感器

1)监测内容

光纤加速度传感器用于实时监测桥梁的振动特性。

2)监测方法

桥梁动力特性的参数(频率、振型、模态阻尼系数)是桥梁构件质量退化的标志。桥梁的振动水平(振动幅值)反映桥梁的安全运营状态。桥梁自振频率的降低、桥梁局部振型的改变可能预示着结构的刚度降低和局部破坏,是进行结构损伤评估重要依据。这些系统动态特性还可以用来检验和修正用于桥梁状态分析预测的有限元模型。此外,箱梁的振动加速度过大时还会影响行车舒适度,所以该监测数据也是评估系统中的一个预警指标。

3)测点布设

如图4.2.8所示,右跨布设3个光纤加速度传感器。

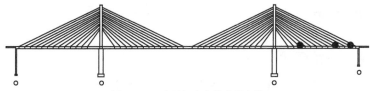

图4.2.8　光纤加速度传感器布设

4)技术参数

技术参数见表4.2.7。

技术参数 表4.2.7

量程	±2g
分辨率	0.5mg
线性度	0.999
频响范围	0~100Hz
工作温度范围	-60~110℃(可定制-100~300℃宽温型)
传输距离	10km
外形尺寸	9mm×9mm×20mm

4.2.8 光纤温度传感器

1)监测内容

光纤温度传感器用于监测桥梁关键构件的温度。

2)监测方法

桥梁结构内力变化和结构变形与环境有关,温度是重要的环境因素。该系统使用光纤光栅传感系统来实现对主桥桥面和斜拉索等关键构件的温度监测。

3)测点布设

如图4.2.9所示,设桥面温度监测点1个。

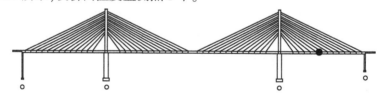

图4.2.9 光纤温度传感器布设

4)技术参数

技术参数见表4.2.8。

技术参数 表4.2.8

名称	单位	最小	典型	最大
测量范围	℃	-40	—	125
测量精度	℃	—	0.5	—
重复精度	℃	—	0.5	—
采集频率	Hz	0.05	0.5	2

4.3 数据采集

4.3.1 采集系统概述

桥梁安全状态传感网络数据采集系统由各种数据采集设备构成,用于应变、加速度、位移、温度的数据采集并进行预处理。根据传感器信号种类、工作原理及其采集方式的不同,该桥梁安全状态监测系统包括以下两种采集设备：

(1) 无线网关：用于实时采集倾角加速度传感器、无线加速度传感器、无线应变传感器和无线裂缝监测仪输出数据。

(2) 光纤光栅解调仪：用于实时采集光纤光栅传感器的数据。

该系统中采集点以及接入各个采集点中传感器拓扑关系见表4.3.1。

安装的采集设备及接入传感器的拓扑关系　　　　表4.3.1

采集设备	传感器	传感器类型
无线网关	倾角传感器	单向
	无线加速度传感器	单向
	无线裂缝监测仪	单向
	无线应变传感器	单向
光纤解调仪	光纤应变传感器	单向
	光纤加速度传感器	单向
	光纤温度传感器	单向

4.3.2 采集系统设计

该系统中倾角传感器输出为 RS485 信号；无线传感器输出为无线数字信号；光纤传感器输出信号为光信号。

各个桥采集系统设计见表4.3.2。

采集系统及其对应输入信号　　　　表4.3.2

设备名称	输入信号
无线网关	无线数字信号
	RS485 数字信号
光纤解调仪	光信号

无线网关的485数字信号可以通过1条485总线串接，光纤解调仪的温度和应变信号也可以通过串接的形式接入，因此光纤解调仪至少需要具备5个通道。

4.3.3 监控中心设计

监控中心包括数据处理与控制子系统和安全状态评估子系统两部分。

(1) 数据处理与控制子系统的主要功能包括：计算机系统完成数据的预处理、后处理、归档、显示和存储等数据管理，并通过光纤网络控制外场的各数据采集站和传感测试设备的工作。

(2) 安全状态评价子系统的主要功能包括：由高性能计算分析设备和各种结构分析软件完成结构使用安全状况的评估工作，并进行实时的结构使用安全预警，定期为桥梁养护管理维修部门编制并提交监测报告，为桥梁的维护维修工作提供技术支持。

1) 监控中心网络结构

监控中心网络结构如图4.3.1所示，主要包括以下几个部分：

(1) 通过以太网交换机实现了桥上设备与监控中心网络的数据连接，同时也实现了监控中心各个计算机设备之间的数据通信。

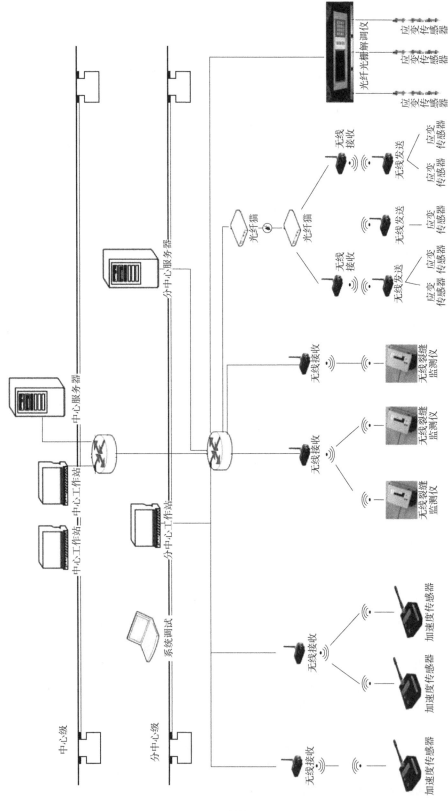

图 4.3.1 监控中心网络结构

(2)监控中心设置了工作站,工作站一方面对桥梁上的采集设备进行控制,另一方面将数据通过数据库服务器存储到数据库中,同时进行数据处理工作。

(3)数据库系统服务器专门进行数据库的管理,其他设备通过数据库服务器读取和存储数据库中的数据。

(4)监控中心设有的路由器,可以通过因特网在任何地方在权限允许的情况下访问监控中心的数据。

2)数据处理与控制系统设计

该桥梁安全状态监测系统中的数据处理与控制系统由监控中心内的数据库服务器和各个工作站构成。各工作站与服务器通过监控中心局域网进行通信,主要承担以下三个方面的系统功能(图4.3.2):

(1)数据采集传输控制:系统管理和控制所有监测数据的采集和传输工作;对传感器系统、采集系统和数据传输网络本身的运行状况进行实时监控。

(2)数据处理:系统通过对实测数据进行校准、信号处理、数据质量和可靠性测试等过程,以各种可用的方式对数据进行处理、可视化、评估、编译,从而完成数据—信息—知识转化,并通过对数据库中的大量测试数据进行抽取、转换、统计、滤波、时域和频谱等分析和其他模型化处理,从中提取能辅助后续进行损伤桥梁安全状态状况评估的关键性数据。

(3)数据管理:系统通过建立系统数据库对所有的系统数据进行管理。

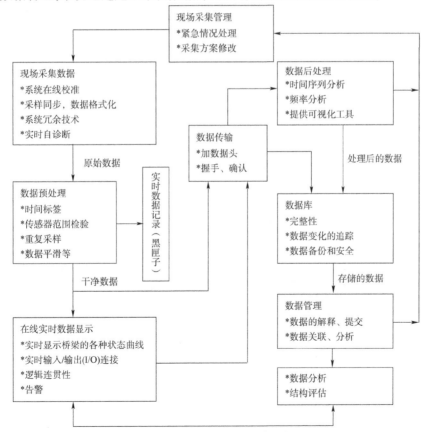

图4.3.2 数据采集、处理与管理流程

3)安全状态评估系统设计

安全状态监测系统的核心是安全状态评估系统。通过对桥梁结构的有限元分析和利用监测数据对桥梁结构进行模态识别分析,从而对桥梁结构的健康状况、承载能力等作出评估。

安全状态监测系统的安全状态评价系统由服务器及其评估预警软件组成。其主要功能如下:

(1)可直接访问系统数据库,提取结构分析评价所需的各种数据。

(2)根据监测数据进行模态识别和进行安全状态状况评价。

(3)根据评价结果提出相应的管理决策。

(4)显示、存档/存储所有分析结果。

(5)生成安全状态监测报告和评估报告。

在监控中心,安全状态评价系统利用大量实时、在线的数据(后处理后的数据)对结构的承载能力和结构动力性能作出评价,识别结构的损伤或潜在的隐患,从而为桥梁的管理、养护等决策提供可靠的信息。

第5章 桥梁安全畅通管理信息系统设计

5.1 概述

桥梁安全畅通管理信息系统分为中心级、分中心级、本地三级,是一套具有综合功能的用于部省互联的全国重要公路基础设施动态监管的桥梁安全状态传感网络系统,可对桥梁的安全运营状况作出综合性评价,为桥梁的养护和管理提供科学的依据。

5.2 系统需求分析

桥梁安全畅通管理信息系统由前端数据采集系统、中端数据传输系统、后端数据处理系统三大部分组成,综合运用了传感器与检测技术、通信技术、计算机技术等多学科知识,集监测、控制、通信功能于一体,通过对桥梁结构状态的监控,使大桥在特殊气候、交通条件或桥梁运营状况严重异常时触发预警信号,为桥梁评估提供原始数据,进而指导桥梁管理者对大桥进行维护和管理。

1) 实时性需求

大型桥梁健康监测不仅要求在测试上具有快速大容量的信息采集与通信能力,而且力求对结构整体行为进行实时监控和数据的自动化采集。通过测量反映大桥环境机理和结构响应状态的某些信息,实时监测大桥的工作性能和评价大桥的工作条件,以保证大桥的安全运营,并为大桥的养护维修提供科学依据。

2) 可靠性需求

桥梁安全畅通管理信息系统要求整个系统有较强的容错能力,其上传的数据要为真实数据。在桥梁监测网络中某些节点损坏的前提下,其他节点仍然能够正常工作并上传数据。它重在诊断可能发生结构损伤或灾难的条件和环境因素,着重对桥梁结构的安全性、适用性及耐久性进行评估。

3) 覆盖面积需求

桥梁安全畅通管理信息系统要求所设计通信网络的网络覆盖面积要能达到实际桥梁监测范围的需求。

中心级桥梁安全畅通管理信息系统主要包括系统概况、数据监控、视频监控、数据查询、状态评估、在线预警、桥梁巡检、桥梁养护、病害记录、桥梁总览十部分。

（1）系统概况菜单。

系统概况包含选择查看桥梁的照片，传感器布置图以及桥梁名称、桥梁长度、桥梁编号、竣工年月、建养单位、桥梁概况、评估信息、环境、警报、温湿图表等信息。

（2）数据监控菜单。

数据监控可选择传感器（包括环境传感器、应力应变传感器、挠度传感器、裂缝传感器、倾角传感器、位移传感器、索力传感器、振动传感器等）查看对应传感器数据曲线图及相应数据（包括平均值、最大值、最小值、标准差、极差等）。

（3）视频监控菜单。

视频监控可查看一座桥上布置的多个监控摄像头，选择要查看的位置，单击该位置的摄像头可查看监控视频。

（4）数据查询菜单。

数据查询可分别通过日报表、月报表、年报表来查询，也可通过日期、传感器来查询。

（5）状态评估菜单。

状态评估页面可查看监测评估报表和综合评估报表，也可输入时间段，查看该时间段内的评估报表，也可导出正在查看的报表。

（6）在线预警菜单。

进入在线预警页面，输入时间段可查看该时间段内的预警内容。

（7）桥梁巡检菜单。

桥梁巡检页面显示巡检计划表，巡检记录表和病害记录表，输入时间段，可查看该时间段内的对应报表，也可导出正在查看的报表。

（8）桥梁养护菜单。

桥梁养护页面显示养护计划表和养护记录表。输入时间段，可查看该时间段内的养护计划或养护记录，也可导出正在查看的报表。

（9）病害记录菜单。

病害记录页面显示该桥梁的病害记录表。输入时间段和构建名称，可查看输入条件下的病害记录，也可导出正在查看的报表。

（10）桥梁总览菜单。

桥梁主页面显示全国桥梁总览表，分为列表模式及行政区模式。行政区模式下按行政区划分桥梁并显示该行政区隧道条数。列表模式或行政区模式下可输入要查询的桥梁名称，查询桥梁基本信息。

5.3 系统功能设计

5.3.1 系统概况

系统概况页面包含选择查看桥梁的照片，传感器布置图以及桥梁名称、桥梁长度、桥梁编号、竣工年月、建养单位、桥梁概况、评估信息、环境、警报、温湿图表等信息，如图5.3.1、图5.3.2所示。

第5章 桥梁安全畅通管理信息系统设计

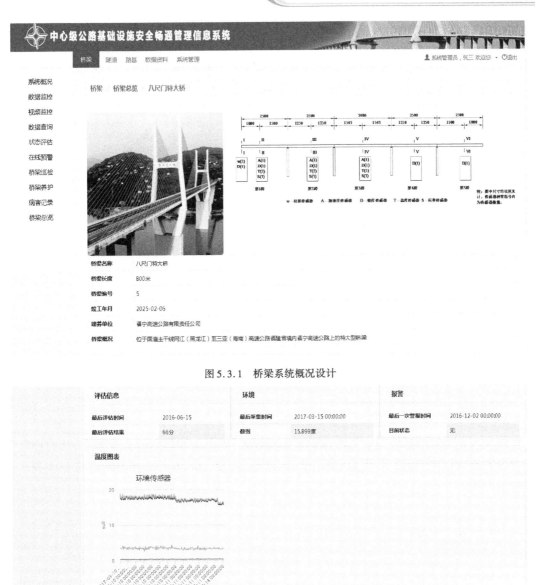

图 5.3.1　桥梁系统概况设计

图 5.3.2　桥梁系统概况图

5.3.2　数据监控

在图 5.3.1 左侧菜单处单击"数据监控"菜单,进入数据监控页面(图 5.3.3),在图 5.3.3 中方框处选择要查看的传感器单击,查看对应传感器数据曲线图,传感器包括环境传感器、应力应变传感器、挠度传感器、裂缝传感器、倾角传感器、位移传感器、索力传感器、振动传感器等。

图 5.3.3 展示的是环境传感器数据曲线图,环境传感器数据曲线图包含五类数据(平均

值、最大值、最小值、标准差、极差),在图5.3.3中方框处可单击选择关闭或打开该条数据对应的曲线。

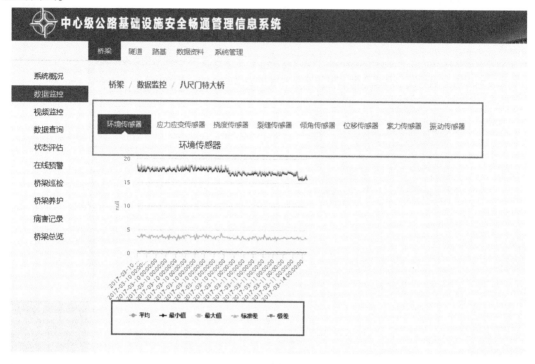

图5.3.3 环境传感器数据曲线图

图5.3.4展示的是应力应变传感器数据曲线图,应力应变传感器分为多组,其数据曲线图包含五类数据(平均值、最大值、最小值、标准差、极差),可单击选择关闭或打开该条数据对应的曲线。

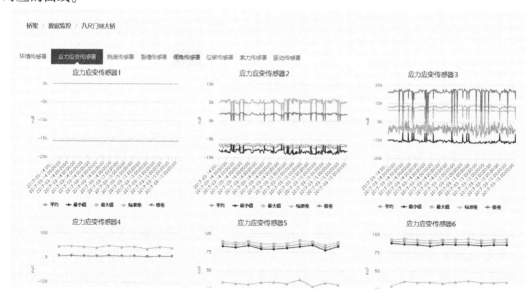

图5.3.4 应力应变传感器数据曲线图

图 5.3.5 展示的是倾角传感器数据曲线图,倾角传感器分为多组,其数据曲线图包含十类数据(X 平均值、Y 平均值、X 最大值、Y 最大值、X 最小值、Y 最小值、X 标准差、Y 标准差、X 极差、Y 极差),可单击选择关闭或打开该条数据对应的曲线。

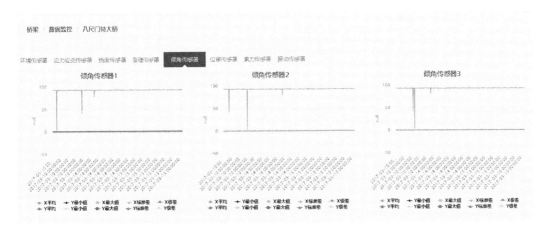

图 5.3.5 倾角传感器数据曲线图

图 5.3.6 展示的是位移角传感器数据曲线图,位移角传感器分为多组,其数据曲线图包含五类数据(平均值、最大值、最小值、标准差、极差),可单击选择关闭或打开该条数据对应的曲线。

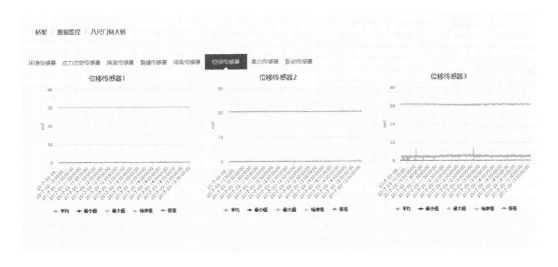

图 5.3.6 位移角传感器数据曲线图

图 5.3.7 展示的是振动传感器数据曲线图。振动传感器分为多组,其数据曲线图包含十类数据(X 平均值、Y 平均值、Z 平均值、X 最大值、Y 最大值、Z 最大值、X 最小值、Y 最小值、Z 最小值、X 标准差、Y 标准差、Z 标准差、X 极差、Y 极差、Z 极差),可单击选择关闭或打开该条数据对应的曲线。

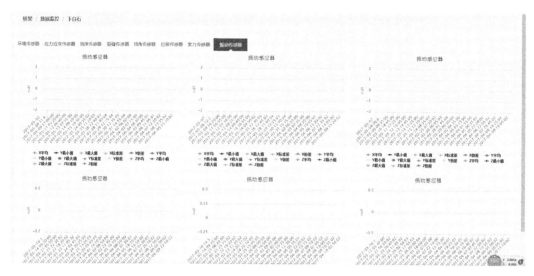

图 5.3.7　振动传感器数据曲线图

5.3.3　视频监控

单击"视频监控"菜单,进入视频监控页面(图5.3.8)。一座桥上布置多个监控摄像头,选择要查看的位置,单击该位置的摄像头,弹出页面(图5.3.9),查看监控视频。

图 5.3.8　桥梁视频监控图

5.3.4　数据查询

单击"数据查询"菜单,进入数据查询页面(图 5.3.10)。数据查询可分别通过日报表、月报表、年报表、日期、传感器来查询。图 5.3.11 为 2017 年 3 月环境传感器数据月报表。图 5.3.12 为 2017 年环境传感器数据年报表。

选择日报表/月报表/年报表,如图 5.3.13 所示。

选择查询日期,如图 5.3.14 所示。

第5章 桥梁安全畅通管理信息系统设计

图 5.3.9 桥梁视频监控查看图

图 5.3.10 桥梁数据查询日报表图

图 5.3.11 桥梁数据查询月报表图

图 5.3.12　桥梁数据查询年报表图

图 5.3.13　桥梁数据查询报表选择图

图 5.3.14　桥梁数据查询日期选择图

选择要查询的传感器，如图 5.3.15 所示。

图 5.3.15　桥梁数据查询传感器选择图

5.3.5 状态评估

单击"状态评估"菜单,进入状态评估页面(图 5.3.16)。状态评估页面可查看监测评估报表和综合评估报表,在图 5.3.16 中方框处选择。在图 5.3.16 中方框处输入时间段,查看该时间段内的评估报表。在图 5.3.16 中方框处单击导出按钮导出正在查看的报表。

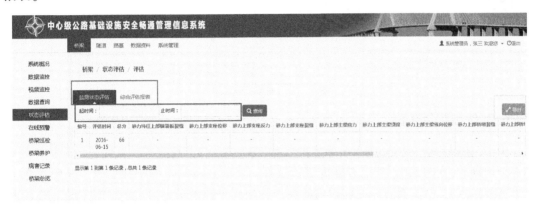

图 5.3.16　桥梁状态评估图

5.3.6 在线预警

单击"在线预警"菜单,进入在线预警页面(图 5.3.17)。在图 5.3.17 中方框处输入时间段,查看该时间段内的预警内容。

图 5.3.17　桥梁在线预警图

5.3.7 桥梁巡检

单击"桥梁巡检"菜单,进入桥梁巡检页面(图 5.3.18)。桥梁巡检页面显示巡检计划表、巡检记录表和病害记录表,在图 5.3.18 中方框处进行选择。当前显示的是巡检计划表。在图 5.3.18 中方框处输入时间段,查看该时间段内的对应报表。单击导出(图 5.3.18 中方框处)可导出正在查看的报表。

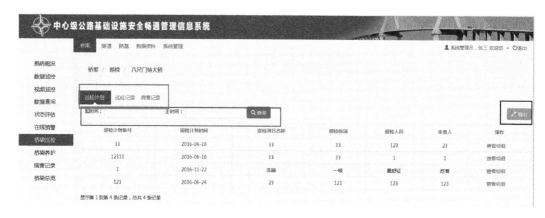

图 5.3.18　桥梁巡检页面

5.3.8　桥梁养护

单击"桥梁养护"菜单,进入桥梁养护页面(图 5.3.19)。桥梁养护页面显示养护计划表和养护记录表,在图 5.3.19 中方框处进行选择。当前显示的是养护计划表。在图 5.3.19 中方框处输入时间段,查看该时间段内的养护计划或养护记录。单击"导出"(图 5.3.19 中方框处)可导出正在查看的报表。单击"查看明细",弹出页面(图 5.3.20),查看该行记录明细,单击关闭,关闭弹出页面。

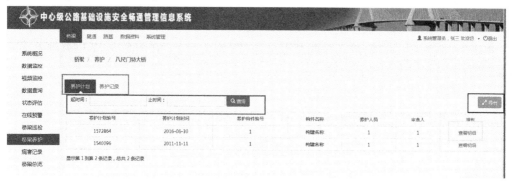

图 5.3.19　桥梁养护页面

图 5.3.20　查看养护计划页面

5.3.9　病害记录

单击"病害记录"菜单,进入病害记录页面(图 5.3.21)。病害记录页面显示该桥梁的病害记录表。在图 5.3.21 中方框处输入时间段和构建名称,查看输入条件下的病害记录。单击"导出"可导出正在查看的报表。单击"查看明细",弹出页面(图5.3.22),查看该行记录明细,单击关闭,关闭弹出页面。

图5.3.21 桥梁病害记录页面

图5.3.22 查看病害记录信息页面

5.3.10 桥梁总览

1)切换主页面

系统主页面显示全国桥梁总览表,为列表模式(图5.3.23)。单击切换为行政区模式,进入行政区模式(图5.3.24)。再单击切换为列表模式,进入列表模式。

图5.3.23 全国桥梁总览表列表模式

图 5.3.24　全国桥梁总览表行政区模式

行政区模式下按行政区划分桥梁,数字代表该行政区下有几座桥。选中要查看的行政区(例如北京,图 5.3.24 左侧箭头指向处),单击,进入图 5.3.25 所示页面。该页面显示北京市全部桥梁,并按桥梁类型进行统计(图 5.3.25 中箭头指向处)。

图 5.3.25　行政区模式下按桥梁类型进行统计

2)查询

在列表模式下输入要查询的桥梁名称,单击查询,查询桥梁基本信息(图 5.3.26)。

3)查看桥梁详细信息

在列表模式或行政区模式下选中要查看桥梁,单击查看(图 5.3.27),进入桥梁详细信息页面。

第5章 桥梁安全畅通管理信息系统设计

图 5.3.26 列表模式下查询桥梁名称

图 5.3.27 查看桥梁详细信息

第6章 研究成果

本书旨在形成一套具有综合功能的桥梁安全状态传感网络系统,进而对桥梁的安全运营状况作出综合性评价,为桥梁的养护和管理提供科学的依据。本书的主要研究成果如下:

(1)采用响应面法对不同结构类型桥梁进行危险性分析,得到不同桥型损伤敏感参数、相应参数的响应面模型及响应值的影响曲线。

(2)分析各种传感器优化配置方法,提出一种综合传感器优化布置方法,即基于灵敏度有效独立的传感器优化布置算法。该方法由于考虑了损伤的影响,从而可以避免有效独立法和灵敏度系数法的局限性,使传感器布置更加客观、科学及实用。

(3)在已有的安全监测系统基础之上,对比分析现有的总体架构后对其进行优化,结合不同的数据传输方式,构建了不同结构类型桥梁的安全状态传感网络。

参 考 文 献

[1] 梁鹏,李斌. 基于桥梁健康监测的有限元模型修正研究现状与发展趋势[J]. 长安大学学报,2014,34(4):52-61.

[2] RODDEN W D. A Method for Deriving structural Influence Coefficients from Ground Vibration Tests[J]. AIAA Journal,1967(5):5.

[3] BARUCH M,BAI ITZHACK I Y. Optimum Weighted Orthogonalization of Measured Modest [J]. AIAA Journal,1978(16):346-351.

[4] BARUEH M. Optimization Procedure to correct stiffness and flexibility matriees using vibration test[J]. AIAA Journal,1978,16(11):1208-1210.

[5] FRISWELL M I,MOTTERSHEAD J E. Finite element model updating in structural dynamics [M]. Dordrecht:Kluwer Academic Publisher,1995.

[6] KUO Y C,LIN W W,XU S F. New Methods for finite Element Model Updating Problems [J]. AIAA Journal,1998(36):491-493.

[7] ZHANG Q, LALLEMENT G. Selective Structural Modifications:Applications to the Problems of Eigensolutions Sensitivity and Model Adjustment[J]. Mechanical Systems and Signal Processing,1989,3(1):55-69.

[8] 程霄翔,费庆国. 基于响应面的大型输电塔结构有限元模型动力修正[J]. 振动与冲击,2011(5):116-122.

[9] 方圣恩. 基于有限元模型修正的结构损伤识别方法研究[D]. 长沙:中南大学,2010.

[10] REN W X,CHEN H B. Finite element model updating in structural dynamics by using response surface method[J]. Engineering Structures,2010,32(8):2455-2465.

[11] 张松涵. 基于组合函数动力响应面的桥梁结构有限元模型修正[D]. 成都:西南交通大学,2013.

[12] 杨雅勋. 基于动力测试的桥梁结构损伤识别与综合评估理论研究[D]. 西安:长安大学,2008.

[13] 郭骞. 基于影响线的模型修正方法初步研究[D]. 重庆:重庆交通大学,2008.

[14] 肖杨. 桥梁结构有限元修正方法研究[D]. 哈尔滨:哈尔滨工业大学,2012.

[15] 蒋寅军. 基于响应面方法的复杂结构模型修正方法研究[D]. 武汉:武汉大学,2011.

[16] 何为,薛卫东,唐斌. 优化试验设计方法及数据分析[M]. 北京:化学工业出版社,2012.

[17] 李云雁,胡传荣. 试验设计与数据处理[M]. 北京:化学工业出版社,2008.

[18] 徐向宏,何明珠. 试验设计与 Design-expert、SPSS 应用[M]. 北京:科学出版社,2010.

[19] 骆勇鹏. 基于响应面法的桥梁结构有限元模型静动力修正方法研究[D]. 兰州:兰州理工大学,2013.

[20] 段丽娟,吴成富. 基于序列二次规划算法的控制律寻优设计[J]. 火力与指挥控制,2009,34(1):53-56.

[21] 罗建.序列二次规划(SQP)算法及其在航天器追逃中的应用[D].哈尔滨:哈尔滨工业大学,2012.

[22] 刘军民,高岳林.混沌粒子群优化算法[J].计算机应用,2008,2:322-325.

[23] BERMAN. Mass Matrix Correction Using an Incomplete set of Measured Modes[J]. AIAA journal, 1979(17):1147-1148.

[24] 殷广庆.梁式桥有限元模型建立与修正及其应用[D].大连:大连理工大学,2013.

[25] 何志军.桥梁结构刚度参数静力方法优化识别及有限元模型修正[D].长沙:长沙理工大学,2011.

[26] 唐文文.基于一阶优化算法和响应面算法的有限元模型修正方法研究[D].西安:长安大学,2015.

[27] 黄琼.基于响应面法的钢筋混凝土框架结构有限元模型修正研究[D].兰州:兰州理工大学,2014.

[28] 邓苗毅,任伟新,王复明.基于静力响应面的结构有限元模型修正方法[J].试验力学,2008,23(2):103-109.

[29] 秦玉灵.基于响应面建模和改进粒子群算法的有限元模型修正方法[D].哈尔滨:哈尔滨工业大学,2011.

[30] TSHILIDZI M. Finite-element-model Updating Using Computational Intelligence Techniques[M]. New York:Springer,2010.

[31] 徐张明,沈荣瀛,华宏星.基于频响函数相关性的灵敏度分析的有限元模型修正[J].机械强度,2003.

[32] 李爱群,缪长青.桥梁结构健康监测[M].北京:人民交通出版社,2009.

[33] 张启伟,袁万城,范立础.大型桥梁结构安全监测的研究现状与发展[J].同济大学学报,1997,25:76-81.

[34] 董学武,张宇封.苏通大桥结构健康监测及安全评价系统简介[J].桥梁建设,2006:4.

[35] 天骏.有限元模型静力——模型协同修正技术[D].西安:西北工业大学,2004.

[36] 王小明,曹立明.遗传算法理论、应用与软件实现[M].西安:西安交通大学出版社,2002.

[37] 苏超.大跨高墩大跨连续刚构桥空间力学特性分析[D].成都:西南交通大学,2003.

[38] 杜引光.深水高墩预应力混凝土连续刚构特大桥的设计研究[D].浙江:浙江大学,2007.

[39] 黄民水,朱宏平.桥梁结构模态测试中传感器优化布置的序列法及应用[J].桥梁建设,2007,(5):80-83.

[40] 孙小猛.基于模态观测的结构健康监测的传感器优化布置方法研究[D].大连:大连理工大学,2011.

[41] 谭冬莲,肖汝诚.桥梁监测系统中复杂结构的静力应变传感器优化配置方法[J].公路,2006(6):105-108.

[42] 栾英泉,梁力.桥梁无损健康监测系统研究简介[J].东北公路.2000,23(1):78-80.

[43] 陈宇.有限元模型修正技术在桥梁工程中的应用研究[D].成都:西南交通大学,2003.

[44] 郑蕊,李兆霞.基于结构健康监测系统的桥梁疲劳寿命可靠性评估[J].东南大学学报(自然科学版).2001,31(6):71-73.

[45] 周建庭.基于可靠性理论的桥梁远程监测系统安全评价研究[D].重庆:重庆大学,2005.

[46] 何旭辉.南京长江大桥结构健康监测及其关键技术研究[D].长沙:中南大学,2005.

[47] 中华人民共和国交通部.公路桥涵设计通用规范:JTG D60—2004[S].北京:人民交通出版社,2004.

[48] 尹仕健,曹映泓,张海明.湛江海湾大桥健康监测系统及其设计[J].中外公路,2006(5):102-105.

[49] 李扬海,鲍卫刚.公路桥梁结构可靠度与概率极限状态设计[M].北京:人民交通出版社,1997.

[50] 谢小尧.红枫湖大桥健康监测系统关键技术研究[D].武汉:武汉理工大学,2007.

[51] 张宏伟,徐世杰,黄文虎,等.作动器传感器布置优化的遗传算法应用[J].振动工程学报,1999,12(4):529-534.

[52] 董晓马.智能结构的损伤诊断及传感器优化布置研究[D].南京:东南大学,2006.

[53] 王文静,刘志明,缪龙秀,等.基于实验模态的结构应变模态分析[J].北方交通大学学报,2000,24(4):20-23.

[54] 邓众,严普强.桥梁结构损伤的振动模态检测[J].振动测试与诊断,1999,19(3):157-163.

[55] 孙世基,雷继锋.结构故障的应变模态诊断方法[J].武汉水运工程学院学报,1992,16(1):59-65.

[56] 宋一凡.公路桥梁动力学[M].北京:人民交通出版社,2000.

[57] 王晖.大跨预应力混凝土斜拉桥健康监测评估管理系统的开发与研究[D].重庆:重庆交通大学,2011.

[58] 代凤娟.支持故障预测的传感器优化布置研究[D].西安:西北工业大学,2007.

[59] 王常亮.桥梁结构健康监测传感器比选及优化配置研究[D].武汉:武汉理工大学,2010.

[60] 韩雪.大型桥梁建设-运营期基于可靠度理论的安全评估模式研究[D].重庆:重庆交通大学,2011.

[61] 杨雅勋.基于动力测试的桥梁结构损伤识别与综合评估理论研究[D].西安:长安大学,2008.

[62] 黄方林.大型桥梁健康监测研究进展[J].北京:中国铁道科学,2005,26(2):1-7.

[63] 黄维平.基于遗传算法的传感器优化布置[J].武汉:工程力学学报,2005,22(1):113-117.

[64] 刘福强,传感器优化配置的研究进展[J].力学进展,2000(4):506-516.

[65] 阮欣,陈艾荣,石雪飞.桥梁工程程风险评估[M].北京:人民交通出版社,2008.

[66] 谢强.结构健康监测传感器优化布置的混合算法[J].上海:同济大学学报,2006,34(6):726-731.

[67] 静行.基于独立分量分析的结构模态分析与损伤诊断[D].武汉:武汉理工大学,2010.

[68] 史家钧,项海帆,许俊.确保大型桥梁安全性与耐久性的综合监测系统[J].同济大学学报:自然科学版,1997,25(增):71-75.

[69] 王若林.桥梁实时在线检测与健康监测若干问题研究[D].武汉:武汉大学,2005.

[70] 余波,邱洪兴,王浩,等.苏通大桥结构健康监测系统设计[J].地震工程与工程程振动,2009,29(4):170-177.

[71] 苏木标,杜彦良,孙宝臣,等.芜湖长江大桥长期健康监测与报警系统研究[J].铁道学报,2007,29(2):71-76.